Die großen Häresien

Hilaire Belloc

DIE GROẞEN HÄRESIEN

Renovamen-Verlag

Impressum

Bibliographische Informationen der Deutschen Nationalbibliothek, abrufbar unter http://dnb.ddb.de

Umschlagbild basierend auf: »Notre-Dame en feu« von GodefroyParis, CC-by-sa 4.0
Buchgestaltung und Satz: Marcel Hagmann, www.keilergrafik.de

Belloc, Hilaire
Die großen Häresien. Der Kampf gegen Europa
218 Seiten, Bad Schmiedeberg 2019

4. Auflage 2025

Originaltitel: The Great Heresies

Aus dem Englischen übersetzt von Julian Voth

ISBN 978-3-95621-136-2

Inhalt

Dr. Robert Hickson

Gedenktag des Hl. Leonhard von Limoges († 559)
Gedenktag des Hl. Kreuzfahrers
Leonhard von Reresby († um 1260)
Todestag Josef Piepers († 1997)
6. November 2018

Eine Einführung in Hilaire Bellocs *Die großen Häresien*

Hilaire Belloc stand im Jahr 1938 noch auf der Höhe seiner intellektuellen und geistlichen Schaffenskraft, als er sein hellsichtiges Buch über die *Großen Häresien* veröffentlichte. Dieses Buch, das kurz vor dem Ausbruch des 2. Weltkrieges erschien, zeigt Belloc in seinem 69. Lebensjahr, nur zwei Jahre nach dem Tod seines geliebten Freundes G. K. Chesterton und drei Jahre vor dem unerwarteten und niederschmetternden Tod seines jüngsten Sohnes Peter am 2. April 1941. Peter starb in Uniform, jedoch nicht auf dem Felde. Er hatte sich während seiner soldatischen Grundausbildung im um sich greifenden Krieg plötzlich eine Pneumonie zugezogen. (Belloc hatte bereits zu seinem großen und beinahe nicht wieder gutzumachenden Kummer sowohl seine geliebte Frau Elodie am 2. Februar 1914 (an Mariä Lichtmess) und dann seinen ältesten Sohn Louis verloren, der als Pilot gegen Ende des 1. Weltkriegs fiel.) Sein Leichnam wurde trotz umfangreicher Bemühungen zahlreicher Personen, darunter Bellocs enger und findiger Freund, Major Maurice Baring, nie gefunden.

Zudem erlitt Hilaire Belloc sehr bald nach dem Tod seines Sohns Peter den ersten von mehreren Schlaganfällen. Zu diesem Zeitpunkt begannen seine geistigen Kräfte bereits langsam zu schwinden, bis er schließlich am 16. Juli 1953 starb. So stellen sich die prägenden Umstände dar, die dieses Buch und seine bemerkenswert anhaltende Aktualität umrahmen.

In einigen ausgewählten Passagen wollen wir hier jedoch charakteristische Einblicke in die differenzierte und eloquente Gelehrsamkeit unseres geschätzten Autors Belloc sowie seines tiefen und aufrichtigen katholischen Glaubens liefern. Darin bezeugt er in besonderer Weise seine Fähigkeit, wichtige Begriffe wie »Häresie« und »Kapitalismus« ohne Mehrdeutigkeiten zu definieren.

So schrieb er in seinem Einführungskapitel: »Durch einen ungenauen Gebrauch von Wörtern entstehen endlose Missverständnisse.« Aus diesem Grund hilft uns Belloc zu Anfang seines Buches beim Verständnis dessen, was er mit »Häresie« meint. Er definiert sie als die »Verzerrung eines kompletten und selbstständigen Systems [in dem die verschiedenen Teile kohärent sind und sich gegenseitig stützen] durch die Einführung einer neuartigen Leugnung eines ihrer wesentlichsten Teile«. Und diese Veränderung eines Teiles würde bedeuten, »das ganze System aus dem Gleichgewicht zu bringen«. Die Häresie ist also »die Verzerrung eines Systems durch ›Ausnahme‹: Durch das ›Auswählen‹ [vom griechischen Verb *haireo*] eines Teils der Struktur«. In Bellocs Augen gehört es zum Wesen der Häresie, dass sie »einen großen Teil der Struktur, die sie angreift, intakt lässt«. Aus diesem Grund wird von den Häresien gesagt, dass sie »durch die Wahrheiten, die sie beibehalten, überdauern«. Hilaire Belloc hat ein historisches Interesse an der Häresie, insofern sie nicht nur den Einzelnen, sondern die gesamte Gesellschaft beeinflusst.

In diesem Sinne war beispielsweise die Debatte über den Arianismus nicht lediglich »eine Diskussion über Begrifflichkeiten«. Tatsächlich wäre die »arianische Welt vielmehr wie eine mohammedanische Welt geworden«, anstatt so, wie die europäische Welt tatsächlich geworden ist. Wörter bestimmen Welten. Eine Lehre zu bekräftigen hat Auswirkungen auf die Gesellschaft. Nach Bellocs Dafürhalten kann die menschliche Gesellschaft »ohne irgendeinen Glauben nicht fortbestehen, denn ein Kodex und ein Charakter sind das Produkt eines

Glaubens«. Hilaire Belloc übernahm die Erkenntnis, dass jeder menschliche Konflikt letztlich theologisch ist (eine profunde Einsicht, die Kardinal Manning gegenüber Belloc äußerte, der dieses Zitat später häufig anführen würde – siehe die »Scheinwerfer-Erkenntnisse« Mannings in Bellocs großartigem Werk *The Cruise of the Nona*)[1] und dass keine Gesellschaft ohne irgendeine Form von Religion jemals überdauert habe oder jemals ohne irgendeine Form von Religion überdauern könnte. Belloc zufolge kann es nämlich kein Moralgefüge ohne Lehre geben, »und wenn wir darin übereinstimmen, jedes konsistente Gefüge von Moral und Lehren eine Religion zu nennen, dann wird die Wichtigkeit der Häresie als wissenschaftlicher Gegenstand deutlich werden«.

Nur ein zutiefst gläubiger und integrer Mann wie Hilaire Belloc ist in der Lage, diese Gedanken vorzutragen und zu ihnen hinzuführen. Eine gründlich säkularisierte Welt wie der postmoderne Westen ist kaum in der Lage, sie zu fassen. Aber er wird sicherlich von Bellocs eigenen Erkenntnissen profitieren. Denn wir können weiterhin sagen, dass die Gesellschaft selbst heute noch von einem Glauben dominiert wird – es ist nur schlichtweg ein Glaube ohne Gott und folglich ohne ein tieferes Gefüge bindender sittlicher Gesetze.

Im Sinne des Mottos »Ohne Glaube keine Kultur« erklärt unser Autor:

> Das Studium der sukzessiven christlichen Häresien, ihrer Schicksale und Charaktere, ist von besonderem Interesse für alle von uns, die der europäischen oder christlichen Kultur zugehörig sind. Der Grund dafür sollte selbsterklärend sein – unsere Kultur wurde von einer Religion geschaffen. Veränderungen oder Abweichungen von dieser Religion haben notwendigerweise Einfluss auf unsere Zivilisation in ihrer Gesamtheit.

1 Anm. d. Übers.: Im genannten Buch merkt Belloc an, dass die Worte Mannings ihm zunächst ungewöhnlich erschienen, ihm jedoch später zum »Scheinwerferlicht« in der Weltbetrachtung geworden sind.

Belloc stellt ein weiteres Grundprinzip seines trennscharfen Werkes vor, indem er die Wichtigkeit klarer Definitionen betont. Definitionen legen Grenzen fest und machen die Analyse dadurch leichter. Zurecht weist er darauf hin, dass in der modernen Welt (wie sie sich 1938 darstellte) die Gepflogenheit einer solchen Definition verloren sei. »Das Wort ›Häresie‹ [...] wird nicht länger auf Fälle angewendet, die eindeutige Häresien sind und als solche behandelt werden sollten.«

Später im Buch liefert Hilaire Belloc ein Beispiel dafür, was er mit seinem Beharren auf klare Definitionen meint:

> Für den einen bedeutet der Begriff »Kapitalismus« vielleicht lediglich das Recht auf Privatbesitz; für den anderen bedeutet er aber Industriekapitalismus, der im Gegensatz zur Agrarproduktion mit Maschinen arbeitet. Ich wiederhole: Damit die Diskussion Sinn ergibt, müssen unsere Begriffe klar definiert sein.

Das bedeutet, nur wenn wir Realitäten mit klaren Definitionen beschreiben, können wir Entscheidungen darüber treffen, was wir fördern oder bekämpfen möchten.

In seiner Behandlung des Kapitalismus weist Belloc auf die Gefahr eines relativistischen Zugangs hin: »Begriffe werden heute zu locker gebraucht; es besteht eine derartige Lähmung der Definitionskraft, dass fast jeder Satz, der aktuelle Ausdrücke verwendet, missverstanden werden kann.« Das Wort »Kapitalismus« etwa kann für unterschiedliche Menschen eine ganz unterschiedliche Bedeutung annehmen.

> Für die eine Gruppe von Schriftstellern bedeutet es (und ich muss bekennen, dass es das auch für mich bedeutet, wenn ich es benutze) »die Ausbeutung der noch freien Menschenmassen durch wenige Besitzer der Produktions-, Transport- und Tauschmittel.«

Belloc kommentiert dann, warum diese Art von Kapitalismus destruktiv ist:

> Wenn die Masse der Menschen enteignet ist – sie besitzen nichts –, wird sie vollkommen von den Besitzern

abhängig; und wenn diese Besitzer im aktiven Wettbewerb stehen, die Produktionskosten zu senken, wird die Masse der Menschen, die sie ausbeuten, nicht nur die Fähigkeit verlieren, ihr eigenes Leben zu bestimmen, sondern sie werden außerdem Not und Unsicherheit erleiden.

Ich denke, wir können an dieser Stelle sagen, dass Belloc eine solche Form des Kapitalismus als »Häresie« erachtet.

Sein Anliegen ist es, unseren Verstand von Kant zu befreien und solchermaßen klare Definitionen vorzulegen, um unterscheiden zu können, was wir bekämpfen wollen und was nicht. Was Belloc uns mit diesen Beispielen zu zeigen versucht, ist, dass wir, wenn wir Fälle von Häresie mit klaren Begriffsbestimmungen behandeln, dadurch unsere Verhaltensmaßregeln und Sitten schützen, die für eine gedeihende Gesellschaft unerlässlich sind. Wenn wir unachtsam werden, unterläuft und unterminiert der Relativismus die gesamte Gesellschaft, wie es heute vor unser aller Augen sichtbar ist. In diesem Sinne kann Hilaire Belloc als Prophet unserer Zeit betrachtet werden.

Josef Pieper, der große katholische Philosoph, der Hilaire Belloc selbst hoch schätzte, sollte später ein Buch mit dem Titel *Missbrauch der Sprache, Missbrauch der Macht* (erstmals 1970 erschienen) verfassen, das in Verbindung zu Bellocs Versuch steht, die verwendete Sprache sorgsam zu studieren und zu untersuchen, ob sie dabei dienlich ist, die Realität zu offenbaren, oder sie vielmehr verhüllt. Pieper selbst sah, wie der Missbrauch der Sprache oftmals als Mittel zur Manipulation und – so könnten wir mit Hilaire Belloc sagen – zur Verbreitung der Häresie verwendet wird.

Betrachten wir hier zwei Beispiele dafür, was Belloc als Häresie bezeichnet: den Kommunismus und die Ehescheidung. Zunächst sagt er in Bezug auf den Kommunismus, dass eine »Leugnung des Rechts auf Eigentum« sein Unwesen treibe: »Der Kommunismus ist ebenso sehr eine Häresie wie der Manichäismus.«

Dann fügt er hinzu:

> Das Gleiche gilt bezüglich des Angriffes auf die Unauflöslichkeit der Ehe. Niemand nennt die moderne Praxis und Bejahung der Scheidung eine Häresie, und doch ist es eine. Denn ihr maßgebliches Charakteristikum ist die Leugnung der christlichen Ehelehre und ihre Ersetzung durch eine andere Lehre, nämlich, dass die Ehe nichts anderes als ein Vertrag ist – und zwar ein kündbarer.

Die Leugnung jedweder Lehre als solcher, so Belloc, sollte als Häresie betrachtet werden.

Abschließend fasst Belloc die Lage seiner Zeit, die, so könnte man sagen, ebenso für unsere Zeit gilt, wie folgt zusammen:

> Wir leben heute unter einem Regime der Häresie, das nur deshalb von früheren häretischen Perioden unterschieden werden kann, weil der häretische Geist allgemein wurde und in verschiedenen Formen zu Tage tritt.

Diese Flut, die uns laut Belloc zu überwältigen droht, sei so diffus, dass wir nicht einmal einen konkreten Namen für sie haben, wie es bei den Häresien der Vergangenheit der Fall gewesen sei.

Wir leben folglich in einem Zeitalter der Herrschaft weitverbreiteter Häresie. Belloc fügt hinzu, dass eine Verfolgung in diesem Konflikt zwischen dem »modernen antichristlichen Geist und der beständigen Tradition des Glaubens« nicht mehr fern sei. Hier zeigt sich Belloc als Traditionalist, der sich gegen die Relativismen und Häresien seiner Zeit zur Wehr setzt und an den ewigen Wahrheiten über Gott und den Menschen festhält.

An dieser Stelle können wir ein weiteres Beispiel aus dem Buch anführen. Wenn wir über das »Problem des Bösen« sprechen – eine Wirklichkeit, der heute auch häufig aus dem Weg gegangen wird –, sehen wir uns mit der Frage des Universums und der unserer Existenz konfrontiert. Dazu meint Belloc:

> Während wir dem Menschengeschlecht dabei zusehen, wie es den Sinn des Universums verstehen will oder darauf die Offenbarung annimmt oder verzerrten und falschen,

unvollständigen Religionen und Philosophien folgt, ist es doch im Grunde seines Herzens immer mit der beharrlichen Frage beschäftigt: »*Warum müssen wir leiden? Warum müssen wir sterben?*«

Wie P. John A. Hardon SJ, ein großer Dogmatiker und persönlicher Freund, mir oft im Gespräch sagte: »Wir sind nur in dem Maße mutig, wie wir selbst überzeugt sind.« Wenn wir klare Definitionen haben und folglich klare Ziele und Überzeugungen, auch bezüglich des ewigen Lebens, dann werden wir auch dazu in der Lage sein, den Herausforderungen unserer heutigen Gesellschaft ins Auge zu sehen, selbst wenn es Leiden oder den Tod bedeuten sollte.

Kommen wir wieder auf Hilaire Bellocs *Große Häresien* zurück. Als katholischer Schriftsteller betont er die Tatsachen, dass die katholische Kirche jene Frage von Leid und Tod beantwortet. Er spricht über eine wesentliche Wahrheit der katholischen Kirche. Sie »gründet sich auf der Anerkennung von Leid und Tod.« In einer vollständigeren Form laute der Satz: »Die katholische Kirche ist verwurzelt in der Anerkennung von Leid und Sterblichkeit, sowie in ihrem Anspruch, die Lösung für das Problem [d. h. das Problem des Bösen] dargeboten zu haben, das sie darstellen.« Die Lösung und Antwort der Kirche steht im starken Kontrast zu denen anderer Weltanschauungen und Religionen, die bisweilen sehr anderslautende Antworten mit tiefgehenden Auswirkungen für die jeweiligen Gesellschaften geben.

Der geneigte Leser wird den entworfenen Aufbau Bellocs kunstfertig dargelegter Abfolge von sieben Kapitel nun sicher besser erkennen, insbesondere in den für uns so anschaulichen Kapiteln drei bis sieben über die Arianische Häresie, die große und andauernde Häresie des Mohammed, den albigensische Angriff, die Reformation und die moderne Phase. Jeder einzelne Punkt war ein Angriff in der Vergangenheit, von dem wir heute und für die Zukunft immer noch viel lernen können. Wenn wir die verschiedenen Häresien betrachten, die Belloc in seinem Buch darstellt, dann fällt auf, dass ihnen eines gemein ist – und das gilt auch für den unbeugsamen Islam: Sie alle leugnen im Wesentlichen folgende Lehren und deren Derivate und zielen darauf ab, sie zu zerstören: die Inkarnation (und folglich die vollkommene Gottheit Jesu Christi), die Lehre von der Heiligsten Dreifaltigkeit, eine göttlich begründete, autoritative Kirche und deren zentrale, universelle geistliche Autorität, die sieben Sakramente und folglich das besondere Priestertum Christi mit seinen Opfer- und Lossprechungspflichten im Sakrament der Beichte und im hl. Messopfer.

Zu einem späteren Zeitpunkt können wir noch die Lehren der gnostischen Albigenser und der verschiedenen protestantischen Sekten erwägen. Er zeigt, wie folgenschwer die protestantische Revolution für die europäische Zivilisation war. Zu Anfang des sechsten Kapitels über die Reformation schreibt Belloc:

> Obwohl die unmittelbaren Früchte der Reformation nun wie all jene der vielen anderen Häresien der Vergangenheit verwelkt sind, so hat doch die Spaltung, die sie verursacht hat, überdauert. Ihr Hauptprinzip – der Widerstand gegen eine einzige geistliche Autorität – setzte sich mit solcher Kraft fort, dass unsere europäische Zivilisation im Westen entzweibrach und letztlich ein allgemeiner Zweifel in Umlauf gebracht wurde, der sich weiter und weiter verbreitete. Keine der älteren Häresien tat das, denn sie waren alle klar umrissen. Jede beabsichtigte, die bestehende katholische Kirche zu ersetzen oder mit ihr zu konkurrieren. Die Reformationsbewegung aber hatte nämlich vor, die katholische Kirche aufzulösen – und wir wissen, welchen Erfolg diese Bemühung hatte!

Man könnte es auch in folgende kurze Worte fassen: Ideen haben Konsequenzen.

Eines der beiden längsten Buchkapitel behandelt den Islam, die »mohammedanische Häresie« und den »mohammedanischen Angriff«. Eine Religion, die Belloc als unseren »ständigen Rivalen« bezeichnet:

> Er ist jedoch tatsächlich der furchtbarste und hartnäckigste Feind, den unsere Zivilisation jemals hatte. Und er könnte zukünftig [aus seinem Blickwinkel im Jahre 1938] wieder eine so große Bedrohung werden, wie er es bereits in der Vergangenheit war.

Andere, wie etwa Arnaud de Lassus, haben den Islam ebenfalls als eine christliche und jüdische Häresie identifiziert, da er über längere Zeiträume sowohl mit den gelehrten nestorianischen Christen sowie mit verschiedenen praktizierenden Juden der arabischen Halbinsel im Kontakt stand. (Belloc tauchte jedoch hier nicht tiefer in die Geschichte ein, die Arnaud de Lassus vielfach studieren konnte.)

Zudem haben mir gebildete und fromme Muslime, die ich über die Jahre kennenlernen durfte, ihre Grundauffassung anvertraut, wonach der Islam als dritte und letzte Offenbarung die Irrtümer und Entstellungen sowohl der jüdischen als auch der christlichen Offenbarung korrigiert habe. Eine solche Überzeugung und eine solch praktisch-kriegerische Orientierung verleiht der Verbreitung ihrer Religion und ihrer strategischen und taktischen Eroberungsinitiative große Durchschlagskraft. Belloc selbst versucht in seinem Buch immer wieder aufs Neue zu verstehen, wie und warum der Islam so lange fortbestehen konnte. Seine sorgsam erwogenen Reflexionen werden die Leser dieses Buches besonders interessieren.

Im Licht der gegenwärtigen Konflikte zwischen den islamischen und christlichen Gemeinschaften auf der ganzen Welt – bei denen hauptsächlich der Islam als Aggressor agiert – werden Bellocs Erwägungen und Analysen dem heutigen Leser eine große Hilfe dabei sein, die tiefer zugrundeliegenden theologischen Trennlinien zu verstehen. Das Glaubensbekenntnis einer jeden Religion formt Gesellschaften und deren Verhalten gegenüber anderen. Eine gründliche Studie des Islam würde dem Westen dabei helfen, auf fruchtbarere Weise einzuschätzen, wie er dieser Religion in gerechter und wehrhafter Weise begegnen kann. Sieht man aber stattdessen über religiöse Differenzen hinweg, dann würde man nur den Teil innerhalb der Religion übersehen, der potentiell zu ernsteren Konflikten führen könnte. Unserer Vorväter waren sich dessen bewusst.

Bei der erneuten Lektüre meiner jüngsten und zahlreichen Notizen zu den *Großen Häresien* habe ich außerdem an Thukydides und sein großes, unvollendetes Epos über die tragische Geschichte des Peloponnesischen Krieges (431-404 v. Chr.) gedacht, das die folgenreiche Zerstörung Athens beinhaltet. Man könnte ein ganzes Semester an der Universität damit zubringen, jedes *einzelne* dieser beiden Bücher gründlich und sorgfältig zu erörtern und würdigen.

Sowohl Belloc als auch Thukydides waren von den Epen und Tragödien Homers und der eindrücklich dargebotenen Katastrophe vom Falle Trojas mitsamt seinen Konsequenzen durchdrungen. Belloc konnte selbst einige größere Gefahren oder Tatsachen der Tragödie im Verlauf der Geschichte, darunter die Kämpfe und drohende Zersetzung des katholischen Glaubens und der heiligen Kirche, kunstvoll präsentieren. In Bellocs monumentalem Buch über die großen Häresien findet sich auch eine Überfülle an Wahrheit, Güte und Schönheit, folglich auch an der sich abhebenden und bleibenden Weisheit der prägenden Rechtgläubigkeit der katholischen Kirche.

Der katholische Dichter John Dryden († 1700) beschrieb einmal die Poesie Geoffrey Chaucers († 1400) dankbar als Darstellung »*Goddes good foison*« – der Überfülle Gottes. Gleichermaßen verhält es sich mit Hilaire Bellocs seltener und anhaltender Überfülle und seinem freimütigen katholischen Geist. Möge sein brillantes und an vielen Stellen von ritterlichem Geist zeugendes Buch nun auch zahlreiche deutschsprachige Leser erreichen und zutiefst berühren.

EINLEITUNG

Die Häresie

Was ist eine Häresie und worin besteht ihre historische Bedeutung?

Wie die meisten modernen Begriffe, wird »Häresie« sowohl in vager, als auch in mannigfaltiger Bedeutung verwendet. Er wird vage gebraucht, da dem modernen Geist die Präzision von Gedanken genauso zuwider ist, wie er entzückt ist von der Präzision in der Vermessung. Er wird mannigfaltig gebraucht, und je nachdem, wer ihn gebraucht, kann er für eins von vielen Dingen stehen.

Heute impliziert das Wort »Häresie« für die Menschen (die die englische Sprache verwenden) längst verflossene und vergessene Querelen, ein altes Vorurteil gegen rationale Auseinandersetzungen. Der Häresie wird demzufolge keine zeitgenössische Bedeutung beigemessen. Das Interesse daran ist tot, denn sie behandelt eine Materie, die niemand mehr ernst nimmt. Man hat Verständnis, wenn jemand sich aus archäologischer Neugier für eine Häresie interessiert. Sagt er aber, sie habe eine große Wirkung auf die Geschichte gehabt und sei auch heute von Bedeutung, so wird er schwerlich verstanden werden.

Trotzdem ist das Thema der Häresie im Allgemeinen von höchster Wichtigkeit für den Einzelnen und die Gesellschaft, und die Häresie in ihrer besonderen Bedeutung (nämlich die der Häresie in der christlichen Lehre) ist von besonderem Interesse für jeden, der Europa verstehen will: den Charakter Europas und die Geschichte Europas. Denn diese Geschichte ist in ihrer Gesamtheit, seit dem Auftritt der christlichen Religion, eine Geschichte des Ringens und des Wandels, denen vorwiegend Verschiedenartigkeiten in der religiösen Lehre vorausgehen und den Widerstreit oft, wenn nicht immer, verursachen, aber auf jeden Fall immer damit einhergehen. Anders gesagt, ist »die christliche Häresie« ein spezieller Gegenstand von höchster Wichtigkeit zum Verständnis der europäischen Geschichte, da sie, gemeinsam mit der christlichen Orthodoxie, ständiger Begleiter und Akteur des europäischen Lebens ist. Zuerst müssen wir mit einer Definition beginnen, obgleich das Definieren eine geistige Anstrengung verlangt und daher abstößt.

Häresie ist die Verzerrung eines kompletten und selbstständigen Systems durch die Einführung einer neuartigen Leugnung eines seiner wesentlichsten Teile.

Mit dem »kompletten und selbstständigen System« meinen wir irgendein System von Lehrsätzen in der Physik oder Mathematik oder wo auch immer, in dem die verschiedenen Teile kohärent sind und sich gegenseitig stützen.

Zum Beispiel sind die alten Grundsätze der Physik, die oft die Newtonschen Gesetze genannt werden, da Newton sie am besten definiert hat, ein System dieser Art. Die verschiedenen Dinge, die darin über das Verhalten von Materie geltend gemacht werden, vor allem das Gesetz der Gravitation, sind keine isolierten Behauptungen, bei der jede einzelne nach Gutdünken zurückgenommen werden könnte, ohne den Rest durcheinanderzubringen. Sie alle sind Teil einer Konzeption, einer Einheit, und zwar dergestalt, dass ein Teil zu verändern hieße, das ganze System aus dem Gleichgewicht zu bringen.

Ein anderes Beispiel eines ähnlichen Systems ist unsere ebene Geometrie, ererbt von den Griechen und von denjenigen »euklidisch« genannt, die denken (oder hoffen) einer neuen Geometrie habhaft geworden zu sein. Jeder Lehrsatz unserer ebenen Geometrie – dass die inneren Winkel eines ebenen Dreiecks in Summe zwei rechte Winkel ergeben, dass der Winkel in einem Halbkreis ein rechter Winkel ist usw. – wird nicht nur durch jeden anderen Lehrsatz in diesem System aufrechterhalten, sondern stützt auch gleichzeitig jedes andere Teilstück des Ganzen.

Häresie bedeutet also die Verzerrung eines Systems durch »Ausnahme«, durch das »Auswählen« eines Teils der Struktur[2], und impliziert, dass das System entstellt wird durch die Wegnahme eines Teiles, die Leugnung eines Teiles und das Zurücklassen einer Leerstelle oder die Füllung derselben mit neuen Behauptungen. So wurde beispielsweise im 19. Jahrhundert eine Methode der Textkritik entwickelt, um die Entstehungszeit eines antiken Dokumentes zu ermitteln. Eines der Prinzipien dieser Methode besteht darin, dass jede Aussage über das Wunderbare notwendig falsch sei. »Wenn man in irgendeinem Dokument ein Wunder findet, für das der mutmaßliche Autor sich verbürgt, hat man das Recht zur Schlussfolgerung«, (so sagen die Textkritiker des 19. Jahrhunderts wie aus einem Munde), »dass das Dokument nicht zeitgenössisch ist – es stammt nicht aus der Zeit, aus der es behauptete, zu stammen.« Nun tritt ein neuer und origineller Kritiker auf, der sagt: »Ich stimme dem nicht zu. Ich denke, dass Wunder geschehen und ich denke außerdem, dass Leute lügen.« Jemand, der sich in solcher Weise an einer Diskussion beteiligt, ist in Bezug auf dieses bestimmte orthodoxe System ein Häretiker. Sobald man diese Ausnahme gewährt, wird eine Reihe von sicheren Negationen unsicher.

Man war sich z. B. sicher, dass die Biographie des hl. Martin von Tours, welche angab, von einem zeitgenössischen Zeugen zu stammen, wegen des Wunders, das es erzählte, tatsächlich nicht von einem zeitgenössischen Zeugen verfasst wurde. Wenn man aber das neue Prinzip gelten lässt, könnte es schließlich doch zeitgenössisch sein. Daher könnte etwas, das darin bezeugt wurde und was zwar in keiner Weise mirakulös, jedoch in keinem anderen Dokument enthalten ist, als historisch angenommen werden.

Man liest in der Biographie eines Thaumaturgen, dass er in der Basilika von Vienne 500 n. Chr. einen Mann von den Toten auferweckte. Die orthodoxe Schule der Kritik würde sagen, dass die Geschichte offensichtlich falsch, da mirakulös sei, und sie keinen Beweis für die Existenz einer Basilika in Vienne zu

2 Das Wort stammt vom griechischen Verb *haireo* ab, das zuerst »ich greife« oder »ich fasse«, später »ich nehme weg« bedeutete.

jener Zeit darstelle. Aber unser Häretiker, der den orthodoxen Kanon der Kritik bestreitet, sagt: »Mir scheint, dass der Biograph des Thaumaturgen womöglich Lügen verbreitete, aber er hätte die Basilika und das Datum nicht erwähnt, wenn seine Zeitgenossen nicht genauso gut wie er gewusst hätten, dass es zu dieser Zeit eine Basilika in Vienne gab. *Eine* Unwahrheit setzt nicht die *universale* Unwahrheit in einem Erzähler voraus.« Es mag sogar ein noch keckerer Häretiker daherkommen, der sagen würde: »Die Passage ist nicht nur ein völlig ausreichender Beweis für die Existenz einer Basilika in Vienne im Jahr 500 n. Chr., sondern ich halte es auch für möglich, dass der Mann von den Toten auferweckt wurde.« Folgen Sie einem der beiden Kritiker, bringen Sie das ganze Prüfungsverfahren durcheinander, mit dem in jüngster Zeit die wahre Geschichte von der falschen unterschieden wurde.

Die pauschale Leugnung eines Systems ist keine Häresie und hat auch nicht die schöpferische Kraft einer Häresie. Es ist ein Wesensbestandteil der Häresie, dass sie einen großen Teil der Struktur, die sie angreift, intakt lässt. Aus diesem Grund kann sie Gläubige anziehen und weiterhin deren Leben beeinflussen, indem sie sie von ihren ursprünglichen Eigenarten wegführt. Daher wird von Häresien gesagt, dass sie »durch die Wahrheiten, die sie beibehalten, überdauern.«

Es ist anzumerken, dass es für den Wert der Häresie, als Teilbereich historischer Studien, gleichgültig ist, ob das gesamte derart angegriffene System wahr oder falsch ist. Was uns beschäftigt, ist die hochinteressante Wahrheit, dass nämlich die Häresie ein neues, eigenständiges Leben hervorbringt und die Gesellschaft, die sie angreift, grundlegend beeinflusst. Der Grund dafür, dass Menschen Häresien bekämpfen, ist nicht nur oder prinzipiell Konservatismus – eine Hingabe an die Routine, eine Abneigung gegen eine Störung in ihren Denkgewohnheiten –, es ist vielmehr die Auffassung, dass die Häresie, insofern sie an Boden gewinnt, eine Lebensart und einen gesellschaftlichen Charakter hervorbringen wird, der mit der Lebensart und dem gesellschaftlichen Charakter, den das alte orthodoxe System hervorgebracht hat, im Streit steht, sie reizt und vielleicht tödlich für sie ist. So viel zur allgemeinen Bedeutung und zur Wichtigkeit des bedeutungsschwangeren Wortes »Häresie.«

Ihre besondere Bedeutung (die Bedeutung, die in diesem Buch gebraucht wird) liegt in der Beschädigung des kompletten Systems der christlichen Religion durch Ausnahmen.

Zum Beispiel ist die Aussage, dass die individuelle Seele unsterblich ist, dass also das persönliche Bewusstsein den physischen Tod überdauert, ein wesentlicher Bestandteil dieser Religion (auch wenn es nur ein Teil davon ist). Wenn Leute das glauben, betrachten sie die Welt und sich selbst auf eine bestimmte Weise und handeln auf eine bestimmte Weise und sind Leute einer bestimmten Art. Wenn sie diese eine Lehre ausnehmen, d. h. sie herausschneiden, dann halten sie womöglich an allem anderen fest, aber das System wurde verändert, die Lebensweise und der Charakter und alles Übrige wandelt sich. Jemand, der sich sicher ist, dass er endgültig stirbt und es darüber hinaus nichts weiter gibt, mag womöglich daran glauben, dass Jesus von Nazareth Wahrer Gott von Wahrem Gott ist, dass Gott dreifaltig ist, dass die Inkarnation von einer Jungfrauengeburt begleitet war, dass Brot und Wein durch eine bestimmte Formel verwandelt werden; er mag eine große Zahl von christlichen Gebeten rezitieren und ausgewählte christliche Vorbilder bewundern und imitieren, aber dennoch ist er ein ganz anderer Mensch als derjenige, der die Unsterblichkeit für selbstverständlich nimmt.

Da die Häresie in diesem bestimmten Sinn (die Leugnung einer anerkannten christlichen Lehre) den Einzelnen derart beeinflusst, beeinflusst sie die gesamte Gesellschaft. Und wenn man eine Gesellschaft untersucht, die durch eine bestimmte Religion geformt wurde, dann beschäftigt man sich notwendigerweise im höchsten Maße mit der Verzerrung oder Abnahme dieser Religion. *Darin* besteht das historische Interesse an der Häresie. Deswegen kann niemand, der die Entstehung und Veränderung Europas verstehen will, die Häresie als etwas Unwichtiges beiseiteschieben. Die Geistlichen, die so heftig über die Feinheiten der Definitionen auf den östlichen Konzilien gestritten haben, hatten wesentlich mehr Sinn für die Geschichte und standen mehr auf dem Boden der Tatsachen als die französischen Skeptiker, die den englischen Lesern durch ihren Jünger Gibbon[3] bekannt sind.

Jemand, der z. B. denkt, dass der Arianismus eine bloße Diskussion über Begrifflichkeiten war, begreift nicht, dass eine arianische Welt vielmehr wie eine mohammedanische Welt geworden wäre, anstatt so, wie die europäische Welt tatsächlich geworden ist. Er sieht den Tatsachen wesentlich weniger ins Auge als Athanasius, als er die höchste Wichtigkeit dieses Lehrsatzes betonte. Jene lokale Synode von Paris, die den Ausschlag zugunsten der trinitarischen Position gab, hatte eine größere Wirkung als eine entscheidende Schlacht, und das nicht zu verstehen, hieße, ein armseliger Historiker zu sein.

Es ist keine Entgegnung auf diese These, wenn man sagt, dass sowohl der Orthodoxe als auch der Häretiker unter Wahnvorstellungen litten, dass sie über Dinge diskutierten, die keine echte Existenz hätten und der Debatte gar nicht wert gewesen wären. Es ist jedoch so, dass die Lehre (und ihre Leugnung) formgebend war für das Wesen der Menschen, und das derart geformte Wesen bestimmte die Zukunft der Gesellschaft, die aus diesen Menschen bestand.

In diesem Zusammenhang gibt es noch eine andere Erwägung, die in unserer Zeit viel zu oft vernachlässigt wird. Nämlich, dass die skeptische Attitüde den transzendenten Dingen gegenüber für die Masse der Menschen keinen Bestand haben kann. Viele verzweifeln daran, dass dem so ist. Sie beklagen die verabscheuungswürdige Schwäche der Menschheit, die sie zur Annahme irgendeiner Philosophie oder Religion nötigt, um überhaupt weiterleben zu können. Und doch handelt es sich dabei um eine positive und universale Erfahrung.

---

3 Anm. d. Übers.: Edward Gibbon (1737-1794) war ein britischer Historiker zur Zeit der Aufklärung. Sein Hauptwerk ist *The History of the Decline and Fall of the Roman Empire*.

Das lässt sich nicht leugnen. Es ist eine reine Tatsache. Die menschliche Gesellschaft kann ohne irgendeinen Glauben nicht fortbestehen, denn ein Kodex und ein Charakter sind das Produkt eines Glaubens. Tatsächlich können Einzelne, insbesondere diejenigen, die ein behütetes Leben führen, oft ohne ein Mindestmaß an Sicherheit oder Gepflogenheit bezüglich der transzendenten Dinge weiterleben. Aber eine organische Menschenmasse kann das nicht. Deshalb erhält eine ganze Religion das moderne England, die Religion des Patriotismus. Wird sie im Menschen durch irgendeine häretische Entwicklung zerstört, indem die Lehre »ausgenommen« wird, dass die vorzüglichste Pflicht eines Menschen die der politischen Gemeinschaft gegenüber ist, der er angehört – und England, wie wir es kennen, würde langsam aufhören zu existieren und zu irgendetwas anderem werden.

Die Häresie ist also kein versteinertes Thema. Es ist ein Thema von dauerhaftem und überlebenswichtigem Interesse für die Menschheit, da es mit dem Thema der Religion verbunden ist, ohne die, in welcher Form auch immer, keine menschliche Gesellschaft jemals überdauert hat oder auch nur überdauern könnte. Diejenigen, die denken, dass der Gegenstand der Häresie vernachlässigt werden kann, da sich der Begriff für sie altmodisch anhört und da er mit einer Anzahl längst aufgegebener Dispute verbunden ist, machen den üblichen Fehler, in Worten statt in Ideen zu denken. Es ist der gleiche Fehler, der die amerikanische »Republik« der englischen »Monarchie« gegenüberstellt, obwohl natürlich die Regierung der Vereinigten Staaten in ihrem Wesen monarchisch ist und die Regierung Englands republikanisch und aristokratisch. Durch einen ungenauen Gebrauch von Wörtern entstehen endlose Missverständnisse. Wenn wir aber die bloße Tatsache im Auge behalten, dass ein Staat, eine menschliche Institution oder eine allgemeine Kultur durch ein Moralgefüge inspiriert sein muss und es kein Moralgefüge ohne Lehre geben kann, und wir darin übereinstimmen, jedes konsistente Gefüge von Moral und Lehren eine Religion zu nennen, dann wird die Wichtigkeit der Häresie als wissenschaftlicher Gegenstand deutlich werden. Denn Häresie meint nichts anderes als »die Anregung von Neuerungen in der Religion durch die Herausnahme gewisser Punkte aus der angenommen Religion oder die Leugnung derselben oder Ersetzung durch andere, bis dahin unbekannte Lehrsätze.«

Das Studium der sukzessiven christlichen Häresien, ihrer Schicksale und Charaktere, ist von besonderem Interesse für alle von uns, die der europäischen oder christlichen Kultur zugehörig sind. Der Grund dafür sollte selbsterklärend sein. Unsere Kultur wurde von einer Religion geschaffen. Veränderungen oder Abweichungen von dieser Religion haben notwendigerweise Einfluss auf unsere Zivilisation in ihrer Gesamtheit.

Die ganze Geschichte Europas, seiner verschiedenen Reiche und Staaten und Körperschaften während der letzten sechzehn Jahrhunderte, hing hauptsächlich von den aufeinanderfolgenden Häresien ab, die in der christlichen Welt erwuchsen.

Das, was wir heute sind, sind wir hauptsächlich deshalb, weil letztlich keine dieser Häresien unsere angestammte Religion überwand. Aber wir sind auch das, was wir sind, weil jede von ihnen unsere Väter über Generationen hinweg zutiefst beeinflusst hat. Jede Häresie ließ Spuren zurück, und eine von ihnen, die große mohammedanische Bewegung, besteht bis auf den heutigen Tag in dogmatischer Kraft fort und herrscht in einem großen Teil der Gebiete vor, die einmal ganz die unsrigen waren.

Würde man alle Häresien katalogisieren, die die ganze lange Geschichte der Christenheit kennzeichnen, dann würde die Liste beinahe endlos erscheinen. Sie teilen und unterteilen sich, es gibt sie in jeder Größe von lokaler bis allgemeiner Ausdehnung. Ihre Existenzen erstrecken sich über den Zeitraum einer Generation bis hin zu Jahrhunderten. Die beste Möglichkeit zum Verständnis dieses Themas besteht darin, einige prominente Beispiele auszuwählen und durch das Studium derselben zu erkennen, von welch enormer Tragweite die Häresie sein kann.

Solch eine Untersuchung wird durch die Tatsache erleichtert, dass unsere Väter die Häresie als das erkannten, was sie war, und ihr in jedem Fall einen bestimmten Namen gaben, sie einer Definition und dadurch einer bestimmten Grenze unterwarfen. Durch eine solche Definition wird ihre Analyse erleichtert.

Unglücklicherweise ging in der modernen Welt die Gepflogenheit einer solchen Definition verloren. Das Wort »Häresie« suggeriert nun etwas Sonderbares und Altmodisches, es wird nicht länger auf Fälle angewendet, die eindeutige Häresien sind und als solche behandelt werden sollten.

Zum Beispiel treibt heute eine Leugnung dessen sein Unwesen, was Theologen *dominium* nennen, das Recht auf Eigentum. Es ist eine verbreitete Ansicht, dass Gesetze, die den privaten Besitz von Land und Kapital erlauben, unmoralisch seien; dass der Boden aller produktiven Güter Gemeingut sein solle und dass jedwedes System, welches die Kontrolle darüber Individuen oder Familien überlässt, falsch sei und daher angegriffen und zerstört werden müsse.

Diese Lehre, die schon sehr stark unter uns vertreten ist und an Stärke und Anhängerzahl gewinnt, nennen wir nicht Häresie. Wir sehen sie nur als ein politisches oder ökonomisches System, und wenn wir über den Kommunismus sprechen, suggeriert unser Vokabular nichts Theologisches. Das liegt jedoch nur daran, dass wir vergessen haben, was das Wort »theologisch« bedeutet. Der Kommunismus ist ebenso sehr eine Häresie wie der Manichäismus. Es ist das Herausnehmen eines bestimmten Teiles aus dem moralischen System, demgemäß wir gelebt haben, die Verleugnung dieses Teiles und der Versuch, ihn durch eine Neuerfindung zu ersetzen. Der Kommunist behält viel vom christlichen System bei – die Gleichheit der Menschen, das Recht auf Leben usw. – er leugnet nur einen Teil.

Das Gleiche gilt bezüglich des Angriffes auf die Unauflöslichkeit der Ehe. Niemand nennt die moderne Praxis und Bejahung der Scheidung eine Häresie, und doch ist sie eine.

Denn ihr maßgebliches Charakteristikum ist die Leugnung der christlichen Ehelehre und deren Ersetzung durch eine andere Lehre, nämlich der, dass die Ehe nichts anderes als ein Vertrag wäre, und zwar ein kündbarer. Ebenso handelt es sich dabei um Häresie, eine »Änderung durch Herausnahme«, zu behaupten, dass nichts über die göttlichen Dinge in Erfahrung gebracht werden könne, dass alles schiere Ansichtssache sei und nur diejenigen Dinge, derer man sich durch die Evidenz der Sinne und des Experiments vergewissert, unsere Leitsterne in der Regelung menschlicher Angelegenheiten sein sollten. Jene, die so denken, könnten vieles aus der christlichen Moral beibehalten und meistens tun sie das auch. Aber da sie die Gewissheit des Autoritätsbeweises leugnen, die ein Teil der christlichen Epistemologie ist, sind sie häretisch. Es ist keine Häresie zu sagen, dass die Wirklichkeit durch das Experiment, durch die Sinneseindrücke und durch Deduktion erreicht werden kann. Es *ist* eine Häresie zu behaupten, dass durch *keine andere* Quelle zur Wirklichkeit gelangt werden kann.

Wir leben heute unter einem Regime der Häresie, das nur deshalb von früheren häretischen Perioden unterschieden werden kann, weil der häretische Geist allgemein wurde und in verschiedenen Formen zu Tage tritt.

Man wird sehen, dass ich auf den folgenden Seiten vom »modernen Angriff« gesprochen habe, denn einer Sache muss zunächst ein Name gegeben werden, bevor man überhaupt über sie diskutieren kann. Aber die Flut, die uns zu überwältigen droht, ist so diffus, dass ihr jeder seinen eigenen Namen geben muss, bislang gibt es keinen allgemeingültigen Begriff.

Vielleicht kommt es dazu, aber erst dann, wenn der Konflikt zwischen diesem modernen antichristlichen Geist und der beständigen Tradition des Glaubens sich durch Verfolgung zuspitzt und die Tradition den Sieg davonträgt oder untergeht. Womöglich wird man in diesem Geist sogar den Antichristen sehen.

KAPITEL I

Der Plan dieses Buches

Ich beabsichtige im Folgenden, die Hauptangriffe auf die katholische Kirche zu behandeln, die ihre lange Geschichte kennzeichnen. Mit Ausnahme des Islam und der wirren, aber allgegenwärtigen modernen Attacke, die noch im Gange ist, behandle ich ihr Scheitern sowie die Ursachen ihres Scheiterns. Ich schließe mit einer Erörterung über die Überlebenschancen der Kirche im gegenwärtigen Kampf innerhalb der Zivilisation, die sie selbst geschaffen hat und von der sie nun allgemein im Stich gelassen wird.

Es gibt, wie jeder weiß, eine Institution, die sich selbst zur alleinigen autoritativen und göttlich eingesetzten Lehrerin der maßgeblichen Sitten und Lehren erklärt. Diese Institution nennt sich selbst die katholische Kirche.

Es ist außerdem eine anerkannte historische Wahrheit, die niemand leugnet, dass solch eine Institution, die solch einen Anspruch erhebt, seit vielen Jahrhunderten unter der Menschheit zugegen ist. Aufgrund fehlenden Wissens oder bestimmter Antagonismen leugnen viele die Identität der katholischen Kirche von heute mit der ursprünglichen christlichen Gemeinschaft. Niemand aber, so feindselig oder unwissend er auch sein mag, leugnet ihre Präsenz während der letzten dreizehn oder vierzehn Jahrhunderte.

Des Weiteren ist es historisch wahr (wenn auch nicht überall anerkannt), dass der Anspruch dieser Körperschaft, die göttlich eingesetzte Stimme für die Feststellung der wahren Lehre in Hinblick auf die für den Menschen wesentlichen Angelegenheiten (sein Wesen, seine Prüfung in dieser Welt, sein Heil oder Verderben, seine Unsterblichkeit usw.) zu sein, durch die vorherigen Jahrhunderte hindurch bekräftigt wird, und zwar bis kurz vor Mitte des ersten Jahrhunderts. Vom Pfingsttag an (etwa zwischen 29 bis 33 n. Chr.) gab es ein aufrechtgehaltenes Lehrgefüge – z. B., von Beginn an, die Auferstehung. Und der Organismus, durch den dieses Lehrgefüge bestätigt wird, war von Anfang an eine Gruppe von Menschen, verbunden durch eine gewisse Tradition, durch die sie die in Frage stehende Autorität beanspruchten.

Folglich müssen wir zwei vollkommen verschiedene Vorstellungen unterscheiden, die trotzdem oft durcheinandergebracht werden. Das eine ist das historische Faktum, wonach der Anspruch auf die göttliche Autorität und unfehlbare Lehre erhoben wurde und immer noch erhoben wird; das andere ist die Glaubwürdigkeit dieses Anspruches.

Ob dieser Anspruch wahr oder falsch ist, hat nicht das Geringste mit seinem historischen Ursprung und seiner Kontinuität zu tun. Er mag als Einbildung oder als Betrug entstanden und ahnungslos fortgesetzt worden sein, dies hat jedoch keinen Einfluss auf seine historische Existenz. Dieser Anspruch wurde erhoben und wird weiterhin erhoben, und diejenigen, die ihn erheben, stehen in einer ununterbrochenen Kontinuität zu denjenigen, die ihn zu allererst erhoben haben. Sie bilden kollektiv den Organismus, der sich selbst »die Kirche« nannte und auch weiterhin so nennt.

Nun gab es gegen diesen autoritativen Organismus, seinen Anspruch, seine Eigenart und seine Lehren, über die ganze Dauer seines Bestehens hinweg ununterbrochene Angriffe. Es gab Leugnungen seines Anspruches. Es gab Leugnungen dieses oder jenes Teiles seiner Lehren. Es gab Versuche, die Lehren durch andere zu ersetzen. Es gab sogar mehrere Versuche, diesen Organismus, die Kirche, zu zerstören.

Ich beabsichtige, fünf Hauptangriffe der genannten Art aus der gesamten, sehr hohen – fast unendlichen – Zahl der großen und kleinen Versuche auszuwählen, die versuchten, dieses Gebäude der Einheit und der Autorität zu stürzen. Der Grund dafür, dass ich eine so kleine Zahl wähle und mich auf jede einzelne als separates Phänomen konzentriere, besteht nicht nur in der Notwendigkeit eines Rahmens und einer Abgrenzung, sondern auch darin, dass diese fünf die wesentlichen Formen des Angriffs veranschaulichen. Diese fünf Angriffe sind, in ihrer historischen Ordnung:

1. Der arianische, 2. der mohammedanische, 3. der albigensische, 4. der protestantische, 5. der, der noch keinen bestimmten Namen bekommen hat, den wir aber der Einfachheit halber »den modernen Angriff« nennen werden.

Ich sage, dass jeder dieser fünf Hauptfeldzüge, bei dem der Erfolg eines jeden einzelnen die Zerstörung der katholischen Kirche, ihrer Autorität und Lehren zur Folge gehabt hätte, für einen bestimmten Typus steht.

Der arianische Angriff beabsichtigte die Veränderung einer fundamentalen Lehre, sodass, hätte die Veränderung Erfolg gehabt, das ganze Wesen der Religion verwandelt worden wäre. Sie wäre nicht nur verwandelt worden, sie wäre gescheitert. Und ihrem Scheitern wäre ein Zusammenbruch der Zivilisation gefolgt, die die katholische Kirche gerade im Begriff war, aufzubauen.

Die Arianische Häresie (die im vierten Jahrhundert begann und noch während des ganzen fünften Jahrhunderts wirkte) ging an die Wurzel der kirchlichen Autorität selbst, indem sie die vollkommene Gottheit ihres Gründers attackierte. Aber sie tat viel mehr, da ihr zugrundeliegendes Motiv die Rationalisierung des Mysteriums war, auf dem die Kirche sich gründet: das Mysterium der Inkarnation. Der Arianismus war im Wesentlichen eine Revolte gegen die Schwierigkeiten, die mit den Mysterien insgesamt verbunden sind, obwohl er sich nur als Angriff auf das Hauptmysterium darstellte. Der Arianismus war ein typisches Beispiel einer großangelegten Reaktion gegen das Übernatürliche, die, sobald sie voll entwickelt ist, der Religion all das entzieht, wodurch sie lebt.

Der mohammedanische Angriff war von einer anderen Art. Er kam geographisch von außerhalb des Territoriums der Christenheit. Er erschien, fast von Anfang an, als fremder Feind. Und doch war er streng genommen keine neue Religion, die die alte attackierte, sondern im Wesentlichen eine Häresie. Aber aus den Umständen ihrer Entstehung heraus war sie viel eher eine fremde als eine vertraute Häresie. Sie drohte, die christliche Kirche durch eine Invasion zu töten, anstatt sie von innen her auszuhöhlen.

Der albigensische Angriff war der größte einer großen Anzahl von Angriffen, welche die manichäische Vorstellung der Dualität des Universums als gemeinsame Quelle hatten, nämlich die Vorstellung, dass das Gute und Böse als gleichrangig im unaufhörlichen Widerstreit stünden, und dass der allmächtige Gott weder ein einziger noch wohlwollend sei. Mit dieser Idee eng und unzertrennlich verwoben war die Vorstellung, dass die Materie böse sei und jeder Genuss, insbesondere der leibliche, ein Übel. Diese Form des Angriffes, von der, wie ich sagte, der albigensische der bekannteste war und dem Erfolg am nächsten kam, war viel eher ein Angriff auf die Moral als auf die Lehre. Er hatte den Charakter eines Krebsgeschwürs im Inneren des Leibes der Kirche, das ein neues, eigenes Leben produziert, eines, das dem Leben der Kirche zerstörerisch entgegenwirkt. Er gleicht einem bösartigen Tumor im menschlichen Leib, der ein Eigenleben führt und zersetzend auf denjenigen einwirkt, in dem er parasitär heranwächst.

Der protestantische Angriff unterscheidet sich vom Rest in dem Charakteristikum, dass er nicht in der Verkündigung einer neuen Lehre oder einer neuen Autorität bestand, noch einen konzertierten Versuch der Errichtung einer Gegenkirche unternahm. Sein Prinzip war die Verleugnung der Einheit. Es war die Bemühung, einen Geisteszustand zu fördern, in dem eine Kirche im hergebrachten Sinne des Wortes, d. h. eine Kirche als unfehlbarer, vereinter Lehrkörper, eine Person, die mit göttlicher Autorität spricht, zurückgewiesen wird. Nicht die Lehren werden zurückgewiesen, die er womöglich aufstellt, sondern der Anspruch selbst, sie mit seiner einzigartigen Autorität aufzustellen. So kann ein Protestant, wie es die englischen Puseyisten[4] tun, die Wahrheit aller Lehren von der Messe bekräftigen – die Realpräsenz, den Opfercharakter, die priesterliche Gewalt der Konsekration usw. –, während ein anderer Protestant behaupten kann, dass all diese Vorstellungen falsch sind. Und doch sind diese beiden Protestanten eben Protestanten, weil sie hinsichtlich der fundamentalen Vorstellung in Gemeinschaft stehen, nach der die Kirche keine sichtbare, definierbare und vereinte Persönlichkeit ist, dass es keine unfehlbare Zentralautorität gibt und demzufolge jeder frei ist, seine eigene Zusammenstellung von Lehren auszuwählen.

Solche Bekräftigungen der Spaltung, solch eine Leugnung des Anspruches auf Einheit als Teil der göttlichen Ordnung, produziert durch gewisse historische Verbindungen tatsächlich ein den Protestanten gemeinsames Naturell, aber es gibt keine einzige Lehre oder eine Zusammenstellung von Lehren, die als Kern des Protestantismus bezeichnet werden könnte. Sein Wesensmerkmal bleibt die Zurückweisung der durch die Autorität garantierten Einheit.

Zuletzt gibt es da den zeitgenössischen Angriff auf die katholische Kirche, der immer noch im Gange ist und dem letztendlich noch kein Name gegeben wurde, abgesehen vom vagen Begriff »modern«. Ich hätte womöglich das alte griechische Wort »alogos« vorgezogen, aber das wäre pedantisch erschienen. Und doch ist es bedauerlich, es verwerfen zu müssen, denn es beschreibt implizit ganz vortrefflich den Streit zwischen den gegenwärtigen Angreifern auf die katholische Autorität und Lehre und die Geisteshaltung eines Gläubigen. Die Antike gab den Namen »alogos« denjenigen, die, obgleich sie sich Christen nannten, die Gottheit Christi schmälerten oder leugneten. Es wurde gesagt, dass sie das aus einem Mangel an »Verstand« im Sinne einer »Fülle des Verständnisses«, einer

4 Anm. d. Übers.: Benannt nach Edward Bouverie Pusey (1800–1882), einer der führenden Gestalten der katholisierenden Oxford-Bewegung innerhalb der anglikanischen Kirche.

»Weite der Fassungskraft« taten. Die Menschen betrachteten diese Art des Rationalismus so, wie normale Leute den Farbenblinden betrachten.

Man hätte auch den Begriff »Positivismus« wählen können, da die moderne Bewegung auf der Unterscheidung zwischen Dingen, die positiv durch das Experiment bewiesen werden können und denjenigen Dingen, die aus anderen Gründen angenommen werden, beruht. Aber der Begriff »Positivismus« hat bereits eine besondere Konnotation und daher hätte dessen Gebrauch nur Verwirrung gestiftet.

In jedem Fall, auch wenn wir womöglich noch einen spezifischen Namen finden müssen, kennen wir doch alle den Geist, auf den ich mich beziehe: »Nur das ist wahr, was von den Sinnen wahrgenommen und dem Experiment unterworfen werden kann. Das kann am gründlichsten geglaubt werden, was am gründlichsten gemessen und im wiederholten Versuch getestet werden kann. Was im Allgemeinen ›religiöse Bekenntnisse‹ genannt werden, sind immer *mutmaßlich,* manchmal *nachweislich,* Täuschungen. Die Vorstellung eines Gottes selbst und alles was daraus folgt, ist menschengemacht und eine Ausgeburt der Phantasie.« Das ist der Angriff, der alle alten Angriffe verdrängt hat, der jetzt rapide an Boden gewinnt und dessen Jünger (wie es zu ihren Blütezeiten die Anhänger der früheren Attacken taten) ein wachsendes Vertrauen auf den Sieg verspüren.

Das sind die fünf großen, dem Glauben entgegenwirkenden Bewegungen. Unsere Aufmerksamkeit auf eine nach der anderen zu konzentrieren lehrt uns anhand verschiedener Beispiele den Charakter unserer Religion und die merkwürdige Wahrheit, dass die Menschen nicht umhinkommen, entweder Sympathie oder Hass für sie zu empfinden.

Sich auf diese fünf Hauptangriffe zu konzentrieren hat den weiteren Vorteil, dass sie unter sich alle Richtungen zusammenzufassen scheinen, aus der der katholische Glauben her bestürmt werden kann.

Zweifellos wird es in der Zukunft weitere Konflikte geben. Tatsächlich können wir sicher sein, dass diese unvermeidbar sind, denn es liegt in der Natur der Kirche, dass sie den Zorn und die Angriffe der Welt auf sich zieht. Vielleicht werden wir später den Heiden aus dem Osten entgegentreten müssen, oder vielleicht früher oder später die Herausforderung eines ganz neuen Systems erleben – keine Häresie, sondern eine neue Religion. Aber die wesentlichsten Angriffsarten scheinen durch die von der Geschichte vorgelegte Liste erschöpft worden zu sein. Wir hatten Beispiele für Häresien, die von außen wirken und auf diese Art eine neue Welt schaffen, deren großes Vorbild der Islam ist. Wir hatten das Beispiel einer Häresie, die die Axt an die Wurzel des Glaubens legt, nämlich die Inkarnation, und sich darauf spezialisierte – hier war der Arianismus die große Vorlage. Wir hatten das Wachstum eines Fremdkörpers von innen, die Albigenser, und all ihre manichäischen Anverwandten vor und nach ihnen. Wir hatten den Angriff auf die Personalität, d. h. die Einheit der Kirche – den Protestantismus. Und nun betrachten wir, während der Protestantismus noch im Sterben liegt, den Aufstieg und das Wachstum einer weiteren Form des Konflikts – der Anspruch, alle transzendenten Aussagen als Illusionen zu behandeln. Es scheint, als könnte die Zukunft nichts anderes mehr offen halten als die Wiederholung dieser Formen.

Die Kirche kann so als eine Art Zitadelle betrachtet werden, die eine bestimmte Anzahl von Fassaden zwischen den Winkeln ihrer Verteidigung darbietet. Jede Fassade wird der Reihe nach angegriffen, und nach dem Scheitern eines Angriffes erleidet ihr Nachbar die Hauptlast der Schlacht. Der letzte Angriff, der moderne, gleicht mehr einem Versuch, die Garnison aufzulösen, die Vernichtung ihrer Widerstandskraft durch Suggestion anstatt durch einen bewaffneten Kampf. Mit dieser letzten Form scheint die Liste erschöpft zu sein. Falls oder sobald die letzte Gefahr verschwunden ist, kann die nächste nur in irgendeiner Art auftreten, wie wir sie bereits erlebt haben.

Ich werde vielleicht abschließend zu dieser Einleitung gefragt werden, warum ich die Schismata nicht erwähnte. Schismen sind so sehr Angriffe auf das Leben der katholischen Kirche, wie Häresien es sind. Das größte aller Schismen, das Griechische oder Orthodoxe, das die Griechische oder Orthodoxe Gemeinschaft hervorbrachte, ist offensichtlich eine Spaltung unserer Stärke. Und doch denke ich, dass die verschiedenen Formen des Angriffs auf die Kirche durch eine häretische Lehre einer anderen Kategorie angehören als die Schismata. Zweifellos beinhaltet ein Schisma gewöhnlich eine Häresie, und zweifellos haben gewisse Häresien versucht, dafür zu plädieren, dass wir uns mit ihnen versöhnen sollten, so wie wir mit einem Schisma versöhnt werden könnten. Aber auch wenn diese beiden Übel gewöhnlich gemeinsam auftreten, gehören beide jeweils einer anderen Art an. Und während wir die eine untersuchen, ist es am besten, die andere während dieses Untersuchungsprozesses beiseite zu stellen.

Ich werde auf diesen Seiten die fünf großen Häresien, die ich genannt habe, der Reihe nach behandeln, und zwar in ihrer historischen Reihenfolge, angefangen mit der arianischen Angelegenheit, die, da sie die erste, womöglich aber auch die beachtlichste war.

KAPITEL II

Die Arianische Häresie

Der Arianismus war die erste der großen Häresien.

Es gab seit Gründung der Kirche am Pfingsttag zwischen 29[5] und 33 n. Chr. eine Menge häretischer Bewegungen, die in den ersten drei Jahrhunderten wucherten. Fast alle wendeten sich gegen die Naturen Christi.

Die Wirkung der Verkündigung, die Persönlichkeit und die Wunder unseres Herrn, vor allem aber seine Auferstehung, mussten jeden, der auch nur etwas Glauben an das dargebotene Wunder hatte, zu der Vorstellung bewegen, dass in der ganzen Angelegenheit eine göttliche Macht am Werke ist.

Nun ist die zentrale Tradition der Kirche hier, wie in jedem Fall von Lehrstreitigkeiten, von Anfang an klar und deutlich. Unser Herr war zweifellos ein Mensch. Er wurde geboren, wie Menschen geboren werden, er starb als Mensch. Er lebte als Mensch und wurde von einer Gruppe enger Gefährten und einer sehr großen Anzahl von Männern und Frauen, die ihn hörten und seine Taten bezeugten, als Mensch gekannt.

Aber – so sagt die Kirche – er war auch Gott. Gott kam auf die Erde hernieder und ist als Mensch Fleisch geworden. Er war nicht nur ein Mensch, der unter dem Einfluss der Gottheit stand, noch war er nur eine Manifestation der Gottheit im Erscheinungsbild eines Menschen. Er war gleichzeitig vollkommener Gott und vollkommener Mensch. An diesem Punkt wankte die zentrale Lehre der Kirche nie. Sie wurde von Anfang an von denjenigen als selbstverständlich vorausgesetzt, die die Autori-

5 Bezüglich der Debatte über den Zeitpunkt der Kreuzigung, Auferstehung und Pfingsten, verweise ich meine Leser an das anschauliche und gelehrte Werk Dr. Arendzens, *Men and Manners in the Time of Christ* (Verlag Sheed and Ward). Aus dem Befund, der gründlich untersucht worden ist, geht klar hervor, dass der Zeitpunkt nicht vor 29 n. Chr. liegen kann und möglicherweise wenige Jahre später liegt, während die am weitesten anerkannte traditionelle Jahreszahl 33 n. Chr. ist.

tät haben, das Wort zu erheben. Aber ein Mysterium ist, weil es ein Mysterium ist, notwendigerweise unergründlich, weshalb der Mensch als vernunftbegabtes Wesen ständig versucht, es zu rationalisieren. So geschah es auch mit diesem Mysterium. Die einen pflegen zu sagen, dass Christus nur ein Mensch wäre, wenn auch begabt mit außergewöhnlichen Kräften. Die anderen, das andere Extrem, sagt, dass er eine Manifestation des Göttlichen wäre. Seine menschliche Natur wäre lediglich eine Illusion. Diese beiden Extreme wechselten sich pausenlos ab.

Die Arianische Häresie war gewissermaßen die Zusammenfassung und Schlussfolgerung all dieser Bewegungen auf der unorthodoxen Seite – d. h., all derjenigen Bewegungen, die das gesamte Mysterium der zwei Naturen nicht annahmen.

Da es sehr schwer ist, die Vereinigung des Unendlichen mit dem Endlichen zu rationalisieren, und da ein offensichtlicher Widerspruch zwischen den beiden Begriffen besteht, pendelte sich das Durcheinander der Häresien auf die Erklärung ein, dass unser Herr so sehr von göttlichem Wesen wäre, wie es für ein Geschöpf möglich sei, er aber dennoch Geschöpf wäre. Er wäre nicht der unendliche und allmächtige Gott, der aufgrund seiner Natur einer und unteilbar sein muss, und er könnte nicht (so sagten sie) zur gleichen Zeit ein begrenzter Mensch sein, der sich in der zeitlichen Sphäre bewegt und dort sein Dasein fristet.

Der Arianismus (ich werde später über den Ursprung des Namens schreiben) war willens, unserem Herrn jede Art von Ehre und Majestät knapp unter der vollen Natur der Gottheit zuzugestehen. Der Sohn Gottes wurde geschaffen (oder wenn Leute das Wort »geschaffen« nicht mochten, dann »er ging hervor«) von der Gottheit vor Anbeginn der Welt. Durch ihn wurde die Welt geschaffen. Ihm wurden (paradoxerweise, möchte man sagen) alle göttlichen Eigenschaften zugesprochen – abgesehen von der Göttlichkeit.

Im Wesentlichen entsprang diese Bewegung dem gleichen Ursprung, dem alle rationalistischen Bewegungen von Anfang an bis in unsere Zeit hinein entspringen. Sie entsprang dem Bedürfnis, klar und einfach anschaulich zu machen, was über den menschlichen Gesichtskreis und das menschliche Fassungsvermögen hinausgeht. Wenn sie auch damit begann, unserem Herrn jede mögliche Ehre und Verherrlichung unterhalb der tatsächlichen Gottheit zu bezeugen, wäre sie aus diesem Grund auf lange Sicht unausweichlich zu einem bloßen Unitarismus und letztlich zur Betrachtung unseres Herrn als eines Propheten gelangt, wie erhaben auch immer, aber doch nicht mehr als ein Prophet.

Alle Häresien atmen notwendigerweise die Luft der Zeit, in der sie aufkommen und sind unvermeidlicherweise eine Spiegelung der Philosophie aus jedweden nichtkatholischen Vorstellungen, die gerade in dem Moment vorherrschend sind, wenn sie entstehen. Und so sprach der Arianismus in der Sprache seiner Zeit. Er begann nicht damit, wie eine ähnliche Bewegung heute anfangen würde, indem er unseren Herrn zu einem bloßen Menschen macht und nicht mehr. Noch weniger leugnete er das Übernatürliche insgesamt. Zu der Zeit, in der er erstand (um das Jahr 300 n. Chr.), war das Übernatürliche für die gesamte Gesellschaft selbstverständlich. Aber er sprach von unserem Herrn als höchstem Mittler – einem Demiurgen – und betrachtete ihn als den ersten und größten der Emanationen der zentralen Gottheit. Durch diese Emanationen gelang der Philosophie, die gerade zu dieser Zeit in Mode war, die Schwierigkeit der Versöhnung des unendlichen und einfachen Schöpfers mit einem komplexen und endlichen Universum.

So viel zur Lehre und dazu, wo ihre rationalistischen Tendenzen im Falle eines Sieges geendet hätten. Der Arianismus hätte die neue Religion zu etwas Ähnlichem wie dem Mohammedanismus gemacht, oder, in Anbetracht der griechischen und römischen Gesellschaft, zu so etwas wie einem orientalischen Calvinismus. Auf jeden Fall habe ich gerade den Stand dieser Lehre während ihrer Blüte dargelegt: die Leugnung der vollkommenen Gottheit unseres Herrn in Kombination mit dem Zugeständnis all seiner anderen Merkmale.

Wenn wir nun von den älteren, toten Häresien sprechen, müssen wir ihre geistigen und daher gesellschaftlichen Wirkungen wesentlich eingehender betrachten als lediglich ihre dogmatischen Irrtümer, auch wenn der dogmatische Irrtum die letzte Ursache all ihrer geistigen und gesellschaftlichen Wirkungen ist. Das müssen wir tun, weil lange nach dem Tod einer Häresie ihre genauen Eigenschaften dem Vergessen anheimgefallen sind. Die besondere Note und der unverwechselbare Stempel, den sie der Gesellschaft aufdrückte, sind für uns nicht mehr existent, sie müssen gewissermaßen von dem, der über die wirkliche Geschichte reden will, wiederauferweckt werden. Es wäre unmöglich, abgesehen von einer Erklärung dieser Art, heute einem Katholiken aus Bearn, einem Bauern in der Nähe von Lourdes, wo der Calvinismus, der dort einst vorherrschte, nun tot ist, die Eigenart und den individuellen Charakter des Calvinismus verständlich zu machen, so wie er noch in Schottland und einigen Gegenden der Vereinigten Staaten überdauert. Aber wir müssen versuchen, uns diese jetzt vergessene arianische Atmosphäre zu vergegenwärtigen, da wir sie, bis wir nicht seine geistige und daher gesellschaftliche Eigenart verstehen, den Arianismus eigentlich überhaupt nicht *kennen* können.

Des Weiteren muss man diese Eigenart oder diesen eigensten persönlichen Charakter der Bewegung verstehen, sowie seine einzigartigen Effekte auf die Gesellschaft, um seine Wichtigkeit zu erfassen. Es gibt keinen größeren Fehler in der ganzen Bandbreite der schlechten Geschichtsschreibung, als anzunehmen, dass doktrinelle Unterschiede, weil sie abstrakt sind und scheinbar fern der praktischen Dinge des Lebens liegen, keine intensive gesellschaftliche Auswirkung hätten. Erklären Sie einem Chinesen heute den Lehrstreit der Reformation, sagen Sie ihm, dass es sich vor allem um eine Leugnung der Lehre der *einen* sichtbaren Kirche handelte und um eine Leugnung der besonderen Autorität ihrer Anführer. Das wäre wahr. Insofern würde er verstehen, was während der Reformation geschah, so wie er eine mathematische Gleichung verstehen würde. Aber ließ ihn das die französischen Hugenotten von heute verstehen, das preußische Gebaren im Krieg und in der Politik, das Wesen Englands und seine Vergangenheit seit dem Auftritt des Puritanismus in diesem Land? Würde ihn das die Oranier-Orden oder die moralischen und politischen Systeme etwa eines Mr. H. G. Wells oder eines Mr. Bernard Shaw verstehen lassen? Natürlich nicht! Legt man einem Mann die Geschichte des Tabaks, die chemische Formel für Nikotin vor, heißt das nicht, ihn verstehen zu lassen, was der Geruch von Tabak und die Wirkung des Rauchens bedeutet. Genauso verhält es sich mit dem Arianismus. Lediglich zu sagen, was der Arianismus dogmatisch gesehen war, hieße, eine Formel aufzustellen, aber nicht die Sache selbst zu erklären.

Als der Arianismus auftrat, begegnete er einer Gesellschaft, die bereits, und zwar seit langer Zeit, *das* universale Gemeinwesen darstellte, dessen Bürger alle zivilisierten Menschen waren. Es gab keine getrennten Nationen. Das Römische Reich war ein Staat vom Euphrat bis zum Atlantik und von der Sahara bis zum schottischen Hochland. Es wurde auf monarchische Weise durch den Oberbefehlshaber oder die Oberbefehlshaber der Armeen regiert. Der Titel des Oberbefehlshabers war »Imperator« – woher der englische Begriff *Emperor* für Kaiser stammt – und daher sprechen wir auch von diesem Staat als dem »Römischen Imperium«. Wozu der Kaiser oder seine Mitkaiser (es gab zwei von ihnen nach dem jüngsten System, jeder mit einem Gehilfen, was also vier macht, aber die verschmolzen bald zu einem höchsten Haupt und einzigen Kaiser) sich erklärten, das war die offizielle Haltung des Reiches als Ganzes.

Die Kaiser und demzufolge das gesamte offizielle System, das von ihnen abhing, war während des Wachsens der katholischen Kirche inmitten der heidnischen römischen und griechischen Gesellschaft antichristlich. Für fast 300 Jahre sahen sie und das gesamte staatliche System dieser Gesellschaft die immer mächtiger werdende katholische Kirche als fremde und höchst gefährliche Bedrohung für die Traditionen und demzufolge für die Stärke der alten griechischen und römischen Heidenwelt. Die Kirche war gewissermaßen ein Staat im Staate, der seine eigenen höchsten Beamten, die Bischöfe, und seine eigene hochentwickelte und mächtige Organisation besaß. Sie war überall. Sie stand im starken Kontrast zur alten Welt, der sie sich aufgezwungen hatte. Das Leben des einen Staates würde den Tod des anderen bedeuten. Die alte Welt verteidigte sich durch die Maßnahmen der letzten heidnischen Kaiser. Sie setzten viele Verfolgungen gegen die Kirche in Gang, die in einer letzten und drastischen Verfolgung endete, welche gescheitert ist.

Die katholische Sache wurde zunächst von einem Mann unterstützt und zuletzt offen vertreten, der all seine Rivalen besiegte und sich selbst als höchsten Monarchen des ganzen Staates behauptete: Kaiser Konstantin der Große, der von Konstantinopel aus herrschte, der Stadt, die er selbst gegründet hatte und die er das »Neue Rom« nannte. Seitdem war das zentrale Amt des Reiches christlich. Nach dem kritischen Jahr 325 n. Chr., nicht ganz drei Jahrhunderte nach Pfingsten, wurde die katholische Kirche die offizielle, oder zumindest die Palastreligion des Reiches und blieb es, mit einer sehr kurzen Unterbrechung, solange das Reich bestand.[6]

Man sollte jedoch nicht meinen, dass die Mehrheit der Menschen schon der christlichen Religion anhing, selbst im griechischsprachigen Osten war dies nicht der Fall. Und mit Sicherheit war sie weit davon entfernt, im lateinischsprachigen Westen die Mehrheit zu bilden.

Wie bei allen großen Veränderungen in der Geschichte waren die strittigen Parteien von verschiedenen Graden des Eifers

6 Es ist nicht ganz einfach, den genauen Zeitpunkt anzugeben, zu dem die offizielle Religion des Römischen Staates, oder sogar des Reiches, die christliche wurde. Konstantins Sieg an der Milvischen Brücke war im Herbst des Jahres 312. Das Edikt von Mailand, das von ihm selbst und Licinius erlassen wurde und die Ausübung der christlichen Religion im ganzen Reich gewährte, wurde Anfang des Jahres 313 erlassen. Als Konstantin alleiniger Kaiser wurde, lebte er bald als Katechumene der christlichen Kirche, blieb aber als Pontifex Maximus trotzdem das Haupt der alten heidnischen religiösen Organisation. Er wurde erst kurz vor seinem Tod im Jahr 337 getauft. Und obwohl er Versammlungen christlicher Bischöfe einberief und ihnen vorstand, waren sie immer noch eine separate Körperschaft in einer vornehmlich heidnischen Gesellschaft.

oder dessen Abwesenheit beseelt. Diese Minderheiten hatten verschiedene Motive und wetteiferten darum, ihre Geisteshaltung der schwankenden und unentschiedenen Masse aufzudrücken. Unter diesen Minderheiten waren die Christen die größte (und was noch wichtiger war) die eifrigste, die überzeugteste und die einzige durchgehend streng organisierte Gruppe.

Die Konversion des Kaisers brachte ihnen große und wachsende Mengen der unentschiedenen Mehrheit. Sie verstanden womöglich zum größten Teil kaum etwas von dieser neuen Sache, unter deren Banner sie sich stellten, und auf jeden Fall waren sie ihr zum größten Teil nicht verbunden. Aber sie hatte letztendlich politisch gesiegt und das genügte ihnen. Viele trauerten den alten Göttern nach, aber es schien ihnen nicht lohnenswert, etwas zu deren Verteidigung aufs Spiel zu setzen. Und noch sehr viele mehr sorgten sich überhaupt nicht darum, was aus den alten Göttern wurde, und auch nicht viel mehr darum, was es mit der neuen christlichen Sache auf sich hatte. Währenddessen gab es eine starke Minderheit hochintelligenter und entschlossener Heiden. Sie hatten nicht nur die Traditionen der wohlhabenden, herrschenden Klasse auf ihrer Seite, sondern auch das Gros der besten Gelehrten, außerdem natürlich die Erinnerung an ihre lange Vorherrschaft über die Gesellschaft zur Bestärkung.

Und dann gab es da noch einen weiteren Bestandteil dieser Welt, getrennt vom ganzen Rest, dazu einer, der für unser Verständnis von äußerster Wichtigkeit ist: die Armee. Warum es für uns so wichtig ist, die Position der Armee zu verstehen, werde ich in Kürze erklären.

Als die Macht des Arianismus sich in diesen ersten Jahren des offiziell christlichen Reiches und seiner universalen Regierung durch die ganze gräko-romanische Welt manifestierte, wurde der Arianismus die Keimzelle oder das Zentrum vieler Kräfte, die an sich seiner Lehre gegenüber indifferent waren. Er wurde der Sammelplatz für viele nachhaltig überdauernde Traditionen der älteren Welt: keine religiösen, sondern intellektuelle, soziale, sittliche, literarischen und dergleichen mehr. Wir stellen es vielleicht in der modernen Redeweise anschaulich genug dar, indem wir sagen, dass der Arianismus, der in den neuen großen Disputen innerhalb des Leibes der christlichen Kirche eine so starke Präsenz zeigte, als die Kirche zum ersten Mal offizielle Unterstützung hatte und die Staatsreligion des Reiches wurde, all die »Intellektuellen« anzog, zumindest die Hälfte der Snobs und fast alle ehrlich-idealistischen Konservativen – die »Erzkonservativen« –, ob sie nun nominell Christen waren oder nicht. Er zog, wie wir wissen, große Massen derjenigen an, die *auf jeden Fall* Christen waren. Aber er war auch das Sammelbecken jener nichtchristlichen Kräfte, die in der damaligen Gesellschaft von so großer Wichtigkeit waren.

Eine große Zahl der alten Adelsfamilien war unwillig, die gesellschaftliche Revolution zu akzeptieren, die den Triumph der christlichen Kirche implizierte. Sie ergriffen natürlicherweise Partei für eine Bewegung, von der sie instinktiv annahmen, dass sie dem Leben und Überleben dieser Kirche spirituell entgegengesetzt ist und die eine Aura von gesellschaftlicher Überlegenheit über den Pöbel an sich hatte. Die Kirche verließ sich auf die Volksmassen und wurde von ihnen am Ende unterstützt. Männer von alter Familientradition und Reichtum fanden den Arianer sympathischer als den gemeinen Katholiken und hielten ihn für den besseren Verbündeten für Gentlemen.

Viele Intellektuelle befanden sich in der gleichen Lage. Sie hatten nicht den Familienstolz und alte soziale Traditionen aus der Vergangenheit, aber sie hatten ihren Kulturstolz. Sie erinnerten sich mit Bedauern an das alte Prestige der heidnischen Philosophen. Sie dachten, dass diese große Revolution vom Heidentum zum Katholizismus die alten kulturellen Traditionen und ihre eigene kulturelle Position zerstören würde.

Die bloßen Snobs, die in jeder Gesellschaft eine enorme Gruppe darstellen – d. h. die Leute, die keine eigenen Meinungen haben, aber dem folgen, was sie für die honorige Sache des Augenblicks halten – waren geteilter Meinung. Die Mehrheit von ihnen folgte dem, was gerade die Meinung des Kaiserhofes war, und schloss sich der neuen Religion an. Es gab aber immer eine gewisse Anzahl derjenigen, die es eher für »chic«, »den letzten Schrei« hielten, Sympathien mit den alten heidnischen Traditionen, den alten heidnischen Familien, der altüberkommenen und verehrungswürdigen heidnischen Kultur, Literatur und dergleichen mehr zu bezeugen. All das stärkte die arianische Bewegung, da es der katholischen Sache schädlich war.

Der Arianismus hatte noch einen weiteren Verbündeten, und das Wesen dieser Allianz ist so subtil, dass sie eine sehr sorgfältige Untersuchung nötig macht. Er hatte als Verbündeten die Herrschaftstendenz in einer absoluten Monarchie, die sich einigermaßen vor den Gemütsregungen der Menschen und zuvorderst vor denen der Armen fürchtete: Regungen, die, sollten sie sich verbreiten und leidenschaftlich werden und die Masse der Menschen in ihren Bann ziehen, womöglich zu stark würden, um noch beherrscht werden zu können. Man müsste sich ihnen unterwerfen. Hier haben wir ein schwieriges Paradoxon, aber eines, das unbedingt verstanden werden muss.

Die absolute Herrschaft, insbesondere in den Händen eines einzigen Mannes, scheint oberflächlich betrachtet einer Volksherrschaft entgegengesetzt zu sein. Die Begriffe hören sich für diejenigen widersprüchlich an, die die absolute Monarchie noch nicht in ihrer eigentlichen Wirkweise gesehen haben. Für diejenigen, die sie gesehen haben, ist es genau anders herum. Die absolute Herrschaft ist der Schutz der Massen gegen die Macht des Reichtums in den Händen weniger oder die Macht der Armeen in den Händen weniger. Daher könnte man sich vorstellen, dass die kaiserliche Gewalt zu Konstantinopel eher mit den katholischen Volksmassen sympathisieren würde als mit den Intellektuellen und den ganzen anderen, die dem Arianismus folgten. Zwar hat die absolute Herrschaft ihren Existenzgrund in der Verteidigung der Massen gegen die wenigen Mächtigen, aber wir dürfen nicht vergessen, dass sie dennoch gerne herrscht. Sie hat nicht gerne das Gefühl, dass es im Staat eine rivalisierende Macht gibt. Sie hat nicht gerne den Eindruck, dass große Entscheidungen durch Organisationen oktroyiert werden, die nicht die eigenen sind. Aus diesem Grund hatten sogar die allerchristlichsten Kaiser und ihre Beamten während der ersten Lebenszeit der arianischen Bewegung eine potenzielle Sympathie mit dem Arianismus im Hinterkopf. Und deswegen erscheint diese potenzielle Sympathie in manchen Fällen wie tatsächliche Sympathie und als öffentliche Erklärung zugunsten des Arianismus.

Aber es gab noch einen weiteren Verbündeten des Arianismus, durch den er fast triumphiert hätte – die Armee.

Um zu verstehen, wie mächtig solch ein Verbündeter war, müssen wir richtig einschätzen, was die römische Armee in jenen Tagen bedeutete und aus welchen Kräften sie bestand.

Die Armee machte natürlich, was die Zahlen betrifft, nur ein Bruchteil der Gesellschaft aus. Wir wissen nicht genau, wie diese Zahlen lauteten; es war wohl höchstens eine halbe Millionen Mann – wahrscheinlich aber sehr viel weniger. Aber es wäre lächerlich, die Sache anhand der Zahlen zu bewerten. Die Armee war normalerweise der halbe oder mehr als der halbe Staat. Die Armee war der wahre Zement, die Rahmenstruktur, um eine weitere Metapher zu bemühen, die bindende Kraft und der Träger und das materielle *Selbst* des Römischen Reiches in diesem vierten Jahrhundert. So war es seit Jahrhunderten und so würde es auch für künftige Generationen bleiben.

Es ist von entscheidender Wichtigkeit, diesen Gesichtspunkt zu verstehen, da er Dreiviertel dessen erklärt, was passiert ist. Er erklärt nicht nur den Fall der Arianischen Häresie, sondern auch alles andere zwischen der Zeit des Marius (unter dessen Amtszeit das römische Heer eine Berufsarmee wurde) und dem mohammedanischen Angriff auf Europa, d. h. von über einem Jahrhundert vor der christlichen Ära bis zum frühen siebten Jahrhundert. Die gesellschaftliche und politische Positionierung der Armee erklärt diese ganzen siebenhundert Jahre und mehr.

Das Römische Reich war ein Militärstaat. Er war kein bürgerlicher Staat. Der Aufstieg zur Macht erfolgte durch die Armee. Die Vorstellung von Ruhm und Erfolg, in vielen Fällen die Erlangung von Wohlstand und in fast allen Fällen die Erlangung politischer Macht hing in diesen Tagen von der Armee ab. Genauso, wie sie heute von Geldverleih, Spekulation, Parteien, Wahlmanipulation, von Bossen und Zeitungen abhängt.

Das Heer bestand ursprünglich aus römischen Bürgern, allesamt Italiker. Als die Macht des römischen Staates wuchs, nahm es Hilfstruppen auf, Männer im Gefolge lokaler Stammesführer, und gliederte sie ins römischen Militärsystem ein. Es rekrutierte sogar seine regulären Dienstgrade aus jeder Ecke des Reiches, aus jeder Provinz. Es hatte viele Gallier – d. h. Franzosen – in der Armee gegeben, viele Spanier usw., schon bevor die ersten hundert Jahre des Reiches vergingen. In den nächsten zweihundert Jahren – d. h. in den zweihundert Jahren von 100-300 n. Chr., bis hin zur Arianischen Häresie – rekrutierte sich die Armee mehr und mehr aus dem, was wir die »Barbaren« nennen. Ein Begriff, der keine Wilden bezeichnete, sondern Menschen, die außerhalb der strengen Grenzen des Römischen Reiches lebten. Sie waren leichter zu disziplinieren und viel billiger anzuwerben als Bürger. Sie waren auch weniger an die Künste und Annehmlichkeiten der Zivilisation gewohnt als die Bürger innerhalb der Grenzen. Große Mengen von ihnen waren Germanen, aber es gab auch viele Slawen und etliche Mauren unter ihnen, Araber und Sarazenen und sogar nicht wenige Mongolen, die aus dem Osten kamen.

Diese große Masse des römischen Heeres wurde durch seine Disziplin streng zusammengehalten, aber noch mehr durch seinen Berufsstolz. Es war eine Armee des langjährigen Dienstes. Man gehörte ihr von der frühen Mannesreife bis zum mittleren Lebensalter an. Niemand außer der Armee hatte irgendeine physische Macht. Es kam nicht in Frage, ihr mittels Gewalt zu widerstehen, und sie war in einem gewissen

Sinne die Regierung. Ihr Oberbefehlshaber war der absolute Monarch des ganzen Staates. *Und nun wurde die Armee gänzlich arianisch.*

Das ist der entscheidende Punkt der ganzen Geschichte. Ohne die Armee hätte der Arianismus niemals die Bedeutung gewonnen, die er hatte. Mit der Armee – und der Armee rückhaltlos auf seiner Seite – triumphierte er beinahe und schaffte es, selbst dann zu überleben, als er nur wenig mehr als die Truppen und ihre Hauptleute repräsentierte.

Es stimmt, dass eine gewisse Anzahl germanischer Truppen von jenseits der Grenzen des Reiches durch arianische Missionare konvertiert wurden, als die High Society gerade arianisch war. Aber das ist nicht der Hauptgrund dafür, dass die Armee als ganze arianisch wurde. Die Armee wurde arianisch, weil sie meinte, der Arianismus wäre das Unterscheidungsmerkmal, das sie gegenüber den Volksmassen überlegen machen würde; genauso, wie der Arianismus das Unterscheidungsmerkmal war, durch das sich die Intellektuellen gegenüber den Volksmassen überlegen fühlten. Die Soldaten, seien sie aus barbarischer oder bürgerlicher Rekrutierung, hatten Sympathien für den Arianismus aus genau den gleichen Gründen, weshalb die alten heidnischen Familien Sympathien für den Arianismus hegten. Die Armee und insbesondere die Armeeführer unterstützten also die neue Häresie, so gut sie konnten, und es wurde eine Art Test dafür, ob man jemand war – also ein Soldat und kein verachteter Zivilist – oder nicht. Man könnte sagen, dass zwischen den Armeeführern auf der einen und den katholischen Bischöfen auf der anderen Seite eine Fehde entstanden war. Auf jeden Fall gab es eine Teilung – einen offiziellen Bruch zwischen der katholischen Bevölkerung in den Städten sowie der katholischen Landbevölkerung und der fast vollständig arianischen Armee. In allem was folgt, werden wir die enorme Wirkung dieser Verbindung zwischen der neuen Häresie und dem Heer am Werke sehen.

Da wir nun den Geist des Arianismus und die Kräfte, die zu seinen Gunsten wirkten, gesehen haben, betrachten wir nun die Herkunft seines Namens.

Die Bewegung für die Leugnung der vollkommenen Gottheit Christi und seiner Zurückstufung zum Geschöpf hat ihren Namen von einem gewissen Areios (Arius in der lateinischen Form), einem griechischsprachigen afrikanischen Kleriker, einiges älter als Konstantin und bereits eine berühmte religiöse Autorität seit einigen Jahren vor Konstantins Siegen und seiner ersten kaiserlichen Macht.

Man muss im Gedächtnis behalten, dass Arius nur der Höhepunkt einer langen Bewegung war. Was war die Ursache für seinen Erfolg? Es war die Kombination zweier Dinge. Erstens das Momentum von all dem, was vor ihm kam, zweitens die plötzliche Befreiung der Kirche durch Konstantin. Dazu kommt zweifellos noch etwas in Arius' Persönlichkeit. Männer dieser Art, die Anführer werden, werden es, weil sie irgendeine persönliche Triebfeder aus ihrer eigenen Vergangenheit haben, die sie antreibt. Sie würden keine Anführer werden, wenn nicht irgendetwas in ihnen wäre.

Ich denke, wir können annehmen, dass Arius seine Wirkung durch eine Konvergenz der Kräfte hatte. Er besaß einiges an Ehrgeiz, wie man ihn in jedem Häresiarchen findet. Es gab ein starkes rationalistisches Element. Und er ereiferte sich für das, was er für die Wahrheit hielt.

Auf diese Theorie ist er sicherlich nicht selbst gekommen, aber er machte sie zu seiner eigenen. Er identifizierte sie mit seinem Namen. Außerdem wurde er zu einem verbissenen Widerstand gegen Menschen bewegt, von denen er dachte, dass sie ihn verfolgten. Er litt an großer Eitelkeit, so wie beinahe alle Reformatoren. Und obendrein kam eine recht dünne Einfachheit dazu, eine »Vernunft«, an der die Masse immer gleich Gefallen hat. Aber nie hätte er seinen Erfolg gehabt, wenn nicht etwas Eloquentes und eine treibende Kraft in ihm gewesen wäre.

Er war bereits ein wichtiger Mann, wahrscheinlich aus Cyrenaika stammend (jetzt eine italienische Kolonie in Nordafrika, östlich von Tripolis), auch wenn von ihm als Alexandriner gesprochen wird, da er in Alexandrien lebte. Er war ein Schüler des größten Exegeten seiner Zeit, des Märtyrers Lukian von Antiochien. Im Jahr 318 stand er der Kirche von Bucalis in Alexandrien vor und genoss die Gunst Alexanders, des Bischofs der Stadt.

Arius ging von Ägypten nach Caesarea in Palästina und verbreitete eifrig seine bereits wohlbekannte Zusammenstellung rationalisierender, unitaristischer Ideen. Einige der östlichen Bischöfe begannen, ihm zuzustimmen. Es stimmt, dass die beiden wichtigsten syrischen Bistümer, Antiochien und Jerusalem, abseits blieben; aber die Mehrheit der syrischen Hierarchie neigte offenbar dazu, Arius Gehör zu schenken.

Als Konstantin im Jahr 325 Herrscher des ganzen Reiches wurde, wandte sich Arius an den neuen Weltenherrn. Der große Bischof Alexandriens, Alexander, hatte ihn exkommuniziert, jedoch nur widerwillig. Der alte Heidenkaiser Licinius schützte die neue Bewegung.

Eine Schlacht von enormer Wichtigkeit wurde eingeläutet. Die Menschen wussten nicht, von welcher Bedeutung sie war, aber ihre Emotionen wurden leidenschaftlich erregt. Hätte diese Bewegung für die Leugnung der vollkommenen Gottheit unseres Herrn den Sieg davongetragen, dann wäre unsere gesamte Zivilisation heute eine völlig andere, als sie sich von jenem Tag bis heute tatsächlich entwickelt hat. Wir wissen alle, was in jedweder Gesellschaft passiert, wenn ein Versuch Erfolg hat, die Mysterien des Glaubens zu vereinfachen und zu rationalisieren. Wir haben vor uns den verebbenden Versuch der Reformation; die gealterte, aber immer noch sehr dynamische mohammedanische Häresie, die vielleicht in der Zukunft mit erneuerter Stärke wieder auftauchen wird. Solche rationalistischen Bemühungen gegen den Glauben haben einen schrittweisen gesellschaftlichen Verfall zur Folge, bedingt durch den Verlust der direkten Verbindung zwischen der menschlichen Natur und Gott, die die Inkarnation bietet. Die menschliche Würde wird geschmälert. Die Autorität unseres Herrn geschwächt. Er erscheint mehr und mehr als Mensch – vielleicht ein Mythos. Die Substanz des christlichen Lebens wird verdünnt. Sie schwindet. Was als Unitarismus begann, endet im Heidentum.

Um den Streit zu beenden, der die gesamte christliche Gesellschaft teilte, ordnete der Kaiser die Zusammenkunft eines Konzils im Jahr 325 n. Chr. in der Stadt Nicäa an, fünfzig Meilen entfernt von der Hauptstadt, auf der asiatischen Seite der Meerenge. Die Bischöfe wurden einberufen, um dort aus dem ganzen Reich zusammenzukommen, selbst aus Gebieten außerhalb des Reiches, wo christliche Missionare die Grundlage für den Glauben gelegt hatten. Das Gros derjenigen, die kamen, stammte aus dem östlichen Reichsteil, aber der Westen war vertreten, und, was das Wichtigste war, Delegierte der primatialen Diözese Rom trafen ein, ohne deren Akzeptanz die Dekrete des Konzils keinen Bestand gehabt hätten. Denn es war ihre Anwesenheit, die den Dekreten ihre volle Gültigkeit gab. Die Reaktion gegen die Erfindung des Arius war so stark, dass er auf diesem Konzil von Nicäa überwältigt wurde.

In dieser ersten großen Niederlage, als die starke, lebendige Tradition des Katholizismus sich behauptete und Arius verurteilt wurde, wurde das Bekenntnis, welches seine Anhänger entwarfen, als Blasphemie mit Füßen getreten. Aber der Geist hinter diesem Bekenntnis und hinter dieser Revolte sollte wiedererstehen.

Er erstand sogleich, und man könnte sagen, dass der Arianismus durch seine erste oberflächliche Niederlage sogar gestärkt wurde. Dieses Paradoxon hatte den Grund, den man in vielen Formen des Konflikts finden kann. Der besiegte Gegner lernt aus seiner ersten Schlappe den Charakter der attackierten Sache kennen; er findet ihre Schwächen; er lernt, wie sein Gegner verwirrt und zu welchen Kompromissen er bewegt werden kann. Er ist daher nach seiner Niederlage besser vorbereitet, als vor dem ersten Angriff. Und so war es auch beim Arianismus.

Um die Situation zu verstehen, müssen wir erfassen, dass der Arianismus, der wie alle Häresien auf einem Irrtum in der Lehre begründet ist – d. h. auf etwas, das mit einer toten Formel bloßer Wörter ausgedrückt werden kann –, bald ein Eigenleben entwickelte. So beginnen alle Häresien anfangs mit einem kräftigen neuen Leben, Charakter und eigenem Geschmack. Der Streit, der das vierte Jahrhundert ab 325 für eine Lebensspanne ausfüllte, war kein Streit zwischen gegensätzlichen Formeln, deren Unterschied klein erscheinen mag; er wurde sehr früh ein Kampf zwischen entgegengesetzten Geistern und Charakteren: Ein Streit zwischen gegnerischen *Persönlichkeiten*, so wie es menschliche Persönlichkeiten sind: Auf der einen Seite das katholische Temperament und seine Tradition, auf der anderen ein säuerliches, stolzes Temperament, das den Glauben zerstört hätte.

Der Arianismus lernte aus seiner ersten großen Niederlage in Nicäa, bei den Formen Kompromisse zu machen, bei der Formulierung der Lehre, damit er seinen häretischen Geist erhalten und gegen geringeren Widerstand verbreiten kann. Beim ersten Konflikt ging es um den Gebrauch eines griechischen Wortes mit der Bedeutung »gleichen Wesens mit«. Die Katholiken, die die vollkommene Gottheit unseres Herrn bekräftigten, bestanden auf den Gebrauch dieser Worte, die implizierten, dass der Sohn von derselben göttlichen Substanz wie der Vater ist, dass er vom gleichen Wesen ist: d. h. göttlich. Man dachte, die Vorlage dieses Wortes genüge als Prüfung. Die Arianer – so dachte man – würden ablehnen, das Wort zu akzeptieren, und so könnte man sie von den Orthodoxen unterscheiden und zurückweisen.

Aber viele Arianer waren zu dem Zugeständnis bereit, die Formulierung zu akzeptieren, bestritten jedoch genau den Geist, in dem sie gelesen werden sollte. Sie waren willens zuzugeben, dass Christus von göttlicher Natur war, aber nicht vollkommener Gott, nicht ungeschaffen. Als die Arianer ihre neue Strategie des verbalen Kompromisses begannen, betrachteten

Kaiser Konstantin und seine Nachfolger diese Strategie als ehrliche Gelegenheit für eine Versöhnung und Wiedervereinigung. Die Ablehnung der Katholiken, sich betrügen zu lassen, war in den Augen derjenigen, die so dachten, reiner Starrsinn und in den Augen des Kaisers sektiererische Rebellion und unentschuldbarer Ungehorsam. »Hier seid ihr, die ihr euch die einzig wahren Katholiken nennt, und verlängert und verbittert unnötig einen bloßen Fraktionsstreit. Weil ihr die berühmten Namen hinter euch habt, seht ihr euch als Herren eurer Mitbrüder. Eine derartige Arroganz ist unerträglich.«

»Die andere Seite hat euren Hauptpunkt akzeptiert; warum könnt ihr nicht den Streit beilegen und wieder zusammenkommen? Indem ihr nicht nachgebt, teilt ihr die Gesellschaft in zwei Lager, ihr stört den Frieden des Reiches und seid so kriminell, wie ihr fanatisch seid.«

Das ist es, was die amtliche Welt gewöhnlich vorbrachte und ehrlich glaubte.

Die Katholiken antworteten: »Die Ketzer haben unseren Hauptpunkt *nicht* akzeptiert. Sie haben eine orthodoxe Formel unterschrieben, aber sie interpretieren diese Formel auf häretische Weise. Sie sprechen nach, dass unser Herr göttlichen Wesens ist, aber *nicht*, dass er wahrhaft Gott ist, da sie immer noch sagen, dass er geschaffen sei. Aus diesem Grund werden wir sie nicht zu unserer Gemeinschaft zulassen. Das zu tun, hieße, die entscheidenden Prinzipien zu gefährden, durch die unsere Kirche lebt, das Prinzip der Inkarnation, und die Kirche ist unentbehrlich für das Reich und die Menschheit.«

Zu diesem Zeitpunkt stieg diejenige Autorität in den Ring, die letztlich den Sieg des Katholizismus davontrug: der hl. Athanasius. Es war die Beharrlichkeit und die einzigartige Zielstrebigkeit des hl. Athanasius, Patriarch von Alexandrien, dem großen Metropolitanbistum Ägyptens, die die Sache entschied. Er genoss eine vorteilhafte Position, denn Alexandrien war die zweitwichtigste Stadt im östlichen Reichsteil und als Bischofssitz einer der ersten vier in der Welt. Er genoss außerdem die Unterstützung des Volkes, die ihn nie verließ und die seine Feinde davon abhielt, extreme Maßnahmen gegen ihn zu ergreifen. Aber all das hätte nicht genügt, wäre der Mann selbst nicht das gewesen, was er war.

Zu der Zeit, als er 325 n. Chr. am Konzil von Nicäa teilnahm, war er noch ein junger Mann – wahrscheinlich noch keine dreißig – und er war dort nur Diakon, auch wenn seine Stärke und Beredsamkeit erstaunlich waren. Er wurde 76 oder 77 Jahre alt und starb 373 n. Chr. Fast sein ganzes langes Leben hindurch hielt er mit unbeugsamer Kraft die volle katholische Lehre von der Dreifaltigkeit aufrecht.

Als der erste Kompromiss des Arianismus vorgeschlagen wurde, war Athanasius schon Erzbischof von Alexandrien. Konstantin befahl ihm, Arius wieder zur Kirchengemeinschaft zuzulassen. Er weigerte sich.

Es handelte sich um einen höchst gefährlichen Schritt, da jedermann die absolute Gewalt des Monarchen über Leben und Tod anerkannte und Rebellion als schlimmstes aller Verbrechen betrachtete. Athanasius betrachtete man als empörend extravagant, da die Meinung der offiziellen Welt unter den Männern mit gesellschaftlichem Einfluss und in der gesamten Armee, von der damals alles abhing, vehement danach rief, dass der Kompromiss akzeptiert werden müsse. Athanasius wurde ins Exil nach Gallien verbannt, aber im Exil war Athanasius noch gefährlicher als in Alexandrien. Seine Gegenwart im Westen hatte die Bestärkung des starken katholischen Empfindens dieses Reichsteiles zur Folge.

Er wurde zurückberufen. Die Söhne Konstantins, die einer nach dem anderen auf dem Thron folgten, schwankten zwischen einer Politik der Sicherstellung der Unterstützung des Volkes – das katholisch war – und der Sicherstellung der Unterstützung der Armee, die arianisch war. Vor allem der Hof neigte zum Arianismus, da ihm die wachsende Macht des organisierten katholischen Klerus zuwider war, der als Konkurrent der weltlichen Macht des Staates betrachtet wurde. Der letzte und am längsten lebende der Söhne Konstantins und sein Nachfolger, Constantius, wurde ganz eindeutig arianisch. Athanasius wurde immer und immer wieder exiliert, aber die Sache, deren Vorkämpfer er war, wuchs an Stärke.

Als Constantius im Jahr 361 starb, trat ein Neffe Konstantins seine Nachfolge an: Julian Apostata. Dieser Kaiser trat zur noch bestehenden großen heidnischen Gruppe über und kam der Wiedererrichtung des Heidentums nahe, denn die Macht eines einzelnen Kaisers war in jener Zeit überwältigend. Aber er wurde im Kampf gegen die Perser getötet und sein Nachfolger, Jovian, war zweifellos katholisch.

Das Tauziehen ging jedoch weiter. Im Jahr 367 wurde der hl. Athanasius, inzwischen ein alter Mann von mindestens 70 Jahren, von Kaiser Valens zum fünften Mal verbannt. Da er die katholischen Kräfte inzwischen als zu stark empfand, rief er ihn später zurück. In diesem Moment hatte Athanasius seinen Kampf gewonnen. Er starb als größter Mann der römischen Welt. Von solchem Wert sind Ehrlichkeit und Beharrlichkeit, vereint mit Genie.

Aber die Armee blieb arianisch, und in den nächsten Generationen müssen wir den langsamen Tod des Arianismus im lateinischsprachigen Westreich verfolgen; langsam, da er von den führenden Generalen der westlichen Gebiete gestützt wurde, aber zum Scheitern verdammt war, da ihn das Volk als gesamtes aufgegeben hatte. Wie er ausstarb, werde ich nun beschreiben.

Man sagt häufig, dass alle Häresien sterben. Das mag auf lange Sicht gesehen wahr sein, aber nicht notwendigerweise innerhalb eines bestimmten Zeitrahmens. Es ist nicht einmal wahr, dass das Lebensprinzip einer Häresie mit der Zeit zwangsläufig an Kraft verliert. Das Schicksal der verschiedenen Häresien war sehr unterschiedlich, und die größte von ihnen allen, der Mohammedanismus, ist nicht nur immer noch lebendig, sondern sogar lebendiger als sein christlicher Rivale in den Gebieten, die er ursprünglich besetzt hielt. Außerdem deckt er sich sehr viel mehr mit seiner eigenen Gesellschaft, als es die katholische Kirche mit unserer westlichen Zivilisation tut, dem Produkt des Katholizismus.

Der Arianismus jedoch war eine derjenigen Häresien, die tatsächlich untergegangen sind. Der Calvinismus fällt dem gleichen Schicksal in unserer Zeit anheim. Das heißt nicht, dass die allgemeinen moralischen Effekte oder die Atmosphäre der Häresie unter den Menschen verschwinde würden, dass jedoch ihre ausdrücklichen Lehren nicht länger geglaubt werden, sodass die Häresie als solche ihre Lebenskraft verliert und letztlich verschwinden muss.

Genf z. B. ist heute moralisch eine calvinistische Stadt, auch wenn es dort eine katholische Minderheit gibt, die fast halb so groß ist wie ihre Gesamtbevölkerung und manchmal sogar (so glaube ich) eine schmale Mehrheit gewinnt. Aber kein einziger unter hundert Leuten in Genf akzeptiert heute Calvins genauestens definierte Theologie. Die Lehre ist tot, ihre Wirkung auf die Gesellschaft jedoch bleibt.

Der Arianismus starb auf zweierlei Weise, entsprechend der beiden Hälften, in die das Römische Reich – das in dieser Zeit für seine Bürger die gesamte zivilisierte Welt umfasste – zerfiel.

Die östliche Hälfte hatte Griechisch als Amtssprache und wurde von Konstantinopel aus regiert, das auch Byzanz genannt wurde.

Das Ostreich umfasste Ägypten, Nordafrika bis Kyrene, die Ostküste der Adria, den Balkan, Kleinasien, Syrien bis (ungefähr) an den Euphrat. Diesem Teil des Reiches entsprang der Arianismus und erwies sich als so mächtig, dass er zwischen 300 und 400 n. Chr. fast gesiegt hätte.

Der kaiserliche Hof schwankte zwischen Arianismus und Katholizismus mit einem kurzzeitigen Ausrutscher zurück ins Heidentum. Aber bevor das Jahrhundert vollendet war, d. h. lange vor dem Jahr 400 n. Chr., war er definitiv katholisch und schien es auch zu bleiben. Wie ich oben erklärte: Auch wenn der Kaiser und seine ihn umgebenden Beamten (die ich »den Hof« genannt habe) theoretisch allmächtig waren (da die Regierungsform eine absolute Monarchie war und die Menschen jener Tage in anderen Begrifflichkeiten gar nicht denken konnten), so war doch die Armee, auf der die gesamte Gesellschaft ruhte, mindestens genau so mächtig und weniger anfällig für Veränderungen. Und die Armee bedeutete die Generale und die Generale der Armee waren zum größten Teil und dauerhaft arianisch.

Als die Zentralmächte, der Kaiser und seine Beamten, permanent katholisch wurden, war der Geist der Armee in der Hauptsache noch arianisch, und aus diesem Grund überlebten die zugrundeliegenden arianischen Ideen – d. h., der Zweifel, ob unser Herr wirklich Gott war oder sein könnte –, auch nachdem der Arianismus formal nicht mehr gepredigt und von der Bevölkerung akzeptiert wurde.

Da der Geist, der dem Arianismus zugrunde lag (der Zweifel an der vollkommenen Gottheit Christi) noch lebendig war, entstand deshalb eine Anzahl dessen, was man »Abkömmlinge« des Arianismus nennen könnte oder »sekundäre Formen« des Arianismus.

Es gab Menschen, die weiterhin behaupteten, dass es nur eine Natur in Christus gäbe, was notwendigerweise am Ende zur verbreiteten Auffassung geführt hätte, dass Christus nur ein Mensch wäre. Als diese Behauptung daran scheiterte, die Amtsmaschinerie zu erfassen (obwohl sie immer noch Millionen von Menschen beeinflusste), tauchte eine weitere Behauptung auf, nach der es nur einen Willen in Christus gab, nicht einen menschlichen Willen und einen göttlichen, sondern bloß einen einzigen.

Davor gab es noch eine Wiederbelebung alter Ideen, älter als der Arianismus und von frühen Häretikern in Syrien hochgehalten, wonach die Göttlichkeit unserem Herrn erst während seiner Lebenszeit zukam. Geboren wurde er als nicht mehr als ein Mensch, und die allerseligste Jungfrau war nichts anderes als die Mutter eines Menschen – und so fort. In all ihren verschiedenen Formen und unter all ihren technischen Namen (Monophysiten, Monotheleten, Nestorianer, um die wichtigsten drei zu nennen – und es gab eine ganze Fülle weitere), waren diese Bewegungen in der östlichen oder griechischen Hälfte des Reiches Versuche, dem vollen Mysterium der Inkarnation zu entfliehen oder es zu rationalisieren. Ihr Überleben hing von der Eifersucht der Armee gegenüber den Zivilisten um sie herum und von den Resten einer noch schwelenden heidnischen Feindschaft gegenüber den christlichen Mysterien insgesamt ab. Natürlich hingen sie auch von der ewigen menschlichen Neigung ab, das zu rationalisieren und abzulehnen, was über die Verstandeskraft hinausgeht.

Aber es gab noch einen weiteren Faktor beim Überleben der sekundären Wirkungen des Arianismus im Osten. Es ist der Faktor, der in der heutigen europäischen Politik »Partikularismus« genannt wird, d. h., die Tendenz eines Teiles des Staates, sich vom Rest zu trennen und ein Eigenleben zu führen. Wenn diese Regung so stark wird, dass Männer willens sind, dafür zu leiden und zu sterben, dann nimmt es die Form einer nationalistischen Revolution an. Ein Beispiel einer solchen Gefühlsregung war die der südlichen Slawen gegen das Österreichische Kaiserreich, eine Regung, die schließlich zum Großen Krieg führte. Nun wuchs mit der Zeit im Ostreich die Unzufriedenheit der Provinzen und Distrikte über die Zentralgewalt und ihr praktischer Ausdruck war die vielfältige Kritik an der Staatsreligion des Reiches. Deswegen favorisierten große Volksgruppen im Osten (und insbesondere eine große Anzahl der Bevölkerung in der ägyptischen Provinz) die monophysitische Häresie. Sie brachte ihre Unzufriedenheit mit der despotischen Herrschaft Konstantinopels, den auferlegten Steuern, der Beförderung von Personen in Hofnähe anstelle von jenen aus der Provinz zum Ausdruck, sowie all der anderen von ihnen erlittenen Kränkungen. Dergestalt überlebten die verschiedenen Abkömmlinge des Arianismus in der östlichen Reichshälfte, auch wenn der Rest der Gesellschaft längst zum Katholizismus zurückgekehrt war. Das erklärt auch, warum man im Osten heute so große Zahlen schismatischer Christen vorfindet, vor allem Monophysiten, manchmal Nestorianer, manchmal noch kleinere Gemeinschaften, die sich in den Jahrhunderten mohammedanischer Unterdrückung nicht mit dem Hauptteil der Christenheit wiedervereinen konnten.

Ein jähes Ende bereitete zwar nicht den Sekten, denn sie existieren immer noch, aber ihrer *Wichtigkeit*, das plötzliche Erstehen einer enormen Kraft, die der ganzen griechischen Welt feindselig gesinnt war – der Islam: die neue mohammedanische Häresie aus der Wüste, die rasant eine Gegenreligion wurde, der unerbittliche Feind aller alten christlichen Gruppen. Der Tod des Arianismus im Osten war die Überflutung der Masse des christlichen Ostreiches durch die arabischen Eroberer. Angesichts dieses Desasters sahen die unabhängig gebliebenen Christen in der Rechtgläubigkeit ihre einzige Rettung, und daher starben sogar die sekundären Wirkungen des Arianismus in den Ländern des Ostens aus, die frei waren vom mohammedanischen Joch.

Im Westen stellten sich die Geschicke des Arianismus grundlegend anders dar. Hier starb der Arianismus komplett aus. Er hörte auf zu existieren. Er hinterließ keine Abkömmlinge, die ein Nachleben führen konnten.

Die Geschichte vom Tod des Arianismus im Westen wird gemeinhin missverstanden, da der Großteil unserer Geschichtsschreibung auf einer falschen Vorstellung davon beruht, wie sich die europäische christliche Gesellschaft im vierten, fünften und sechsten Jahrhundert in Westeuropa darstellte, d. h., zwischen der Zeit, als Konstantin Rom verließ, um die neue Hauptstadt des Reiches zu errichten, nämlich Byzanz, und dem Datum, an dem im frühen siebten Jahrhundert (von 633 n. Chr. beginnend) die mohammedanische Invasion über der Welt hereinbrach.

Was uns gewöhnlich erzählt wird, ist, dass das westliche Reich von wilden Stämmen, den »Goten« und »Westgoten«, den »Vandalen«, den »Sueben« und den »Franken« »erobert«

wurde – d. h. Britannien und Gallien und der zivilisierte Teil Germaniens am Rhein und im oberen Donauraum, Italien, Nordafrika und Spanien.

Die Amtssprache dieses ganzen Teils war die lateinische Sprache. Die Messe wurde auf Latein gelesen, während dies im größten Teil des Ostreiches auf Griechisch geschah. Die Gesetze wurden auf Latein verfasst und alle administrativen Akte waren in lateinischer Sprache gehalten. Es gab keine barbarische Eroberung, sondern eine Fortsetzung dessen, was über Jahrhunderte vonstattenging, eine Infiltration von Völkern außerhalb des Reiches in das Reich hinein, da sie innerhalb des Reiches die Vorteile der Zivilisation genießen konnten. Außerdem ist da die Tatsache, dass die Armee, von der alles abhing, sich fast komplett aus Barbaren rekrutierte. Als die Gesellschaft langsam alt wurde, die fernen Gebiete immer schwieriger zu verwalten waren und es Mühe machte, die Steuern von fern in den Zentralschatz zu überführen oder Edikte in entlegenen Regionen anzuordnen, da übernahmen in diesen Regionen gewöhnlich die Hauptleute der Barbarenstämme, d. h. ihre Stammesfürsten und Führer, die nun römische Soldaten waren, die Herrschaft.

Auf diese Weise gründeten sich lokale Herrschaften in Frankreich und Spanien und in Italien selbst, und während sie sich immer noch als Teil des Reiches fühlten, waren sie praktisch unabhängig.

Als es zum Beispiel schwierig wurde, Italien vom fernen Konstantinopel aus zu regieren, sandte der Kaiser einen General, um das Gebiet zu verwalten. Und als dieser General zu stark wurde, sandte er einen anderen General, um ihn zu ersetzen. Dieser zweite General (Theoderich) war ebenfalls, wie all die anderen, ein Barbarenfürst von Geburt, obwohl er der Sohn eines Mannes war, der in römischen Diensten stand und selbst am kaiserlichen Hof aufwuchs. Der zweite General wurde dann praktisch vom Kaiser unabhängig. Das gleiche geschah in Südfrankreich und Spanien. Die lokalen Heerführer übernahmen die Macht. Es waren Barbarenfürsten, die diese

Macht, d. h. die Ernennung in offizielle Stellungen einschließlich der Steuereinnahme, an ihre Nachfahren weitergaben.

Dann gab es da noch den Fall Nordafrika – das, was wir heute Marokko, Algerien und Tunesien nennen. Hier riefen die streitenden Parteien, die alle von der direkten Regierung aus Byzanz getrennt waren, eine Gruppe slawischer Soldaten herbei, die in das Römische Reich eingewandert war und als militärische Kraft übernommen wurde. Sie wurden Vandalen genannt und übernahmen die Herrschaft der Provinz, die von Karthago aus regiert wurde.

Nun befanden sich all diese lokalen Regierungen im Westen (der fränkische Heerführer und seine Soldaten in Nordfrankreich, der westgotische in Südfrankreich und Spanien, der burgundische in Südostfrankreich, der andere gotische in Italien, der vandalische in Nordafrika) in Bezug auf die Religion mit der offiziellen Regierung des Reiches in Zwietracht. Der fränkische General in Nordostfrankreich und auf dem Gebiet des heutigen Belgien war noch heidnisch. Alle anderen waren Arianer.

Weiter oben habe ich erklärt, was das bedeutete. Es war weniger ein dogmatisches Empfinden als ein gesellschaftliches. Der gotische Heermeister und der vandalische, die Stammesführer ihrer eigenen Soldaten waren, empfanden es als vornehmer, Arianer zu sein und nicht Katholiken wie der Rest der Bevölkerung. Sie waren die Armee, und die Armee war zu vornehm, um die allgemeine Volksreligion anzunehmen. Es war ein Gefühl, so ähnlich wie das, was sich in gewissen Orten Irlands gehalten hat und bis vor kurzem dort noch recht allgemein verbreitet war: ein Gefühl, dass der »Aufstieg« mit einem Antikatholizismus einherging.

Da es in der Politik keine stärkere Kraft gibt als die Kraft gesellschaftlicher Überlegenheit, dauerte es eine ganze Weile, bis die kleinen Höfe ihren Arianismus aufgaben. Ich nenne sie klein, da sie, auch wenn sie in weitläufigen Gebieten die Steuer eintrieben, dies lediglich als Verwalter taten. Ihre tatsächliche Zahl war klein, verglichen mit der Masse der katholischen Bevölkerung.

Während die Statthalter und ihre Höfe in Italien, Spanien, Gallien und Afrika immer noch mit Stolz an ihren alten arianischen Namen und Eigenarten hingen, sprachen zwei Dinge sowohl gegen ihre lokale Macht als auch gegen ihren Arianismus. Das eine geschah plötzlich, das andere schrittweise.

Die erste, plötzliche Sache war die Tatsache, dass der Heerführer der Franken, der in Belgien herrschte, mit seiner recht kleinen Streitmacht einen anderen lokalen General in Nordfrankreich besiegte – ein Mann, der ein Gebiet westlich von ihm beherrschte. Beide Armeen waren lächerlich klein, jede von ihnen hatte etwa 4.000 Mann, es ist ein sehr gutes Beispiel dafür, wie die Zeiten standen, dass die geschlagene Armee nach der Schlacht sofort zu den Siegern übertrat. Es zeigt auch, wie die Zeiten standen, dass es für einen römischen General, der nicht mehr als anfangs 4.000 Mann und nur 8.000 nach dem ersten Erfolg kommandierte, ganz normal war, die Verwaltungssteuern zu übernehmen, die Gerichte und all die kaiserlichen Verwaltungsangelegenheiten – und das über ein sehr weites Gebiet. Er übernahm die große Masse Nordfrankreichs so, wie seine Kollegen mit vergleichbaren Kräften die amtlichen Maßnahmen in Spanien, Italien und andernorts übernahmen.

Nun war es zufällig so, dass dieser fränkische Heerführer (dessen wahren Namen wir kaum kennen, er wurde uns in verschiedenen entstellten Formen überliefert, der bekannteste ist »Chlodwig«) ein Heide war, was im Militär jener Zeit als außergewöhnlich und sogar anstößig empfunden wurde, da fast alle wichtigen Leute Christen geworden waren.

Aber dieser Skandal wurde für die Kirche zum unerwarteten Segen, da Chlodwig als Heide, der niemals Arianer war, direkt zum Katholizismus, der Volksreligion, bekehrt werden konnte. Und sobald er den Katholizismus angenommen hatte, hatte er die ganze Macht von Millionen Bürgern, der organisierten Priesterschaft und der kirchlichen Bistümer hinter sich. Er war der einzige Volksgeneral, alle anderen lagen mit ihren Untertanen im Streit. Es war ihm ein Leichtes, große bewaffnete Kräfte auszuheben, da er die Gunst des Volkes besaß. Er übernahm die Herrschaft der arianischen Generale im Süden. Er besiegte sie mühelos, und seine Truppen wurden die größte militärische Streitmacht im lateinischsprachigen Westreich. Er war noch nicht stark genug, um Italien und Spanien zu übernehmen, noch weniger Afrika, aber er verschob das Zentrum der Anziehungskraft weg von der sterbenden arianischen Tradition des römischen Militärs – das nun nicht mehr als eine kleine, schwindende Gruppe war.

So viel zum plötzlichen Schlag, der auf den Arianismus im Westen niederfiel. Der schrittweise Prozess, der den Niedergang des Arianismus beschleunigte, war von anderer Art. Mit jedem Jahr, das verging, wurde es immer schwieriger, in einer verfallenden Gesellschaft die Steuern einzutreiben, die Einnahmen aufrechtzuerhalten und damit Straßen und Häfen und öffentliche Gebäude zu reparieren, Ordnung zu gewährleisten und alle öffentlichen Einrichtungen in Gang zu halten.

Mit diesem finanziellen Verfall der Herrschaft und der damit einhergehenden gesellschaftlichen Auflösung verloren die kleinen Gruppen, die nominell die lokale Herrschaft darstellten, ihr Ansehen. Im Jahr 450 etwa war es eine Frage des guten Tons, in Paris, Karthago, Arles, Toulouse oder Ravenna Arianer zu sein. Aber 100 Jahre später, etwa 550, war das gesellschaftliche Prestige des Arianismus dahin. Es zahlte sich für jeden aus, der »etwas werden wollte«, katholisch zu sein; und die schwindenden, kleinen arianischen Gruppen wurden verachtet, auch wenn sie in ihrem Verdruss so grausam handelten, wie sie es in Afrika taten. Sie verloren an Boden.

Das Ergebnis war, dass nach einem gewissen Aufschub alle arianischen Regierungen im Westen entweder katholisch wurden (wie im Fall Spaniens), oder, wie es im größten Teil Italiens und in ganz Nordafrika der Fall war, dass sie wieder in die direkte Herrschaft des Byzantinisch-Römischen Reiches übergingen. Das letztgenannte Experiment dauerte nicht lange. Es gab noch eine weitere Gruppe von noch arianischen Barbarensoldaten, die aus den nordöstlichen Provinzen kamen und die Herrschaft in Nord- und Mittelitalien übernahmen. Kurz danach fegte die mohammedanische Invasion über Nordafrika und letztlich über Spanien hinweg und stieß sogar bis nach Gallien vor. Die unmittelbare römische Verwaltung, die noch in Westeuropa überlebte, starb aus. Ihr letzter wirksamer Bestand im Süden wurde vom Islam überschwemmt. Aber lange bevor dies geschah, war der Arianismus im Westen tot.

Das ist die Art und Weise, in der die erste der großen Häresien, die eine Zeitlang drohte, die gesamte katholische Gesellschaft zu unterminieren und zu zerstören, verschwand. Der Prozess dauerte fast 300 Jahre und es ist bemerkenswert, dass bezüglich der Lehre etwa dieser Zeitraum oder ein wenig mehr genügte, um die Substanz der verschiedenen Hauptthäresien der protestantischen Reformatoren auszuhöhlen.

Sie hatten in der Mitte des 16. Jahrhunderts fast triumphiert, als Calvin, ihre zentrale Figur, beinahe die französische Monarchie zum Einsturz brachte. In der Mitte des 19. Jahrhunderts, d. h. nach 300 Jahren, haben die protestantischen Häresien ihre Lebenskraft jedoch vollkommen verloren.

KAPITEL III

Die große und andauernde Häresie des Mohammed

Einem jeden, der die Geschehnisse in den ersten Jahren des siebten Jahrhunderts beobachtete – sagen wir von 600 bis 630 n. Chr. –, hätte es so scheinen können, als ob die großen Hauptangriffe auf die Kirche bereits geschehen waren. Der Sturmangriff des Arianismus und seiner Derivate war abgewehrt und der Glaube hatte seinen Sieg davongetragen. Für eine unbestimmte Zeit war er nun sicher.

Die Christenheit würde natürlich weiter gegen von außen kommende Angriffe, d. h. gegen das Heidentum, um ihr Leben kämpfen müssen. Die Naturanbeter der hohen Perserzivilisation des Ostens griffen uns immer wieder an und versuchten, uns zu überwältigen. Das unzivilisierte Heidentum der Barbarenstämme, Skandinavier, Germanen, Slawen und Mongolen in Nord- und Mitteleuropa würde das Christentum attackieren und versuchen, es zu zerstören. Die Völker, die Byzanz untertan sind, würden weiterhin häretische Ansichten als Etikett ihres Grolls vorführen. Aber zumindest die Hauptanstrengung der Häresie scheiterte – so schien es. Ihr Ziel, der Ruin einer vereinten katholischen Zivilisation, wurde verfehlt. Kein Erstarken einer bedeutenden Häresie wird von nun an mehr zu fürchten sein, viel weniger noch die darauffolgende Zersetzung der Christenheit.

Im Jahre des Herrn 630 war ganz Gallien längst katholisch. Auch der Letzte der arianischen Generale und deren Garnisonen in Italien und Spanien wurden rechtgläubig. Die arianischen Generale und Garnisonen in Nordafrika wurden von den rechtgläubigen Armeen des Kaisers erobert.

Es war just in diesem Moment, einem Moment des scheinbar universalen und andauernden Katholizismus, dass ein unerwarteter Schlag von überwältigendem Ausmaß und großer Stärke fiel. Der Islam erstand – ganz plötzlich. Er kam aus der

Wüste und überwältigte die Hälfte unserer Zivilisation. Der Islam – die Lehre Mohammeds – breitete sich sofort mit Waffengewalt aus. Mohammeds arabische Konvertiten stürmten nach Syrien und gewannen dort zwei große Schlachten, die erste auf dem Jarmuk im Osten Palästinas in den Höhen über dem Jordan, die zweite in Mesopotamien. Sie fuhren fort, um Ägypten zu überrennen, und stießen tiefer und tiefer in das Herz unserer christlichen Zivilisation mit all der Pracht Roms. Sie richteten sich in ganz Nordafrika ein; sie überfielen Kleinasien, doch dort setzten sie sich noch nicht fest. Gelegentlich konnten sie sogar Konstantinopel selbst bedrohen. Schließlich, eine lange Lebensspanne nach ihren ersten Siegen in Syrien, überschritten sie die Straße von Gibraltar nach Westeuropa und schickten sich an, Spanien zu überfluten. 732 n. Chr., weniger als hundert Jahre nach ihren ersten Siegen in Syrien, gelangten sie gar bis hin zum Herzen Nordfrankreichs zwischen Poitiers und Tours.

Schlussendlich wurden sie zurück zu den Pyrenäen geworfen, hielten jedoch weiter ganz Spanien mit Ausnahme der gebirgigen nordwestlichen Ecke. Sie kontrollierten das ganze römische Afrika, einschließlich Ägypten und ganz Syrien. Sie dominierten den ganzen Mittelmeerraum im Westen und Osten. Sie hielten die dortigen Inseln, plünderten sie und ließen an den Küsten Galliens und Italiens sogar bewaffnete Siedler zurück.

Sie breiteten sich mächtig über das ganze vordere Asien aus und übermannten das Persische Reich. Sie wurden zu einer immer bedrohlicheren Gefahr für Konstantinopel. Innerhalb von einhundert Jahren fiel ein Hauptteil der römischen Welt unter die Gewalt dieser neuen und fremden Macht aus der Wüste.

Eine derartige Revolution hatte es noch nie gegeben. Keine frühere Attacke geschah so plötzlich und so gewaltsam und hatte einen so dauerhaften Erfolg. Wenige Jahre nach den ersten Angriffen 634 n. Chr. war die christliche Levante nicht mehr: Syrien, die Wiege des Glaubens, und Ägypten mit Alexandrien, dem mächtigen christlichen Bischofssitz. Innerhalb einer Lebenszeit gelangten die Hälfte des Reichtums und fast die Hälfte des Gebietes des christlichen Römischen Reiches in die Hände der mohammedanischen Gebieter und Beamten, und die Masse der Bevölkerung wurde mehr und mehr durch diese neue Religion beeinflusst.

Mohammedanische Herrschaft und Einfluss hatten den Platz von christlicher Herrschaft und Einfluss eingenommen, und sie waren dabei, das Gros des Mittelmeeres im Osten und Süden mohammedanisch zu machen.

Beginnen wir nun, die Geschicke dieser außergewöhnlichen Sache zu verfolgen, die sich selbst Islam nennt, das bedeutet »die Anerkennung« der Sitten und einfachen Lehren, die Mohammed gepredigt hat.

Ich werde später den historischen Ursprung dieser Sache beschreiben, die Jahreszahlen ihres Fortschritts und die Stufen ihres ursprünglichen Erfolges angeben. Ich werde ihre Konsolidierung beschreiben, ihre wachsende Macht und ihre bleibende Bedrohung für unsere Zivilisation. Sie zerstörte uns beinahe. Sie hielt den Kampf gegen die Christenheit für eintausend Jahre aufrecht und diese Geschichte ist keinesfalls zu Ende. Die Macht des Islam könnte jeden Moment neu erwachen.

Aber bevor wir dieser Geschichte folgen, müssen wir zwei fundamentale Dinge erfassen, und zwar *erstens* das Wesen des Mohammedanismus und zweitens die wesentliche Ursache seines plötzlichen und gleichsam übernatürlichen Erfolges über so viele tausend Meilen Land und über so viele Millionen Menschen.

Der Mohammedanismus war eine *Häresie*: Das ist der entscheidende Punkt, der vor allem anderen verstanden werden muss. Er begann als Häresie, nicht als neue Religion. Er war kein heidnischer Gegensatz zur Kirche, er war kein fremder Feind. Er war eine Perversion der christlichen Lehre. Seine Vitalität und Beständigkeit gaben ihm bald den Anschein einer neuen Religion, die Zeitgenossen seines Aufstiegs aber sahen ihn als das, was er war – keine Verleugnung, sondern eine Adaption und ein Missbrauch der christlichen Sache. Er unterschied sich von den meisten (wenn nicht von allen) Häresien darin, dass er nicht in den Grenzen der christlichen Kirche entstand. Der Erzhäresiarch, Mohammed selbst, war nicht, wie die meisten Häresiarchen, zunächst ein Mann katholischer Geburt und Lehre. Er war ein Heidenspross. Das aber, was er lehrte, war in der Hauptsache katholische Lehre in übervereinfachter Form. Es war die große katholische Welt – an deren Grenzen Mohammed lebte, deren Einfluss ihn überall umgab, deren Länder er durch Reisen kannte –, die seine Überzeugungen inspirierten. Er stammte von den erniedrigten Götzenanbetern der arabischen Wüsteneien ab, deren Eroberung den Römern die Mühe nicht wert schien.

Er übernahm sehr wenige jener alten heidnischen Vorstellungen, die ihm aus seiner Abstammung arteigen waren. Ganz im Gegensatz dazu predigte und lehrte er eine ganze Reihe von Vorstellungen, die der katholischen Kirche eigentümlich waren und sie von dem Heidentum unterschied, das sie in der römischen und griechischen Zivilisation bezwungen hatte. Folglich war schon das Fundament seiner Lehre die allererste katholische Lehre von der Einheit und Allmacht Gottes. Die Wesenseigenschaften Gottes übernahm er ebenfalls hauptsächlich aus dem katholischen Dogma: die personale Natur Gottes, die Allgüte, die Zeitlosigkeit, die Vorsehung Gottes, seine schöpferische Macht als Ursprung aller Dinge und die Erhaltung aller Dinge durch seine Gewalt allein. Die Welt der guten Geister und Engel einerseits und der bösen Geister in Rebellion gegen Gott andererseits war ein Teil seiner Lehre, wobei er – wie die Christenheit – einen obersten bösen Geist kannte. Mohammed predigte mit Nachdruck auch diese vorzüglich katholische Lehre auf der menschlichen Seite: die Unsterblichkeit der Seele und ihre Verantwortung für Handlungen in diesem Leben verbunden mit der darauffolgenden Lehre von Strafe und Belohnung nach dem Tod. Listet man dieser Punkte auf, die der orthodoxe Katholizismus mit dem Mohammedanismus gemein hat, und nur diese Punkte, dann könnte man, ginge man nicht weiter, meinen, dass es keinen Grund für Streit gegeben haben sollte. Mohammed würde unter diesem Gesichtspunkt fast als eine Art Missionar erscheinen, der die vorzüglichsten und grundsätzlichsten Lehren der katholischen Kirche durch die Kraft seines Charakters unter den verkommenen Heiden der Wüste predigt und verbreitet. Er gab unserem Herrn sowie auch der allerseligsten Jungfrau die höchste Ehrerbietung. Am Tag des Gerichts (eine weitere katholische Idee, die er lehrte) sei es unser Herr, so Mohammed, der der Richter des Menschengeschlechtes sein würde, nicht er, Mohammed. Die Mutter Christi, Unsere Liebe Frau, »die Frau Miriam«, war für ihn stets die Erste unter den Frauen. Seine Anhänger haben von den frühen Vätern sogar einen vagen Hinweis auf ihre Unbefleckte Empfängnis.[7]

Aber der entscheidende Punkt, mit dem diese neue Häresie einen tödlichen Treffer gegen die katholische Tradition landete, war die vollkommene Leugnung der Inkarnation.

Mohammed unternahm nicht nur den ersten Schritt hin zur Leugnung, wie es die Arianer und ihre Gefolgsleute taten. Er avancierte klar und eindeutig ein Dogma gegen die komplette Lehre vom inkarnierten Gott. Er lehrte, dass unser Herr der größte aller Propheten war, aber doch nur ein Prophet: ein Mensch wie andere Menschen auch. Er eliminierte die Dreifaltigkeit vollständig.

Mit der Leugnung der Inkarnation erlosch die ganze sakramentale Struktur. Er wollte nichts über die Eucharistie mit ihrer Realpräsenz wissen; er stellte das Opfer der Messe ein und demzufolge die Einsetzung eines besonderen Priestertums. Mit anderen Worten: Er begründete, wie so viele andere, mindere Häresiarchen, seine Häresie auf einer Vereinfachung. Die katho-

7 Aufgrund dieser Tatsache unterlief gewissen kirchenfeindlichen französischen Autoren ein enormer Lapsus mit der Behauptung, dass die Lehre von der Unbefleckte Empfängnis aus mohammedanischen Quellen herrührte! Gibbon kopierte seine Lehrmeister hier natürlich blind – wie er es immer tut – und wiederholt die Absurdität in seinem Buch *Decline and Fall*.

lische Lehre war wahr (so schien er zu sagen), aber sie war von falschen Auswüchsen belastet; sie würde durch unnötige, menschengemachte Zusätze verkompliziert, einschließlich der Vorstellung, dass ihr Gründer göttlich war, und des Wachsens einer parasitären Kaste von Priestern, die auf einem später erdachten System von Sakramenten gedieh, die nur sie spenden konnten. All diese verdorbenen Auswüchse sollten hinweggefegt werden.

Es gibt also sehr viel Gemeinsames zwischen dem Eifer, mit dem Mohammeds Lehre das Priestertum, die Messe und die Sakramente angriff, und dem Eifer, mit dem der Calvinismus, die zentrale Bewegkraft der Reformation, das gleiche tat. Wie wir alle wissen, lockerte die neue Lehre die Ehegesetze. In der Praxis betraf das aber die Masse seiner Anhänger nicht, die weiterhin monogam blieben. Die neue Lehre machte die Scheidung so leicht wie möglich, da die sakramentale Idee der Ehe verschwand. Sie bestand auf die Gleichheit der Menschen, und sie hatte zwangsläufig diesen weiteren Faktor, in dem sie dem Calvinismus glich: den Sinn für die Prädestination, den Sinn für das Schicksal, das, was die Anhänger von John Knox immer »die unveränderlichen Dekrete Gottes« nannten.

Mohammeds Lehre entwickelte weder unter der Masse seiner Nachfolger noch in seinen eigenen Gedanken eine detaillierte Theologie. Ihm genügte es, alles anzunehmen, was ihm am katholischen System gefiel und all das abzulehnen, was ihm, wie so vielen anderen seiner Zeit, zu kompliziert oder mysteriös schien, um wahr zu sein. Einfachheit war das Merkmal der ganzen Affäre, und da alle Häresien ihre Stärke aus einer gewissen wahren Lehre ziehen, zog auch der Mohammedanismus seine Stärke aus der wahren katholischen Lehre, die er beibehielt: die Gleichheit aller Menschen vor Gott. Er lehrt nämlich, dass »alle wahren Gläubigen Brüder« seien. Er predigte eifrig und prosperierte durch die herausragenden Ansprüche auf Gerechtigkeit, der sozialen und ökonomischen. Wie kam nun diese neue, einfache und tatkräftige Häresie zu ihrem plötzlichen und überwältigenden Erfolg? Eine Antwort besteht darin, dass sie Schlachten gewann. Sie gewann sie sofort, wie wir sehen werden, wenn wir zur Geschichte dieser Sache kommen. Aber Schlachtensiege hätten den Islam nicht beständig oder auch nur stark gemacht, hätte es nicht Menschen gegeben, die auf eine solche Botschaft warteten und bereit waren, sie anzunehmen.

Sowohl in der Welt Vorderasiens als auch in der gräko-romanischen Welt des Mittelmeers, vor allem aber in letzterer, fiel die Gesellschaft, ähnlich wie die unsrige Gesellschaft heute, in ein Durcheinander, in dem das Gros der Menschen enttäuscht und verärgert war und eine Lösung für die Ursache etlicher sozialer Spannungen suchte. Es gab überall Verschuldung, die Macht des Geldes und der darauffolgende Zinswucher waren allgegenwärtig. Es gab allerorts Sklaverei. Die Gesellschaft beruhte darauf, so wie unsere Gesellschaft heute auf der Lohnsklaverei beruht. Es gab Überdruss und Unmut über die theologische Debatte, die, bei all ihrer Intensität, den Kontakt zu den Massen verlor. Auf den Freien, bereits durch die Schulden gegeißelt, lag die schwere Last der kaiserlichen Steuer, und da war das Ärgernis der bestehenden Zentralregierung, die in das Leben der Menschen eingriff, da war die Tyrannei der Advokaten und ihrer Anklagen.

In dieser Gemengelage erschien der Islam als eine enorme Erleichterung und eine Lösung der Spannung. Der Sklave, der anerkannte, dass Mohammed der Prophet Gottes war und die neue Lehre folglich göttliche Autorität innehatte, hörte auf, Sklave zu sein. Der Sklave, der den Islam annahm, war von nun an frei. Der Schuldner, der »anerkannte«, war frei von seinen Schulden. Zinswucher war verboten. Der kleine Bauer wurde nicht nur von seinen Schulden befreit, sondern auch von den erdrückenden Steuern. Vor allem aber konnte Gerechtigkeit erlangt werden, ohne sie bei den Anwälten zu erkaufen …

All das war die Theorie. Die Praxis war nicht ganz so vollkommen. Viele Konvertiten blieben Schuldner, viele waren immer noch Sklaven. Aber wo immer sich der Islam ausbreitete, gab es einen neuen Geist der Freiheit und der Lockerung. Es war die Kombination all dieser Dinge, die anziehende Einfachheit der Lehre, das Hinwegfegen der klerikalen und kaiserlichen Disziplin, der gewaltige unmittelbare praktische Vorteil der Freiheit für den Sklaven und die Befreiung von der Beklemmung für den Schuldner, der krönende Vorteil der kostenlosen Gerechtigkeit unter wenigen und simplen neuen, einfach verständlichen Gesetzen – das war die Triebkraft hinter dem erstaunlichen sozialen Sieg der Mohammedaner. Die Gerichte waren überall und allen ohne Zahlung zugänglich und sprachen Urteile aus, die alle verstehen konnten. Die mohammedanische Bewegung war im Wesentlichen eine »Reformation« und wir können eine Vielzahl von Parallelen zwischen dem Islam und den protestantischen Reformatoren erkennen – bei den Bildern, der Messe, dem Zölibat usw.

Das Wunder scheint nicht so sehr darin zu bestehen, dass die neue Emanzipation über die Menschen hinwegfegte, wie wir uns vielleicht das Hinwegfegen des Kommunismus über unsere heutige Industriewelt vorstellen würden. Es besteht vielmehr darin, dass es immer noch einen anhaltenden und hartnäckigen Widerstand gegen den Mohammedanismus gibt wie seit vielen Generationen.

Obiges erklärt, glaube ich, das Wesen des Islam und seines ersten, ursprünglichen Siegeszuges.

Wir haben gerade gesehen, was der Hauptgrund für die außerordentlich schnelle Verbreitung des Islam war: eine komplizierte und ermattete Gesellschaft, und zwar eine, die mit der Institution der Sklaverei belastet ist, und außerdem eine, in der Millionen von Bauern in Ägypten, Syrien und im ganzen Osten, erdrückt von Zinswucher und schwerer Besteuerung, vom neuen Bekenntnis, oder vielmehr der neuen Häresie, das Angebot einer unmittelbaren Erleichterung erhielten. Ihr Merkmal war die Einfachheit, und demzufolge passte sie gut zur öffentlichen Meinung in einer Gesellschaft, in der bislang nur eine begrenze Klasse ihre Dispute über Theologie und Politik führte.

Das ist der Hauptpunkt, der die plötzliche Ausbreitung des Islam nach seinen ersten gewaltsamen Siegen mehr über die Armeen als über die Völker des griechischsprachigen Ostreiches erklärt. Aber das allein würde nicht für die beiden anderen, ebenso schlagenden Triumphe reichen. Der erste war die Fähigkeit, welche die neue Häresie zeigte, die asiatischen Völker des Nahen Ostens, Mesopotamiens und des Berglands zwischen Indien und Mesopotamien zu absorbieren. Der zweite war der Reichtum und Glanz des Kalifats (d. h. der zentralen mohammedanischen Monarchie) in den Generationen unmittelbar nach dem ersten Siegeszug.

Der erste dieser Punkte, die Verbreitung über Mesopotamien und Persien und das Bergland auf Indien zu, lag nicht, wie im Fall des plötzlichen Erfolges in Syrien und Ägypten, im Reiz der Einfachheit, in der Freiheit von der Sklaverei und der Befreiung von den Schulden begründet. Der Erfolg der Islam lag an einem gewissen zugrundeliegenden historischen Charakter des Nahen Ostens, der seine Gesellschaft immer beeinflusst hat und sie auch heute noch beeinflusst. Dieser Charakter besteht in einer Art natürlicher Uniformität. Dem Nahen Osten ist, schon vor den Zeiten jeder bekannten historischen Aufzeichnung, eine Art Instinkt für den Gehorsam gegenüber einem religiösen Haupt, das auch das Haupt des Staates ist, sowie eine allgemeine Ähnlichkeit in der Gesellschaftskultur inhärent. Wenn wir über den uralten Kampf zwischen Asien und dem Westen reden, meinen wir mit dem Wort »Asien« die ganze spärliche Bevölkerung des Berglands hinter Mesopotamien hin zu Indien, seinen dauerhaften Einfluss auf die mesopotamische Ebene selbst und seinen potentiellen Einfluss bis hin zu den Hochebenen und Meeresküsten von Syrien und Palästina.

Der Kampf zwischen Asien und Europa pendelt über einen riesigen Zeitraum wie Ebbe und Flut der Gezeiten. Für fast eintausend Jahre, von der Eroberung Alexanders bis hin zur Ankunft der mohammedanischen Reformer (333 v. Chr. bis 634 n. Chr.) ging der Strom ostwärts, d. h., abendländische Einflüsse –

griechische und später griechische und römische – fluteten das umstrittene Land. Für eine kurze Periode von etwa zweieinhalb bis drei Jahrhunderten war sogar Mesopotamien oberflächlich griechisch – zumindest in seiner herrschenden Schicht. Dann flutete Asien wieder zurück gen Westen. Das alte heidnische Römische Reich und das christliche Reich, das es beerbte und das von Konstantinopel aus regiert wurde, waren nie in der Lage, das Land östlich des Euphrats dauerhaft zu halten. Der neue Vorstoß westwärts aus Asien wurde von den Persern geführt, und die Perser und Parther (die ein Teil der Perser waren) hielten nicht nur Mesopotamien in ihrem Besitz, sondern waren dazu in der Lage, bis hin zum Ende dieser Periode Einfälle ins römische Territorium selbst zu unternehmen. In den allerletzten Jahren vor dem Auftauchen des Mohammedanismus erschienen sie an der Mittelmeerküste und plünderten Jerusalem.

Als nun der Islam mit seinen ersten wilden Kavallerieoffensiven siegreich aus der Wüste hervortrat, verstärkte er diese Neigung Asiens, sich erneut kräftig zu behaupten. Die Gleichförmigkeit des Temperaments, das ein Merkmal der asiatischen Gesellschaft ist, passte sich sogleich dieser neuen Idee einer einfachen, persönlichen Form der Regierung an, geheiligt durch Religion und herrschend mit einer theoretisch absoluten Gewalt aus einem einzigen Zentrum heraus. Das Kalifat richtete sich in Bagdad ein und sogleich wurde Bagdad das, was Babylon einst war: die zentrale Hauptstadt einer gigantischen Gesellschaft, die in allen Ländern von der indischen Grenze bis nach Ägypten und darüber hinaus den Ton gab.

Noch erstaunlicher aber als die Überflutung des ganzen Nahen Ostens mit dem Mohammedanismus in einer Lebensspanne waren der Reichtum und Glanz und die Kultur des neuen Islamischen Reiches. Der Islam war in diesen frühen Jahrhunderten (ein Großteil des siebten, das komplette achte und neunte) materiell die höchste Zivilisation unserer abendländischen Welt. Die Stadt Konstantinopel war ebenfalls sehr reich und genoss eine sehr hohe Zivilisation, die über ihre abhängigen

Provinzen strahlte, über Griechenland und die Seeküsten der Ägäis und die Hochländer Kleinasiens, aber alles konzentrierte sich auf die Kaiserstadt. Im größeren Teil der Provinz war die Kultur im Verfall. Im Westen war das notorisch. Gallien und Britannien, zu einem gewissen Grad auch Italien und das Donautal, fielen in die Barbarei zurück. Sie wurden nie gänzlich barbarisch, nicht einmal in Britannien, das am entlegensten war. Aber sie waren mitgenommen und verarmt und ihnen fehlte eine ordentliche Regierung. Diese Epoche, die wir das »Dunkle Zeitalter« Europas nennen, verlief vom fünften bis zum frühen elften Jahrhundert (etwa 450 bis 1030 n. Chr.) – dem Experiment Karls des Großen zum Trotz.

So viel zur christlichen Welt jener Zeit, die der Islam so hart zu bedrängen begann, die ganz Spanien an den Islam verloren hatte, ebenso wie gewisse Inseln und Küsten des zentralen Mittelmeers. Die Christenheit war vom Islam belagert. Der Islam stand uns gegenüber in beherrschendem Glanz und Reichtum und Macht und, was noch viel wichtiger war, mit überlegenem Wissen in den praktischen und angewandten Wissenschaften.

Der Islam bewahrte die griechischen Philosophen, die griechischen Mathematiker und ihre Werke, die physikalische Wissenschaft der frühen griechischen und römischen Autoren. Der Islam war außerdem des Lesens wesentlich kundiger als die Christenheit. Im größten Teil des Westens waren die meisten Menschen Analphabeten geworden. Selbst in Konstantinopel war das Lesen und Schreiben nicht so verbreitet wie in der Welt, die der Kalif regierte.

Zusammenfassend ließe sich sagen, dass der Kontrast zwischen der mohammedanischen Welt jener frühen Jahrhunderte und der christlichen Welt, die sie zu übermannen drohte, dem Kontrast zwischen dem modernen Industriestaat und einem rückständigen, halbentwickelten Land nebenan ähnelt: z. B. der Gegensatz zwischen dem modernen Deutschland und seinem russischen Nachbarn. Der Kontrast war nicht ganz so groß, aber die moderne Parallele hilft uns im Verständnis. Jahrhundertelang würde der Islam eine Bedrohung bleiben, auch als Spanien zurückerobert war. Im Osten wurde er zu mehr als einer Bedrohung und verbreitete sich fortwährend über siebenhundert Jahre, bis er den Balkan und die ungarische Ebene bezwang und fast Westeuropa selbst besetzte. Der Islam war die einzige Häresie, die die Christenheit aufgrund ihrer früheren materiellen und intellektuellen Überlegenheit beinahe zerstörte.

Wie kam es aber dazu? Es scheint unerklärlich, wenn wir an die ungewissen und bedeutungslosen persönlichen Führungen denken, den ständigen Wechsel lokaler Dynastien, den unsicheren Boden der mohammedanischen Bemühung. Diese Anstrengung begann mit dem Angriff weniger tausend Wüstenreiter, die ebenso sehr von ihrer Lust auf Beute getrieben waren wie von ihrem Eifer für die neuen Lehren. Diese Lehren wurden einer spärlichen Gruppe von Nomaden gepredigt, die sich nur weniger permanent bewohnter Zentren rühmen konnte. Sie stammten von einem Mann, der aufgrund der Intensität seines Naturells tatsächlich bemerkenswert war, wahrscheinlich durchaus von sich überzeugt, wahrscheinlich auch ein wenig verrückt und jemand, der niemals auch nur eine konstruktive Fähigkeit zeigte – und doch siegte der Islam.

Mohammed war ein Kameltreiber, der das Glück hatte, eine Ehe mit einer reichen Frau einzugehen, die älter war als er selbst. Von der Sicherheit dieser Stellung aus arbeitete er seine Visionen und Schwärmereien aus und unternahm seine Propaganda. Aber das geschah alles auf eine ignorante und sehr kleinliche Weise. Es gab keine Organisation, und in dem Moment, als die ersten Verbände in der Schlacht siegreich waren, begannen die Führer untereinander zu kämpfen. Sie kämpften nicht nur, sie mordeten. Die Geschichte der ganzen ersten Lebensspanne und ein bisschen mehr nach dem allerersten Ansturm, die Geschichte der mohammedanischen Herrschaft (so wie sie sich darstellte), ist eine Geschichte sukzessiver Intrigen und Morde, solange sie sich in Damaskus konzentrierte. Als aber die zweite Dynastie, die Abbasiden, die so lange dem Islam vorstand, mit ihrer Hauptstadt Bagdad weiter im Osten am Euphrat, die alte mesopotamische Herrschaft über Syrien, Ägypten und die ganze mohammedanische Welt wiederherstellte, blendete dieser Glanz und die Wissenschaft, die materielle Macht und der Reichtum, von dem ich sprach, alle Zeitgenossen. Wieder müssen wir uns wieder die Frage stellen: Wie konnte das sein?

Die Antwort liegt im Wesen der mohammedanischen Eroberung selbst begründet. Sie zerstörte nicht sofort, wie es so oft gesagt wurde, worauf sie stieß; sie löschte nicht all diejenigen aus, die den Islam nicht akzeptierten. Es verhielt sich genau anders herum. Sie war unter all den Mächten, die diese Länder durch die Geschichte hinweg beherrscht haben, bemerkenswert für das, was fälschlicherweise ihre »Toleranz« genannt wurde. Das mohammedanische Gemüt war nicht tolerant. Es war, im Gegenteil, fanatisch und blutrünstig. Es hatte keinen Respekt, noch nicht einmal Neugier übrig für jene, von denen es sich unterschied. Es war absurd eingebildet und betrachtete die umliegende hohe christliche Kultur mit Verachtung. Und das tut es noch heute.

Aber die Eroberer und diejenigen Einheimischen, die den Islam annahmen und sich damit den Eroberern anschlossen, waren noch zu wenige, um mittels Gewalt zu herrschen. Und (was noch wichtiger ist) sie hatte keine Ahnung von Organisation. Sie waren immer schludrig und willkürlich. Daher verblieb eine große Mehrheit der Unterworfenen in ihren alten Sitten des Lebens und der Religion.

Langsam verbreitete sich der Einfluss des Islam unter jenen, aber in den ersten Jahrhunderten waren die großen Mehrheiten in Syrien und sogar in Mesopotamien und Ägypten Christen. Sie behielten die christliche Messe, das christliche Evangelium und die gesamte christliche Tradition bei. Sie waren es, die die gräko-romanische Zivilisation bewahrten, von der sie stammten, und es war diese Zivilisation, die unter der Oberfläche der mohammedanischen Herrschaft überlebte, die diesen weiten

Landen ihre Gelehrsamkeit und materielle Kraft gaben, die wir sogar schon so früh, »die mohammedanische Welt« nennen müssen, obwohl das Gros davon noch nicht mohammedanischen Bekenntnisses war.

Es gab jedoch noch einen weiteren Grund, und zwar den allerwichtigsten, den finanziellen Grund: den überwältigenden Reichtum des frühen mohammedanischen Kalifats. Der Kaufmann und der Besteller des Landes, der Eigentumsbesitzer und der Händler, sie alle wurden durch die mohammedanische Eroberung entlastet. Denn die Last des Zinswuchers wurde hinweggefegt, ebenso ein verworrenes und verstopftes Steuersystem, das die Steuerzahler ruinierte, ohne der Regierung die entsprechenden Einnahmen zu bringen. Was die arabischen Eroberer und ihre Nachfolger in Mesopotamien taten, war, dies alles durch ein einfaches, direktes Tributsystem zu ersetzen.

Was auch immer im gewaltigen Mohammedanerreich nicht mohammedanisch war – d. h. ein großer Teil seiner Population – musste einen besonderen Tribut leisten. Und es war dieser Tribut, der direkt, ohne Verlust durch die Tücken der Bürokratie, den Reichtum der Zentralgewalt lieferte: die Einnahmen des Kalifen. Diese Einnahmen blieben während der ersten Generationen enorm. Das Ergebnis war das, was immer auf eine große Anhäufung von Reichtum in einem Herrschaftszentrum folgt: die Gesamtheit der vom Zentrum regierten Gesellschaft spiegelt die Opulenz ihrer Vorsteher wider.

Hier haben wir die Erklärung für dieses ungewöhnliche, dieses einzigartige Phänomen in der Geschichte – eine Revolte wider eine Zivilisation, die die Zivilisation nicht zerstörte. Eine verzehrende Häresie, die die christliche Religion nicht zerstörte, gegen die sie gerichtet war.

Die Welt des Islam wurde und verblieb lange Erbin der gräko-romanischen Kultur und ihr Bewahrer. Deshalb überlebte der Mohammedanismus nicht nur als einzige der großen Häresien und ist, nach fast vierzehnhundert Jahren, geistig so stark wie eh und je. Mit der Zeit schlug er Wurzeln und errichtete eine eigene Zivilisation gegen die unsrige und schuf einen bleibenden Rivalen zu uns.

Da wir jetzt verstanden haben, wie der Islam, die beeindruckendste der Häresien, seine Stärke und seinen erstaunlichen Erfolg erreicht hat, müssen wir versuchen zu verstehen, wie er als einzige aller Häresien in voller Stärke überlebt hat und sich sogar weiterhin (so schlecht und recht) bis heute ausbreitet.

Das ist ein Punkt von entscheidender Wichtigkeit, um nicht nur unser Thema, sondern auch die Weltgeschichte im Allgemeinen zu verstehen. Und trotzdem ist es einer, der leider in der modernen Welt unbehandelt bleibt.

Millionen moderner Menschen der weißen Zivilisation – d. h. die Zivilisation Europas und Amerikas – haben den Islam vollkommen vergessen. Sie kamen nie in Kontakt mit ihm. Sie halten es für selbstverständlich, dass er sich im Verfall befindet und dass es sich ohnehin nur um eine fremde Religion handelt, die sie nichts angeht. Er ist jedoch tatsächlich der furchtbarste und hartnäckigste Feind, den unsere Zivilisation jemals hatte. Und er könnte zukünftig wieder eine so große Bedrohung werden, wie er es bereits in der Vergangenheit war.

Auf das Thema seiner zukünftigen Gefahr werde ich noch einmal auf den letzten dieser Seiten über den Mohammedanismus zurückkommen.

Alle großen Häresien – der Mohammedanismus ausgenommen – scheinen durch die gleichen Phasen zu gehen.

Zunächst steigen sie mit großer Gewalt auf und kommen in Mode. Sie tun das, indem sie auf eine der großen katholischen Lehren in übertriebener Form bestehen, und weil die großen katholischen Lehren zusammen die einzige volle und befriedigende Philosophie darstellen, die der Menschheit bekannt ist, muss auch jede einzelne ihrer Lehren ihren besonderen Reiz haben.

So bestand der Arianismus auf die Einheit Gottes, vereint mit der Majestät und schöpferischen Kraft unseres Herrn. Zur gleichen Zeit sprach er beschränkte Geister an, da er ein Mysterium zu rationalisieren versuchte. Der Calvinismus hatte großen Erfolg, da er eine andere große Lehre betonte, die Allmacht und Allwissenheit Gottes. Bei allem anderen verlor er das rechte Maß und ging beim Thema der Prädestination gewaltig fehl; aber er hatte seine triumphalen Momente, als es so aussah, als würde er unsere ganze Zivilisation erobern – was womöglich auch passiert wäre, hätten ihn nicht die Franzosen in ihrem großen Religionskrieg bekämpft und seine Anhänger auf dem Boden Galliens geschlagen, der schon immer das Schlachtfeld und Versuchsgelände für europäische Gedanken war.

Nach dieser *ersten* Phase der großen Häresien, wenn sie in ihrem anfänglichen Elan sind und wie eine Flamme von einem zum nächsten springen, kommt die zweite Phase des Verfalls, die, wie es scheint, (irgendeiner unbekannten Gesetzmäßigkeit folgend) über fünf oder sechs Generationen dauert, etwa einige hundert Jahre oder etwas mehr. Die Anhänger der Häresie werden weniger zahlreich und weniger überzeugt, bis es am Ende nur noch eine kleine Anzahl Nachfolger der ursprünglichen Bewegung gibt, die ganz und gar getreu sind.

Dann kommt die dritte Phase, in der jede Häresie als ein Stück Lehre verschwindet. Niemand glaubt mehr an diese Lehre oder es bleibt nur noch eine so winzige Fraktion von Gläubigen, dass sie schon nicht mehr zählt. Aber die sozialen und moralischen Faktoren der Häresie können für weitere Generationen noch eine starke Wirkung haben. Das sehen wir heute am Fall des Calvinismus. Der Calvinismus schuf die puritanische Bewegung und aus ihr entstanden als notwendige Folge der Isolierung der Seele, die das Rückgrat des gesellschaftlichen sozialen Handelns ist, ungezügelter Wettbewerb und Gier. Und zuletzt erfolgte die gänzliche Einrichtung dessen, was wir heute den »Industriekapitalismus« nennen, vermöge dessen die gesamte Zivilisation durch die Unzufriedenheit der großen mittellosen Masse mit ihren wenigen plutokratischen Herren in Gefahr ist. Vielleicht abgesehen von einer Handvoll Leute in Schottland ist niemand übriggeblieben, der die von Calvin gelehrte Doktrin wirklich glaubt, aber der Geist des Calvinismus ist immer noch sehr stark in den Ländern, die er ursprünglich infizierte. Und seine gesellschaftlichen Früchte bleiben.

Nun ist im Fall des Islam all das mit Ausnahme der ersten Phase nie geschehen. Es gab keine zweite Phase des graduellen Niedergangs in den Zahlen und der Überzeugung seiner Anhänger. Im Gegenteil, der Islam gewann an Kraft und erwarb mehr und mehr Boden, bekehrte mehr und mehr Anhänger, bis er sich selbst als völlig separate Zivilisation etablierte und dadurch wie eine neue Religion erschien, sodass die meisten Menschen seine häretischen Ursprünge vergaßen.

Der Islam wuchs nicht nur hinsichtlich der Zahl und Überzeugung seiner Anhänger, sondern auch in seinem Landbesitz und in tatsächlicher politischer und militärischer Macht fast bis hin ans 18. Jahrhundert hinein. Weniger als 100 Jahre vor dem Amerikanischen Bürgerkrieg drohte eine mohammedanische Armee die christliche Zivilisation zu überrennen und zu zerstören. Das hätte sie auch getan, wenn nicht der katholische König Polens jene Armee vor den Toren Wiens vernichtet hätte.

Seitdem sank die bewaffnete Macht des Mohammedanismus, doch weder die Anzahl noch die Begeisterung seiner Anhänger sanken spürbar. Und wenn er auch Territorien verlor, in denen er über christliche Majoritäten herrschte, so gewann er neue Jünger – zu einem gewissen Teil in Asien und hauptsächlich in Afrika – dazu. Tatsächlich breitet er sich in Afrika immer noch unter den negroiden Bevölkerungen aus, und diese Ausbreitung wird ein wichtiges zukünftiges Problem für die europäischen Regierungen darstellen, die Afrika unter sich aufgeteilt haben.

Und dann gibt es noch einen weiteren Punkt in Bezug auf die Stärke des Islam. Er ist scheinbar *unbekehrbar*.

Die missionarischen Anstrengungen der großen katholischen Orden, die sich fast 400 Jahre lang damit beschäftigt haben, aus Mohammedanern Christen zu machen, sind gescheitert. Aus manchen Orten haben wir den mohammedanischen Herren vertrieben und seine christlichen Untertanen von mohammedanischer Kontrolle befreit, aber unsere Versuche, einzelne Mohammedaner zu bekehren, hatten kaum irgendeine Wirkung, abgesehen vielleicht von einer kleinen Anzahl in Südspanien vor 500 Jahren. Und selbst das war mehr ein Beispiel für einen politischen als für einen religiösen Wandel.

Was ist nun die Erklärung für all das? Warum kann der Islam als einzige der großen Häresien eine so beständige Vitalität aufweisen?

Diejenigen, die dem Mohammedanismus Sympathien entgegenbringen und noch viel mehr jene, die selbst Mohammedaner sind, erklären das, indem sie ihn zur besten und humansten aller Religionen proklamieren, die der Menschheit am angemessensten ist und sie anzieht.

So merkwürdig es auch anmutet, es ist tatsächlich eine gewisse Zahl hochgebildeter europäischer Gentlemen zum Islam übergetreten, d. h., sie sind Konvertiten zum Mohammedanismus. Ich selbst habe etwa ein halbes Dutzend von ihnen in verschiedenen Weltteilen kennengelernt und mit ihnen gesprochen. Es gibt aber auch noch eine sehr viel größere Gruppe von Herren, wohlinstruierte Europäer, die, nachdem sie ihren Glauben an den Katholizismus oder an irgendeine Form des Protestantismus verloren hatten, in dem sie groß geworden waren, eine Sympathie für das mohammedanische Gesellschaftssystem empfinden, auch wenn sie ihm nicht beitreten oder den Glauben an seine Religion bekunden. Uns begegnen heute unter jenen, die durch den Osten gereist sind, ständig solche Menschen.

Diese Menschen geben immer die gleiche Antwort: Der Islam ist unzerstörbar, da er auf Schlichtheit und Gerechtigkeit gegründet ist. Er hat diejenigen christlichen Lehren behalten, die offenkundig wahr sind und den gesunden Menschenverstand von Millionen ansprechen, während er Pfaffenlist, Mysterien, Sakramente und alles Übrige davon beseitigt. Er verkündet und praktiziert die menschliche Gleichheit. Er liebt die Gerechtigkeit und verbietet den Zinswucher. Er schafft eine Gesellschaft, in der die Menschen glücklicher sind und sich ihrer eigenen Würde mehr bewusst werden als in jeder anderen. Das ist seine Stärke und der Grund dafür, warum er immer noch Menschen für sich gewinnt und womöglich in naher Zukunft wieder zur Macht gelangen wird.

Nun glaube ich nicht, dass diese Erklärung stimmt. Alle Häresien reden auf diese Art. Jede Häresie wird Ihnen erzählen, dass sie die Verderbnisse in der christlichen Lehre bereinigt hat und ansonsten der Menschheit nichts anderes als Gutes tat, die menschliche Seele erfüllte usw. Und doch verblasste jede von ihnen, *ausgenommen* der Mohammedanismus.

Warum?

Um zur Antwort des Problems zu gelangen, müssen wir feststellen, worin sich die Geschicke des Islam von all den anderen großen Häresien unterschieden. Sobald wir das feststellen, werden wir, so nehme ich an, des Schlüssels zur Wahrheit habhaft werden.

Der Islam unterschied sich von allen anderen Häresien in zwei Hauptbereichen, die wir genauestens beachten müssen.

1. Er entstand nicht innerhalb der Kirche, d. h. innerhalb der Grenzen unserer Zivilisation. Sein Häresiarch war ursprünglich kein Katholik, der katholische Anhänger durch seine neuartige Lehre wegführte wie Arius oder Calvin. Er war ein heidnisch geborener Außenseiter, der unter Heiden lebte und nie getauft wurde. Er adoptierte christliche Lehren und traf unter ihnen nach bester Häresiarchenart eine Auslese. Er verwarf diejenigen, die ihm nicht gefielen, und betonte jene, die ihm gefielen – was eben das Kennzeichen eines jeden Häresiarchen ist.

Die ersten kleinen aber grimmigen Armeen der Arabernomaden, die ihre erstaunlichen Siege in Syrien und Ägypten gegen die katholische Welt des frühen siebten Jahrhunderts erlangten, bestanden aus Männern, die allesamt Heiden waren, bevor sie Mohammedaner wurden. Unter ihnen gab es keinen Katholizismus, zu dem sie hätten zurückkehren können.

2. Der Hauptteil des Islam, der die Christenheit von jenseits der Grenzen her angriff, war fortwährend mit den stärksten

Kämpfern ausgerüstet, ausgehoben aus der äußersten Finsternis des Heidentums.

Die Rekrutierung verlief wellenförmig, unaufhörlich durch die Jahrhunderte bis zum Ende des Mittelalters. Es handelte sich hauptsächlich um Mongolen aus Asien (auch wenn ein Teil der Heere aus nordafrikanischen Berbern bestand) und es war dieser unablässige, immer wiederkehrende Zustrom neuer Anhänger, ebenso sehr Eroberer und Krieger, wie die ersten Araber es gewesen waren, der dem Islam seine erstaunliche Widerstandskraft und beständige Macht verschaffte.

Nicht lange nach den ersten Eroberungen Syriens und Ägyptens sah es so aus, als würde diese eifrige neue Häresie, trotz ihrer blendenden plötzlichen Erfolge, scheitern. Die Kontinuität in der Führung zerbrach und mit ihr die politische Einheit des ganzen Systems. Die ursprüngliche Hauptstadt der Bewegung war Damaskus und der Mohammedanismus zunächst eine syrische Angelegenheit (und durch Ausdehnung eine ägyptische). Aber nach einer ziemlich kurzen Zeit wurde ein Bruch offensichtlich. Eine neue Dynastie begann von Mesopotamien aus zu herrschen und nicht länger aus Syrien. Die westlichen Gebiete, d. h. Nordafrika und Spanien (nach der Eroberung Spaniens), bildeten eine separate politische Regierung unter einer separaten Obödienz. *Die Kalifen in Bagdad begannen jedoch damit, sich auf eine Leibgarde von angeworbenen Kämpfern zu stützen, Mongolen aus der asiatischen Steppe.*

Das Charakteristische dieser nomadischen Mongolen (die nach dem fünften Jahrhundert immer wieder in Wellen kamen, um unsere Zivilisation zu bestürmen) besteht darin, dass sie unerschütterliche Krieger und gleichzeitig fast rein zerstörerisch sind. Sie massakrieren millionenfach, sie brennen nieder und zerstören; sie verwandeln fruchtbare Ländereien in Wüsten. Schaffender Leistungen scheinen sie nicht fähig zu sein. Zweimal entkamen wir im christlichen europäischen Westen nur knapp der totalen Vernichtung durch ihre Hände. Einmal, als wir die riesige asiatische Armee Attilas nahe dem französischen Chalons in der Mitte des fünften Jahrhunderts schlugen (nicht jedoch, bevor sie fürchterliche Gräuel verübte und hinter sich nur Ruinen ließ) und ein weiteres Mal im 13. Jahrhundert, 800 Jahre später. Dieses Mal wurde der anrückenden asiatischen Mongolenmacht jedoch nicht durch unsere Armeen Einhalt geboten, sondern durch den Tod des Mannes, der sie eigenhändig vereint hatte. Sie wurde allerdings nicht aufgehalten, bis sie Norditalien erreichte und sich Venedig näherte.

Es war diese Rekrutierung mongolischer Leibgarden in sukzessiver Folge, die den Islam am Laufen hielt und verhinderte, dass ihn das gleiche Schicksal ereilte wie alle anderen Häresien auch. Sie ließen ihn donnern gleich einem Rammbock *von außerhalb der Grenzen* Europas, der Breschen in unsere Mauern schlug und tiefer und tiefer in das eindrang, was einmal christliche Länder waren.

Die mongolischen Eindringlinge nahmen den Islam bereitwillig an. Die Männer, die als Söldner dienten und die wahre Macht des Kalifen darstellten, waren mehr als bereit, sich den einfachen Anforderungen des Mohammedanismus zu unterwerfen. Sie hatten keine ordentliche eigene Religion, die stark genug gewesen wäre, den Lehren des Islam entgegenzuwirken, die, so verstümmelt sie auch waren, in der Hauptsache christliche Lehren waren: die Einheit und Majestät Gottes, die Unsterblichkeit der Seele und alles Weitere. Die mongolischen Söldner, die die politische Macht des Kalifen stützten, wurden von den zentralen Lehren angesprochen und übernahmen sie kurzerhand. Sie wurden gute Muslime und als Soldaten des Kalifen waren sie die Verbreiter und Erhalter des Islam.

Als es in der Blütezeit des Mittelalters erneut so aussah, als wäre der Islam gescheitert, tauchte ein neuer Schub mongolischer Soldaten auf, »Türken« genannt, und rettete die Geschicke des Mohammedanismus aufs Neue – obwohl er mit der abscheulichsten Zerstörung derjenigen Zivilisation begann, die der Mohammedanismus auf gewisse Weise erhalten und konserviert hatte. Aus diesem Grund sahen die Christen während der Kämpfe der Kreuzzüge »den Türken« als ihren Feind, ein landläufiger Begriff, der vielen der nomadischen Stämme gemein war. Die christlichen Kreuzzugsprediger, die Hauptleute der Soldaten und die Kreuzfahrer in ihren Liedern sprachen viel mehr vom »Türken« als Feind als vom Mohammedanismus im Allgemeinen.

Obwohl die Mohammedaner den Vorteil hatten, mit ständigem Nachschub gespeist zu werden, wäre der islamische Druck auf die Christenheit womöglich dennoch dauerhaft entlastet worden, wäre eine äußerste Kraftanstrengung des christlichen Westens von Erfolg gekrönt gewesen. Dieser äußerste Versuch wurde in der Mitte der ganzen Geschichte (1095-1200 n. Chr.) unternommen und wird in der Geschichte »die Kreuzzüge« genannt. Der katholischen Christenheit gelang die Zurückeroberung Spaniens; ihr gelang es fast, den Mohammedanismus aus Syrien zurückzudrängen, die christliche Zivilisation Asiens zu retten und die asiatischen Mohammedaner von den afrikanischen abzuschneiden. Wäre ihr das gelungen, wäre der Mohammedanismus vielleicht untergegangen.

Aber die Kreuzzüge scheiterten. Ihr Scheitern ist die größte Tragödie unseres Kampfes gegen den Islam, gegen Asien – gegen den Osten.

Was die Kreuzzüge waren und wie und warum sie scheiterten, werde ich jetzt beschreiben.

Der Erfolg des Mohammedanismus lag nicht darin begründet, dass er etwas Befriedigenderes hinsichtlich Philosophie oder Moral anbot. Es war stattdessen, wie ich schon sagte, die Chance zur Freiheit für den Sklaven und den Schuldner, die er bot, sowie die extreme Einfachheit, die der unverständigen Masse gefiel, die verwirrt war von den Mysterien, die untrennbar mit dem profunden intellektuellen Leben des Katholizismus und seiner radikalen Lehre der Inkarnation verbunden sind. Aber er breitete sich aus und es schien, als müsse er überall siegen, wie es anfangs ja alle großen Häresien tun. Der Mohammedanismus war gleichsam in Mode gekommen und durchaus siegreich.

Nun entsteht gegen die großen Häresien, wenn sie die treibende Kraft erlangen, neu und in Mode zu sein, eine Reaktion innerhalb des christlichen und katholischen Geistes, eine Reaktion, die den Trend umkehrt, das Gift entsorgt und die christliche Zivilisation wiederherstellt. Diese Reaktionen fangen, ich wiederhole es, im Verborgenen an. Es ist der einfache Mann, dem unbehaglich wird und der sich sagt: »Das mag im Moment in Mode sein, aber mir gefällt es nicht.« Es ist die Masse der Christen, die es in den Knochen spürt, dass irgendetwas verkehrt ist, auch wenn es ihr schwerfällt, dies genauer zu erklären. Die Reaktion ist für gewöhnlich langsam und konfus und für lange Zeit erfolglos. Aber auf lange Sicht siegte sie immer gegen die interne Häresie, so wie das dem menschlichen Körper innewohnende Abwehrsystem eine innere Infektion besiegt.

Eine Häresie beeinträchtigt in der Fülle ihrer ursprünglichen Kraft sogar das katholische Denken – so produzierte der Arianismus eine Masse an Semi-Arianismus, der die Christenheit durchlief. Die manichäische Abscheu vor dem Leib und die falsche Lehre, dass die Materie böse sei, beeinflusste sogar die größten Katholiken jener Zeit. Man findet einen Hauch davon in den Briefen des hl. Gregor. Auf gleiche Weise hatte der Mohammedanismus seinen Einfluss auf die christlichen Kaiser von Byzanz und auf Karl den Großen, den Kaiser des Westens. So gab es z. B. eine mächtige Bewegung gegen die Verwendung von Bildern, die so wesentlich sind für den katholischen Kult. Selbst dort im Westen, wohin der Mohammedanismus nie gelangte, hatte der Versuch, in den Kirchen die Bilder abzuschaffen, fast Erfolg.

Aber während der Mohammedanismus sich ausbreitete, sich immer größere Mengen aus den christlichen Völkern des Ostens und Nordafrikas einverleibte und mehr und mehr Land besetzte, da begann eine Verteidigungsreaktion gegen ihn. Der Islam absorbierte schrittweise Nordafrika und schwappte nach Spanien über; weniger als ein Jahrhundert nach den ersten Siegen in Syrien stieß er schon über die Pyrenäen vor, nach Frankreich hinein. Glücklicherweise wurde er in der Schlacht auf dem halben Weg zwischen Tours und Poitiers, in der nördlichen Mitte des Landes, geschlagen. Manche glauben, dass, wenn die christlichen Führer diese Schlacht nicht gewonnen hätten, die gesamte Christenheit vom Mohammedanismus überschwemmt worden wäre. Auf jeden Fall stieß er im Westen niemals weiter vor. Er wurde zurück zu den Pyrenäen gedrängt und durchaus sehr langsam über einen Zeitraum von 300 Jahren immer weiter südlich zum Zentrum Spaniens getrieben, während der Norden schon vom mohammedanischen Einfluss bereinigt war. Im Osten jedoch, wie wir noch sehen werden, blieb er eine überwältigende Bedrohung.

Nun verursachte der Erfolg der Christen bei der Zurückdrängung der Mohammedaner aus Frankreich und halb Spanien eine Art Wiedererwachen Europas. Es war höchste Zeit. Wir im Westen wurden von drei Seiten belagert: Heidnische Asiaten gelangten bis zum Herz der deutschen Lande, heidnische Piraten der grausamsten und widerlichsten Sorte schwärmten über die nördlichen Meere und merzten beinahe die christliche Zivilisation in England aus und versehrten sie in Nordfrankreich. Und während all dessen war da außerdem der Druck des Mohammedanismus vom Süden und Südosten – ein viel zivilisierterer Druck als jener der Asiaten oder der skandinavischen Piraten, aber dennoch eine Bedrohung, unter der unsere christliche Zivilisation beinahe verschwand.

Es ist höchst interessant, sich eine Karte Europas zu nehmen und die äußersten Grenzen zu markieren, die von den Feinden der Christenheit in der schlimmsten Zeit dieses Überlebenskampfes erreicht wurden. Die Vorhut des schlimmsten asiatischen Überfalles kam bis nach Tournus an der Saône, ziemlich in der Mitte des heutigen Frankreichs. Die Mohammedaner kamen, wie wir gesehen haben, ebenfalls bis hin zur Mitte Frankreichs, irgendwo zwischen Tours und Poitiers. Die furchtbaren heidnischen Piraten aus Skandinavien überfielen Irland, ganz England und fuhren alle Flüsse Nordfrankreichs und Norddeutschlands hinauf. Sie kamen so weit bis nach Köln, sie belagerten Paris, fast nahmen sie Hamburg im Sturm. Die Menschen heute vergessen, wie zweifelhaft es auf der Höhe des Dunklen Zeitalters, in der Mitte des achten bis zum Ende des neunten Jahrhunderts war, ob die katholische Zivilisation überhaupt überleben würde.

Die Hälfte der Mittelmeerinseln sowie der gesamte Nahe Osten fiel an die Mohammedaner. Sie kämpften, um Kleinasiens habhaft zu werden, während Nord- und Mitteleuropa fortwährend von den Raubzügen der Asiaten und nördlichen Heiden heimgesucht wurde.

Dann kam die große Reaktion und das Erwachen Europas.

Die Ritterschaft, die aus Gallien hinein nach Spanien strömte und die heimischen spanischen Ritter, welche die Mohammedaner zurückzwangen, läuteten diese Geschichte ein. Die skandinavischen Piraten und die Räuber aus Asien waren zwei Generationen vorher besiegt worden. Wallfahrten nach Jerusalem, langwierig, teuer und gefährlich, die aber dennoch selbst im Dunklen Zeitalter unternommen wurden, wurden jetzt besonders durch eine neue mongolische Welle mohammedanischer Soldaten gefährdet, die sich im Osten und insbesondere in Palästina einrichteten. Und der Ruf erscholl, dass die heiligen Stätten, das Wahre Kreuz (das in Jerusalem aufbewahrt wurde) und die verbliebenen christlichen Gemeinschaften Syriens und Palästinas und vor allem das Heilige Grab – der Ort der Auferstehung, das Hauptziel jeder Pilgerfahrt – aus den usurpierenden Händen des Islam befreit werden müssten. Begeisterte Männer predigten die Pflicht zum Marsch gen Osten und zur Rettung des Heiligen Landes. Der herrschende Papst Urban stellte sich selbst an die Spitze der Bewegung mit seiner berühmten Predigt, die er in Frankreich vor riesigen Menschenmengen hielt, indem er rief: »Gott will es.« Irreguläre Verbände begannen, nach Osten zu strömen, um den Islam wieder aus dem Heiligen Land zu drängen. Zur gebührenden Zeit bereiteten sich die regulären Aufgebote der christlichen Fürsten auf ein organisiertes Unterfangen von gewaltiger Größe vor. Diejenigen, die gelobten, dem Unterfangen zu folgen, trugen das Zeichen des Kreuzes auf ihrer Kleidung, und daher wurde dieser Kampf unter dem Namen der Kreuzzüge bekannt.

Der Erste Kreuzzug wurde in drei großen Zügen mehr oder weniger organisierter christlicher Soldaten in Gang gesetzt, die von Westeuropa aus auf das Heilige Land hin marschierten. Ich sage »mehr oder weniger organisiert«, da das feudale Heer nie hochorganisiert war, es war in Verbände verschiedenster Größe eingeteilt, wobei jeder einem Feudalherrn folgte – aber natürlich gab es genügend Organisation, um eine militärische Unternehmung durchzuführen, denn eine ungeführte Menschenmasse kann dergleichen niemals bewerkstelligen.

Um die Vorräte der zu durchquerenden Länder nicht zu erschöpfen, marschierten die christlichen Führer in drei Verbänden: Einer von Nordfrankreich das Donautal hinunter, einer aus Südfrankreich durch Italien, ein dritter überquerte mit Franzosen, die kürzlich die Herrschaft in Süditalien erlangt hatten, die Adria direkt und machte sich über den Balkan nach Konstantinopel auf. Sie alle trafen in Konstantinopel zusammen, und als sie dort ankamen, handelte es sich trotz Wegverlusten womöglich um eine Viertelmillion Mann – vielleicht mehr. Die Zahlen waren nie genau bekannt oder berechnet worden.

Der Kaiser in Konstantinopel stand immer noch frei an der Spitze seiner großen christlichen Hauptstadt. Doch er war gefährlich bedroht durch die kämpfenden mohammedanischen Türken, die nur einen Katzensprung über das Wasser in Kleinasien entfernt waren und deren Ziel es war, Konstantinopel zu nehmen und den Untergang der Christenheit voranzutreiben. Diesen Druck auf Konstantinopel nahm das große Kreuzfahrerheer sofort. Es gewann eine Schlacht gegen die Türken in Doryläum[8] und stieß unter großen Schwierigkeiten und weiteren großen Verlusten bis zu der Ecke vor, wo am Golf von Alex-

8 Anm. d. Übers.: Eine antike Stadt im nördlichen Phrygien in Kleinasien. Zur Zeit der Kreuzzüge lag sie bereits in Ruinen.

andretta Syrien in Kleinasien übergeht. Dort schuf sich einer der Kreuzzugsanführer ein eigenes Königreich und machte das christliche Edessa[9] zu seiner Hauptstadt, die als Bollwerk gegen weiteren mohammedanischen Druck aus dem Osten dienen sollte. Die letzten der nun schwindenden christlichen Kräfte belagerten Antiochien, dessen die Mohammedaner wenige Jahre zuvor habhaft geworden waren, und nahmen es unter großen Schwierigkeiten ein. Hier machte sich ein weiterer Kreuzzugsanführer zum Feudalherrn, und es gab einen langen Aufschub und einen schlimmen Streit zwischen den Kreuzfahrern und dem Kaiser zu Konstantinopel, der natürlich wollte, dass sie ihm zurückgaben, was vor dem Erstehen des Mohammedanismus ein Teil seines Reiches war – während die Kreuzfahrer das behalten wollten, was sie erobert hatten, damit die Steuereinnahmen einem jeden von ihnen in die eigene Tasche flössen.

Schließlich konnten sie zu Beginn der Kriegssaison im dritten Jahr – das letzte Jahr des elften Jahrhunderts, 1099 – Antiochien verlassen und weiterziehen. Auf ihrem Weg nahmen sie alle Städte entlang der Küste ein. Als sie auf der Höhe Jerusalems waren, stießen sie landeinwärts vor und stürmten die Stadt am 15. Juli dieses Jahres, töteten die gesamte mohammedanische Garnison und richteten sich fest innerhalb der Mauern der Heiligen Stadt ein. Dann organisierten sie ihre Beute in ein Feudalkönigreich um und machten einen von ihnen zum Titularkönig des neuen Reiches von Jerusalem. Für dieses Amt wählten sie einen großen Edelmann aus Frankreich, in dessen Nordosten die teutonische und die gallische Rasse zusammentreffen. Es war der mächtige Markgraf Gottfried von Bouillon. Ihm unterstanden als nominell Untergebene die großen Feudalherren, die für sich selbst südlich von Edessa Gebiete aus der Landkarte geschnitten hatten. Es waren diejenigen, die die großen Steinburgen bauten, die noch heute zu den besterhaltenen Ruinen der Welt zählen, und sich darin einrichteten.

9 Anm. d. Übers.: Das heutige Şanlıurfa im gleichnamigen türkischen Landkreis.

Als die Kreuzfahrer ihre Ziele erreicht hatten und die heiligen Stätten in Besitz nahmen, waren sie auf eine sehr kleine Anzahl von Männern zusammengeschrumpft. Es ist wahrscheinlich, dass die tatsächlich kämpfenden Truppen – im Unterschied zum Tross und dem Rest, der an der Belagerung Jerusalems teilnahm – nicht mehr als 15.000 Mann zählten. Und alles hing von dieser Streitmacht ab. Weder hatte sich Syrien gründlich erholt, noch waren die Mohammedaner endgültig zurückgedrängt. Die Küste wurde mit der Unterstützung der noch größtenteils christlichen Bevölkerung gehalten, aber die Ebene von der Küste Palästinas bis zum Jordan macht nur einen schmalen Landstreifen aus. Dahinter und parallel dazu kommt eine Reihe von Hügeln, die in der Mitte des Landes zu großen Bergen werden, nämlich der Libanon und der Anti-Libanon. Dahinter wird das Land zur Wüste, und am Rande der Wüste liegt eine Kette von Ortschaften, die gewissermaßen die Häfen der Wüste sind, d. h. die Orte, an denen die Karawanen eintreffen.

Diese »Wüstenhäfen« haben sich durch den Handelsverkehr schon immer als besonders bedeutsam erwiesen und ihre Namen gehen weit vor den Beginn der Geschichtsschreibung zurück. Eine Kette von Ortschaften erstreckte sich so entlang des Wüstenrandes von Aleppo im Norden bis hinunter nach Petra im Süden des Toten Meeres. Sie wurden durch die große Karawanenroute verbunden, die bis Nordarabien reicht, und diese war zur Zeit der Kreuzzugsbewegung vornehmlich mohammedanisch. Die zentrale und reichste dieser Ortschaften war Damaskus, das große Wahrzeichen Syriens. Hätten die ersten Kreuzfahrer genügend Truppen gehabt, um Damaskus einzunehmen, dann wären ihre Bemühungen dauerhaft erfolgreich gewesen. Aber ihre Kräfte reichten dazu nicht aus, sie konnten kaum die Küste von Palästina bis hinauf zum Jordan halten – und selbst dort hielten sie sie nur mithilfe von gewaltigen Festungsbauten. Es gab zwar einen beträchtlichen Handel mit Europa, aber keine ausreichende Aushebung neuer Kräfte. Das Ergebnis war, dass das große umgebende

Meer des Mohammedanismus anfing durchzusickern und die christliche Stellung zu unterminieren. Der erste Vorbote war der Fall Edessas (Hauptstadt des nordöstlichen Reiches des Kreuzfahrerbundes, das für einen Angriff am weitesten exponiert war) weniger als ein halbes Jahrhundert nach der ersten Eroberung Jerusalems.

Es war der erste bedeutsame Rückschlag und löste große Aufregung im christlichen Westen aus. Die Könige Frankreichs und Englands machten sich mit großen Heerbannen auf den Weg, um die Stellung der Kreuzfahrer wiederherzustellen. Dieses Mal hatten sie es auf den strategischen Schlüssel des ganzen Landes abgesehen, nämlich Damaskus. Sie hatten jedoch keinen Erfolg, und als sie und ihre Männer zurücksegelten, war die Lage der Kreuzfahrer so bedrohlich wie zuvor. Noch wurde ihnen eine weitere Schonzeit von zweifelhafter Sicherheit gewährt, solange die mohammedanische Welt in verschiedene rivalisierende Gruppen gespalten war. Eines aber war sicher: Sollte jemals ein neuer Anführer auftreten, der die mohammedanische Macht in seinen Händen vereinte, wären die kleinen christlichen Garnisonen verloren.

Und genau dies geschah. Salah ad-Din – den wir Saladin nennen –, ein genialer Soldat, Sohn des ehemaligen Statthalters von Damaskus, übernahm schrittweise die Macht über die mohammedanische Welt im Nahen Osten. Er wurde Gebieter Ägyptens und Herr über all die Städte am Rande der Wüste. Als er mit seinen vereinigten Kräften zum Angriff aufmarschierte, hatten die verbliebenen christlichen Stellungen Syriens keine Siegeschance. Sie stellten ein ansehnliches Aufgebot auf, indem sie jeden verfügbaren Mann aus den Festungsgarnisonen abzogen und eine bewegliche Truppe bildeten, die versuchen sollte, die Belagerung der Burg von Tiberias am See Genezareth aufzuheben. Die christliche Armee näherte sich Tiberias und kam bis zum ansteigenden Berghang von Hattin, etwa einen Tagesmarsch entfernt, als sie von Saladin angegriffen und vernichtet wurde.

Diesem Desaster, das im Sommer 1187 geschah, folgte der Kollaps fast der gesamten christlichen militärischen Kolonie in Syrien und im Heiligen Land. Saladin nahm eine Stadt nach der anderen, nur ein oder zwei Punkte an der Meeresküste blieben für mehr als eine weitere Lebensspanne in christlichen Händen. Aber das Königreich Jerusalem, das christliche Feudalreich, das die heiligen Stätten wiedererlangt hatte und hielt, war dahin. Natürlich fiel auch Jerusalem selbst, und sein Fall hatte einen enormen Effekt auf Europa. All die großen Führer, der König von England, Richard Plantagenet, der König Frankreichs und der Kaiser befehligten gemeinsam eine große und hervorragende Armee aus hauptsächlich deutschen Truppen und zogen aus, um wiederzuerlangen, was verloren gegangen war. Aber sie scheiterten. Sie schafften es, ein oder zwei weitere Punkte an der Küste einzunehmen, aber weder nahmen sie jemals Jerusalem wieder ein, noch errichteten sie das alte christliche Königreich neu.

So endete eine Serie von drei mächtigen Duellen zwischen der Christenheit und dem Islam. Der Islam hatte gesiegt.

Wären die verbliebenen Kräfte des Kreuzfahrerheeres nach dem ersten Kriegszug etwas zahlreicher gewesen, hätten sie Damaskus und die Reihe der Städte entlang des Wüstenrandes eingenommen, dann wäre die Weltgeschichte völlig anders verlaufen. Die Welt des Islam wäre entzweigeschnitten worden, der Osten unfähig, den Westen noch zu erreichen.

Wahrscheinlich hätten die Europäer Nordafrika und Ägypten zurückerobert. Auf jeden Fall aber wäre Konstantinopel bewahrt worden und der Mohammedanismus hätte nur als eine orientalische Religion überlebt, die hinter die antiken Grenzen des Römischen Reiches zurückgedrängt worden wäre. Tatsächlich aber überlebte der Mohammedanismus nicht nur, er wurde stärker. Zwar wurde er langsam aus Spanien und den östlichen Inseln des Mittelmeeres verdrängt, aber er behauptete weiter das gesamte Nordafrika, Syrien, Palästina und Kleinasien. Von dort schritt er voran und eroberte den Balkan und Griechenland, überrannte Ungarn und drohte zwei Mal, Deutschland zu überrennen und Frankreich vom Osten her zu erreichen und unsere Zivilisation zu zerstören. Einer der Gründe für den Bruch der Christenheit während der Reformation war die Tatsache, dass der mohammedanische Druck gegen den deutschen Kaiser den deutschen Fürsten und Städten die Gelegenheit bot, sich zu empören und protestantische Kirchen in ihren Herrschaftsgebieten zu gründen.

Viele Feldzüge gegen die Türken folgten in der einen oder anderen Form, auch sie wurden Kreuzzüge genannt, und die Kreuzzugsidee setzte sich bis zum Ende des Mittelalters fort. Es gab jedoch kein Wiedererlangen Syriens und kein Zurückwerfen der Moslems.

Der erste Kreuzzug schenkte währenddessen dem abendländischen Europa so viele neue Erfahrungen, dass sich die Kultur rasant entwickelte und die prachtvolle Architektur, die hohe Philosophie und die soziale Struktur des Mittelalters entstanden. Das waren die wahren Früchte der Kreuzzüge. Sie scheiterten in ihrem eigentlichen Vorhaben, aber sie schufen das moderne Europa. Dies geschah allerdings zum Nachteil des alten Ideals der christlichen Einheit. Mit dem Wachsen der materiellen Zivilisation begannen sich die modernen Staaten zu bilden. Das Christentum hielt immer noch zusammen, aber nur noch locker. Schließlich brach der Sturm der Reformation los, die Christenheit zerbrach, die verschiedenen Staaten und Fürsten beanspruchten die Unabhängigkeit von irgendeiner gemeinsamen Kontrolle, wie sie die moralische Stellung des Papstes sichergestellt hatte, und wir glitten den Abhang hinunter, der letzten Endes im massenhaften Massaker des modernen Krieges endete, der vielleicht das Ende unserer Zivilisation darstellt. Napoleon Bonaparte brachte es sehr gut zum Ausdruck: *Jeder Krieg in Europa ist in Wirklichkeit ein Bürgerkrieg.* Es handelt sich um eine tiefe Wahrheit. Das christliche Europa ist und sollte seiner Natur gemäß eins sein. Aber es hat seine Natur vergessen, indem es seine Religion vergaß.

Das vorletzte Thema unserer Abhandlung des großen mohammedanischen Angriffs auf die katholische Kirche und die Zivilisation, die sie geschaffen hatte, ist die überraschende letzte Anstrengung und der darauffolgende prompte Verfall der politischen Macht des Mohammedanismus, kurz nachdem er seinen Zenit erreicht hatte. Das allerletzte Thema in diesem Zusammenhang, das ich als Nächstes behandeln werde, ist die sehr wichtige und komplett vernachlässigte Frage, ob die mohammedanische Macht in der modernen Welt nicht wieder neu erwachen könnte.

Wenn wir das Los des Islam nach seinem Triumph im Zurückschlagen der Kreuzfahrer und der Wiedererrichtung seiner Herrschaft über den Osten rekapitulieren, sowie seine fester werdende Umklammerung der Hälfte dessen, was einst eine vereinte gräko-romanische Christenheit war, dann entwickelte der Islam zwei komplett verschiedene und sogar kontradiktorische Geschicke: Er verlor seinen Einfluss in Westeuropa, während er in Südosteuropa wuchs.

In Spanien war er bereits auf halbem Wege von den Pyrenäen zur Straße von Gibraltar zurückgeschlagen, bevor die Kreuzzüge überhaupt begannen. Er war dazu bestimmt, in den nächsten vier bis fünf Jahrhunderten jeden Fußbreit Boden zu verlieren, den er auf der iberischen Halbinsel beherrschte, die sich heute in Spanien und Portugal teilt. Das kontinentale Westeuropa (und auch die dazugehörigen Inseln) wurden während der letzten Jahrhunderte des Mittelalters vom mohammedanischen Einfluss befreit, d. h. vom zwölften bis zum fünfzehnten Jahrhundert.

Das lag daran, dass die Mohammedaner im Westen, d. h. dem, was damals die Berberei genannt wurde und heute das französische und italienische Nordafrika sind, politisch von der großen Mehrheit der mohammedanischen Welt im Osten getrennt war. Zwischen den Berberstaaten (die wir heute Tunesien, Algerien und Marokko nennen) und Ägypten stellte die Wüste ein schwierig zu überquerendes Hindernis dar. Der

Westen war zu früheren Zeiten weniger karg, als er es heute ist, und die Italiener sind dabei, seinen Reichtum wiederzubeleben. Aber die weiten Strecken von Sand und Geröll mit sehr wenig Wasser haben diese Barriere zwischen Ägypten und dem Westen schon immer zu einer Abschreckung und zu einem Hindernis gemacht. Wichtiger noch als diese Barriere aber war die schrittweise Entfremdung der westlichen Mohammedaner Nordafrikas von der Masse der Mohammedaner im Osten. Die Religion blieb tatsächlich die gleiche, so auch die gesellschaftlichen Gewohnheiten und der gesamte Rest. Der Mohammedanismus in Nordafrika verblieb in einer Welt mit dem Mohammedanismus in Syrien, Asien und Ägypten, genauso wie die christliche Zivilisation im Westen Europas für lange Zeit Teil einer gemeinsamen Welt mit der christlichen Zivilisation Mitteleuropas und sogar Osteuropas blieb. Aber die Distanz und die Tatsache, dass die östlichen Mohammedaner ihnen nie ausreichend zu Hilfe kamen, führte dazu, dass sich die westlichen Mohammedaner Nordafrikas und Spaniens als etwas von ihren östlichen Brüdern politisch Getrenntes empfanden.

Dazu müssen wir noch den Faktor der *Distanz* und ihren Effekt auf die Seemacht in jenen Tagen und in jenen Gewässern hinzurechnen. Das Mittelmeer ist mehr als zweitausend Meilen lang. Die einzige Periode, in der unter mittelalterlichen Bedingungen auf seinen Wassern effektiv gekämpft werden konnte, war der späte Frühling, der Sommer und der frühe Herbst. Und genau in diesen fünf Monaten des Jahres, in denen allein man das Mittelmeer für größere Feldzüge nutzen konnte, sind offensive Militäroperationen durch lange Flauten beeinträchtigt. Es stimmt zwar, dass den Verhältnissen mit dem Gebrauch von vielrudrigen Galeeren entgegengewirkt wurde, damit die Flotten so wenig wie möglich vom Wind abhängig waren, aber dennoch machte eine Distanz dieser Größe eine vereinte Militäraktion schwierig.

Deshalb verloren die Mohammedaner Nordafrikas ohne die Seeunterstützung, den Reichtum und die zahlenmäßige Stärke ihrer Brüder aus den Häfen Kleinasiens, Syriens und den

Nilmündungen schrittweise ihre Kontrolle über die maritime Kommunikation. Sie verloren schließlich die westlichen Inseln Sizilien, Korsika und Sardinien, die Balearen und selbst Malta im gleichen Moment, als sie die östlichen Inseln der Ägäis triumphierend eroberten. Die einzige Form von Seemacht, die den Mohammedanern im Westen blieb, war die aktive Piraterie der algerischen Seefahrer, die aus der Lagune Tunesiens und der halbgeschützten Bucht Algiers operierten. (Das Wort »Algier« stammt vom arabischen Wort für »Inseln«. Vor der französischen Eroberung vor einhundert Jahren gab es keinen ordentlichen Hafen, aber einen Ankerplatz, der zum Teil durch eine Kette von Felsen und Inselchen geschützt wurde).

Diese Piraten blieben bis zum siebzehnten Jahrhundert eine Gefahr. Es ist interessant zu bemerken, dass z. B der mohammedanische Gebetsruf zu Lebzeiten Oliver Cromwells[10] an den Küsten Südirlands zu hören war, denn die algerischen Piraten erreichten mit ihren schnellen Booten nicht nur das westliche Mittelmeer, sondern gelangten entlang der Atlantikküsten von der Straße von Gibraltar bis zum englischen Kanal. Sie waren nicht mehr zu einer Eroberung fähig, aber sie konnten plündern und Gefangene nehmen, die sie für Lösegeld als Geiseln hielten.

Während die Mohammedaner auf der westlichen Seite Europas nach Afrika zurückgeschlagen wurden, geschah auf der *östlichen* Seite das genaue Gegenteil. Nachdem die Kreuzzüge gescheitert waren, setzten sich die Mohammedaner in Kleinasien fest und begannen das lange Einhämmern auf Konstantinopel, das schließlich erfolgreich war. Konstantinopel war bei weitem die reichste und größte Hauptstadt der antiken Welt. Es war das alte Zentrum der griechischen und römischen Zivilisation und wurde selbst dann noch, als es die gesamte unmittelbare politische Gewalt über Italien und noch mehr über Frankreich verloren hatte, als eindrucksvolles Denkmal der römischen

10 Anm. d. Übers.: Oliver Cromwell (1599-1658) war zu Zeiten der kurzlebigen englischen Republik Lordprotektor von England, Schottland und Irland.

Vergangenheit geehrt. Der Kaiser von Konstantinopel war der direkte Erbe der Cäsaren. Auf der militärischen Seite war diese sehr starke Stadt gestützt durch die große Masse an Tributen und durch eine eingespielte, hochdisziplinierte Armee, das Bollwerk der Christenheit. So lange Konstantinopel als christliche Stadt stand und die Messe in der Hagia Sophia gelesen wurde, blieben die Tore Europas für den Islam verschlossen. Die Stadt fiel in der gleichen Generation, die die Vertreibung der letzten mohammedanischen Herrschaft aus Südspanien sah. Männer, die als Erwachsene mit den siegreichen Armeen Isabellas der Katholischen in Granada einmarschierten, konnten sich daran erinnern, wie sie in früher Kindheit von der furchtbaren Neuigkeit erfuhren, dass Konstantinopel selbst an den Feind der Kirche gefallen war.

Der Fall Konstantinopels am Ende des Mittelalters (1453) war nur der Anfang weiterer mohammedanischer Vormärsche. Der Islam fegte über den gesamten Balkan, nahm die gesamten östlichen Mittelmeerinseln ein, Kreta und Rhodos und den Rest; er besetzte Griechenland komplett; er stieß das Donautal hinauf und nordwärts in die großen Ebenen; er zerstörte das alte Königreich Ungarn in der verheerenden Schlacht bei Mohács und letzten Endes, im ersten Drittel des sechzehnten Jahrhunderts, gerade als der Sturm der Reformation losbrach, bedrohte der Islam Europa aus nächster Nähe und setzte das Herz des Reiches unter Druck: Wien.

Es wird im Allgemeinen nicht gewürdigt, wie der Erfolg Luthers religiöser Revolution gegen den Katholizismus in Deutschland durch den mohammedanischen Druck aus dem Osten bedingt war, der die Zentralgewalt der deutschen Kaiser lähmte. Der Kaiser musste mit den Führern der religiösen Revolution Kompromisse eingehen und versuchen, eine Art heiklen Frieden zwischen den unvereinbaren Ansprüchen der katholischen Autorität und der protestantischen Religionstheorie herzustellen, um dem Feind vor seinen Toren zu begegnen, einem Feind, der schon Ungarn gestürzt hatte und genauso gut ganz Süddeutschland stürzen und bis zum Rhein gelangen könnte. Hätte der Islam dies während des Chaos des gewaltsamen Zwiespalts unter den Deutschen nach der Reformation vollbracht, dann wäre unsere Zivilisation genauso wirksam zerstört worden, wie sie durch das erste Vorpreschen der Mohammedaner in Spanien acht Jahrhunderte früher beinahe zerstört worden wäre, wäre er nicht im Zentrum Frankreichs aufgehalten und zurückgeschlagen worden.

Dieser heftige mohammedanische Druck vom Osten auf die Christenheit versuchte den Erfolg zur See wie an Land. Die letzte große Welle mongolischer Soldateska, also die letzte große türkische Organisation, die jetzt aus der eroberten Hauptstadt Konstantinopel wirkte, versuchte, die Adria zu überqueren, um Italien von der See aus anzugreifen und letztlich alle verlorenen Gebiete im westlichen Mittelmeer zurückzugewinnen.

Es gab einen kritischen Moment, in dem es so aussah, als würde dieser Plan aufgehen. Eine gewaltige mohammedanische Armada kämpfte an der Mündung des Golfes von Korinth gegen die christliche Flotte bei Lepanto. Die Christen waren in dieser Seeschlacht siegreich und das westliche Mittelmeer gerettet. Es war jedoch eine knappe Angelegenheit, und der Name Lepanto sollte allen Menschen mit einem Sinn für die Geschichte als einer von einem halben Dutzend großer Namen der christlichen Weltgeschichte im Gedächtnis bleiben. Es war ein würdiges Motiv für das vorzüglichste Schlachtengedicht unserer Zeiten, »Die Ballade von Lepanto« von Gilbert Chesterton seligen Angedenkens. Wir sind es heute gewohnt, die mohammedanische Welt als etwas Zurückgebliebenes und Stagnierendes zu betrachten, zumindest was das Materielle betrifft. Wir können uns keine große Mohammedanerflotte aus modernen Panzerschiffen und U-Booten vorstellen, oder eine große Mohammedanerarmee voll ausgerüstet mit moderner Artillerie, Flugzeugen und dergleichen. Aber es ist noch nicht so lange her, *weniger als einhundert Jahre vor der amerikanischen Unabhängigkeitserklärung*, dass die mohammedanische Regierung in Konstantinopel in jeder Hinsicht über die bessere Artillerie und die bessere Armeeausrüstung verfügte als wir Christen im Westen. Den letzten Versuch, den sie unternahmen, um die Christenheit zu zerstören, geschah gleichzeitig mit dem Ende der Regierung Karls II. in England und der seines Bruders Jakob und der des Usurpators Wilhelm III. Er scheiterte in den letzten Jahren des siebzehnten Jahrhunderts, vor gerade einmal zweihundert Jahren. Wien, wie wir gesehen haben, wurde beinahe eingenommen und nur durch die christliche Armee unter dem Kommando des Königs von Polen an dem Tag gerettet, der einer der berühmtesten der Geschichte sein sollte – der 11. September 1683. Aber die Bedrohung blieb, der Islam war immer noch ungemein mächtig und nur einige Tagesmärsche von Österreich entfernt.

Erst nach dem großen Sieg Prinz Eugens bei Zenta 1697 und der Eroberung Belgrads wendete sich wahrhaft das Blatt – und zu dieser Zeit sind wir schon am Ende des siebzehnten Jahrhunderts.

Man muss sich vor Augen führen, dass die Generation Dekan Swifts, die Menschen, die den Hof Ludwigs XVI. im Alter sahen, die die Einfuhr der Hannoveraner als Marionettenkönige Englands durch die dominierende vermögende Klasse sahen, die die augenscheinliche Auslöschung der irischen Freiheit nach dem Scheitern der Kampagne Jakobs II. am Boyne und seine spätere Kapitulation zu Limerick sahen – die ganze Lebensspanne, die sich mit dem Ende des siebzehnten und dem Beginn des achtzehnten Jahrhunderts überschneidet –, vom lebendigen Gedächtnis an eine mohammedanische Bedrohung bestimmt wurde. Diese Bedrohung hatte schon einmal beinahe Erfolg gehabt und könnte sich allem Anschein nach in der nahen Zukunft wiederholen. Die Europäer dieser Zeit dachten über den Mohammedanismus so, wie wir heute über Bolschewismus denken oder wie die Weißen in Asien heute die japanische Macht betrachten.

Was dann geschah, kam ganz unerwartet: Die mohammedanische Macht zerbröckelte im materiellen Bereich. Die

Mohammedaner verloren die Fähigkeit, erfolgreich mit den Christen in der Herstellung derjenigen Instrumente zu konkurrieren, die die Herrschaft sicherstellen: Rüstung, Kommunikationsmethoden und alles Weitere. Statt voranzuschreiten, machten sie sogar Rückschritte. Ihre Artillerie wurde viel schlechter als die unsrige. Während wir vom Meer immer besseren Gebrauch machten, taten sie es immer weniger, bis sie gar keine Schiffe erster Garnitur mehr hatten, mit denen sie Seegefechte führen konnten.

Das achtzehnte Jahrhundert ist in materiellen Belangen eine Geschichte des sukzessiven Zurückfallens im Wettlauf gegen die Europäer.

Als die gigantische Revolution in menschlichen Belangen durch die Erfindung der modernen Maschinen in England anfing und sich langsam auf ganz Europa ausbreitete, zeigte sich die mohammedanische Welt unfähig, daraus einen Vorteil zu ziehen. Während der Napoleonischen Kriege scheiterte der Islam trotz englischer Unterstützung vollkommen darin, den französischen Armeen in Ägypten zu begegnen. Ihr letzter Versuch führte zur kompletten Niederlage in der Schlacht bei Abukir.

Während des gesamten neunzehnten Jahrhunderts setzte sich diese Entwicklung fort. In Konsequenz wurde das mohammedanische Nordafrika schrittweise europäischer Kontrolle unterworfen. Als letzter von europäischen Mächten unabhängiger Teil der islamischen Welt ging Marokko verloren. Ägypten fiel unter die Kontrolle Englands. Lange davor wurden Griechenland und die Balkanländer befreit. Vor einer halben Lebenszeit wurde es überall für selbstverständlich gehalten, dass die letzten Relikte mohammedanischer Herrschaft bald aus Europa verschwinden würden. England stützte sie und bewahrte Konstantinopel davor, 1877-78 von den Russen eingenommen zu werden, aber es schien nur eine Frage von wenigen Jahren zu sein, bis die Türken gänzlich verschwunden wären. Jedermann wartete auf das Ende des Islam, zumindest auf dieser Seite des Bosporus; währenddessen verlor er in Syrien, Kleinasien und Mesopotamien jegliche politische und militärische Stärke. Nach dem Großen Krieg wurden selbst im Nahen Osten die Überbleibsel der mohammedanischen Macht nur durch die heftigen Auseinandersetzungen unter den Alliierten erhalten.

Sogar Syrien und Palästina wurden zwischen Frankreich und England aufgeteilt. Mesopotamien fiel unter die Kontrolle Englands. Von der islamischen Macht drohte keine Gefahr mehr, auch wenn sie sich noch in Kleinasien verschanzt hatte und eine Art unsicheren Besitz des gänzlich verfallenen Konstantinopels behielt. Das Mittelmeer war verloren, jeder Fußbreit europäischen Besitztums war verloren, die volle Kontrolle über das afrikanische Territorium war verloren und das große Duell zwischen dem Islam und der Christenheit schien letztlich zu unseren Lebzeiten entschieden worden zu sein.

Was war der Grund für diesen Zusammenbruch? Ich habe noch nie eine Antwort auf diese Frage gehört. Es gab keine moralische Auflösung von innen, keinen intellektuellen Zusammenbruch. Sie werden feststellen, dass der ägyptische oder syrische Student von heute, sollten Sie mit ihm über irgendein philosophisches oder wissenschaftliches Thema sprechen, das er studiert hat, jedem Europäer ebenbürtig ist. Da der Islam die Naturwissenschaften auf keine seiner Probleme in der Rüstung oder Kommunikation anwendet, scheint er aufgehört zu haben, ein Teil unserer Welt zu sein und ist fraglos hinter sie zurückgefallen. Von jedem Dutzend Mohammedaner in der Welt von heute sind elf tatsächlich oder mittelbar Untertanen einer abendländischen Macht. Ich wiederhole: Es scheint so, als wäre das große Duell nun entschieden.

Können wir aber sicher sein, dass das Duell entschieden ist? Ich bezweifle das sehr stark. Mir schien es immer möglich und sogar wahrscheinlich, dass es eine Auferstehung des Islam geben könnte und unsere Söhne oder unsere Enkel die Erneuerung dieses gewaltigen Kampfes zwischen der christlichen Kultur und derjenigen sehen könnten, die für mehr als tausend Jahre ihr größter Widersacher gewesen ist.

Warum gewisse Beobachter und Reisende wie ich selbst zu dieser Überzeugung kamen, werde ich jetzt behandeln. Tatsächlich handelt es sich um eine lebenswichtige Frage: »Könnte der Islam nicht wiederauferstehen?«

In einem gewissen Sinne wurde die Frage bereits beantwortet, denn der Islam ist nie verschwunden. Er verfügt immer noch über die unerschütterliche Loyalität und unhinterfragte Anhängerschaft all der Millionen zwischen dem Atlantik und dem Indus und weiter draußen in den verstreuten Gemeinschaften des Fernen Ostens. Aber ich stelle die Frage in diesem Sinne: »Wird nicht vielleicht die weltliche Macht des Islam zurückkehren und mit ihr die Bedrohung einer bewaffneten mohammedanischen Welt, die die Herrschaft der Europäer – noch nominell christlich – abschüttelt und wieder als der wesentlichste Feind unserer Zivilisation in Erscheinung tritt?« Die Zukunft ist immer eine Überraschung, aber die politische Weisheit besteht darin, zumindest zu einer Teilschlussfolgerung darüber zu gelangen, worin diese Überraschung wohl bestehen mag. Und ich für meinen Teil kann nicht anders als zu glauben, dass das wichtigste unerwartete Ereignis der Zukunft die Rückkehr des Islam sein wird. Da Religion an der Wurzel aller politischen Bewegungen und Veränderungen liegt und wir hier eine sehr große Religion vor uns haben, die physisch gelähmt, aber moralisch sehr lebendig ist, befinden wir uns gegenwärtig in einem labilen Gleichgewicht, das nicht permanent labil bleiben kann. Lassen Sie uns diesen Standpunkt nun untersuchen. Ich habe auf diesen Seiten geschrieben, dass die eigentümliche Qualität des Mohammedanismus als Häresie seine Vitalität ist. Als einzige der großen Häresien schlug sie permanente Wurzeln, entwickelte ein eigenständiges Leben und letztendlich so etwas wie eine neue Religion. Diese Tatsache ist so wahr, dass sich heute nur wenige dessen entsinnen, selbst unter den in der Geschichte hochgeschulten, dass der Mohammedanismus in seinem Ursprung im Wesentlichen *keine* neue Religion war, sondern eine *Häresie*.

Wie alle Häresien lebte der Mohammedanismus gemäß den katholischen Wahrheiten, die er beibehielt. Sein Bestehen auf der persönlichen Unsterblichkeit, auf der Einheit und unendlichen Majestät Gottes, auf seiner Gerechtigkeit und Barmherzigkeit, sein Bestehen auf der Gleichheit der menschlichen Seele vor dem Angesicht ihres Schöpfers – dies sind seine Stärken.

Aber er überlebte aus anderen Gründen als diesen; all die anderen großen Häresien hatten ebenfalls ihre Wahrheiten wie auch ihre Unwahrheiten und Launen, und doch starben sie eine nach der anderen aus. Die katholische Kirche sah sie dahinscheiden, und obgleich ihre üblen Konsequenzen weiterleben, die Häresien selbst sind tot.

Die Stärke des Calvinismus lag in den Wahrheiten, die er betonte: die Allmacht Gottes, die Abhängigkeit und Unzulänglichkeit des Menschen. Aber sein Irrtum, der in der Negation des freien Willens bestand, tötete ihn auch. Denn die Menschen konnten eine so monströse Verleugnung des gesunden Menschenverstandes und der alltäglichen Erfahrung nicht dauerhaft akzeptieren. Der Arianismus lebte durch die Wahrheit, die in ihm steckte, nämlich die Tatsache, dass der Verstand die gegensätzlichen Aspekte eines großen Mysteriums – das der Inkarnation – nicht direkt in Einklang bringen konnte. Aber der Arianismus starb, weil er dieser Wahrheit etwas Falsches beigab, nämlich dass der scheinbare Widerspruch dadurch gelöst werden könnte, indem die vollkommene Gottheit unseres Herrn geleugnet wurde.

Und so geht es weiter, was die übrigen Häresien betrifft. Aber der Mohammedanismus gedieh fortwährend, obwohl er Irrtümer Seite an Seite mit großen Wahrheiten beinhaltete, *und als Lehrgefüge tut er es noch heute*, obgleich dreizehnhundert Jahre nach seinen ersten großen Siegen in Syrien vergingen. Die Gründe dieser Vitalität sind sehr schwer zu ergründen und können vielleicht nicht nachvollzogen werden. Was mich betrifft, so schreibe ich es zum Teil der Tatsache zu, dass der Mohammedanismus eine Sache von außen war, eine Häresie, die nicht im Leib der christlichen Gemeinschaft entstand, sondern außerhalb seiner Grenzen. Er besaß immer ein Reservoir an Menschen, Neuankömmlinge, die hineinströmten, um seine Kräfte zu erneuern. Aber das kann keine volle Erklärung sein; vielleicht wäre der Mohammedanismus ohne die sukzessiven Rekrutierungswellen aus der Wüste und Asien gestorben. Vielleicht wäre er gestorben, wenn das Kalifat zu Bagdad allein gelassen worden wäre und wenn es den Mauren im Westen nicht möglich gewesen wäre, auf kontinuierliches Menschenmaterial aus dem Süden zurückzugreifen.

Was auch immer der Grund sein mag, der Mohammedanismus hat überlebt, und er hat kraftvoll überlebt. Missionierungsbestrebungen hatten auf ihn keinen spürbaren Erfolg. Immer noch konvertiert er heidnische Wilde in Scharen. Von Zeit zu Zeit zieht er sogar den ein oder anderen europäischen Exzentriker an, der sich ihm anschließt. *Aber der Mohammedaner wird niemals zum Katholiken.* Kein Bruchstück des Islam verlässt jemals sein heiliges Buch, seinen Moralkodex, sein organisiertes Gebetssystem, seine einfache Lehre.

In Anbetracht dessen muss sich jeder mit Geschichtskenntnis fragen, ob wir nicht in der Zukunft eine Wiederbelebung der politischen Macht des Mohammedanismus erleben werden, sowie die Erneuerung des alten Drucks des Islam auf die Christenheit.

Wir haben gesehen, wie die materielle politische Macht des Islam während des achtzehnten und neunzehnten Jahrhunderts sehr schnell verfiel. Wir haben gerade die Geschichte dieses Verfalls nachgezeichnet. Als Süleyman der Prächtige Wien belagerte, hatte er die bessere Artillerie, die stärkeren Kräfte und war seinen Gegnern in jeder Hinsicht weit voraus. Der Islam war der Christenheit im Feld materiell überlegen – zumindest in der Kampfkraft und bei den Waffen. Das traf auch noch in den ersten Jahren des achtzehnten Jahrhunderts zu. Dann kam der unerklärliche Fall. Die Religion verfiel nicht, aber seine politische Macht sank erstaunlich und mit ihr seine materielle Macht, insbesondere im Bereich der Bewaffnung. Als Dr. Johnsons[11] Vater, der Buchverkäufer, sich geschäftlich in Lichfield niederließ, wurde der Großtürke[12] noch als möglicher Eroberer Europas gefürchtet. Aber noch bevor Dr. Johnson starb, konnte keine türkische Flotte oder Armee den Westen mehr beunruhigen. Nicht eine Lebensspanne später wurden die Mohammedaner in Nordafrika den Franzosen untertan, und diejenigen, die damals junge Männer waren, sahen fast das gesamte mohammedanische Territorium (abgesehen von einem verrottenden, von Konstantinopel aus regiertem Fragment) durch die französische und britische Regierung fest unterworfen.

Da die Dinge so liegen, erscheint das Wiederaufflackern des Islam, die Möglichkeit, dass dieser Terror wiederauftaucht, unter dem wir für Jahrhunderte lebten und dass unsere Zivilisation wieder um ihr Leben kämpfen muss gegen das, was für eintausend Jahre deren Hauptfeind war, abwegig zu sein. Wer in der mohammedanischen Welt kann heute die komplizierten Instrumente des modernen Krieges herstellen und warten? Wo ist die politische Maschinerie, durch die die Religion des Islam einen ebenbürtigen Part in der modernen Welt spielen kann?

Ich behaupte, dass der Hinweis auf ein Wiederauferstehen des Islam abstrus klingt – aber nur deshalb, weil die Menschen immer von der unmittelbaren Vergangenheit mächtig beeinflusst sind. Man könnte sagen, dass sie davon geblendet werden.

Kulturen entspringen den Religionen. Letztlich besteht die Lebenskraft, die jedwede Kultur erhält, in ihrer Philosophie, ihrer Haltung gegenüber dem Universum. Der Verfall einer Religion schließt den Verfall ihrer korrespondieren Kultur mit ein, was wir am klarsten am heutigen Zusammenbruch der Christenheit sehen. Das schlechte Werk, das in der Reformation begonnen wurde, trägt seine letzte Frucht in der Auflösung unserer angestammten Lehren. Die eigentliche Substanz unserer Gesellschaft löst sich auf.

---

11 Anm. d. Übers.: Gemeint ist der englische Gelehrte Dr. Samuel Johnson (1709-1784).

12 Anm. d. Übers.: Der Sultan des Osmanischen Reiches.

Anstelle des alten christlichen Eifers in Europa trat eine Zeitlang der Eifer für die Nationalität, die Religion des Patriotismus. Aber Selbstanbetung allein genügt nicht, und die Kräfte, die die Zerstörung unserer Kultur anstreben, insbesondere die jüdisch-kommunistische Propaganda aus Moskau, haben eine sicherere Zukunft vor sich als unser altmodischer Patriotismus.

Im Islam gab es keine derartige Auflösung der angestammten Lehre, beziehungsweise nichts mit dem Zusammenbruch der Religion in Europa Vergleichbares. Die gesamte spirituelle Stärke des Islam ist immer noch präsent in den Massen von Syrien und Anatolien, in den östlichen Bergen Arabiens, in Arabien, Ägypten und Nordafrika.

Die letzte Frucht dieser Hartnäckigkeit, die zweite Phase der islamischen Macht, mag verspätet sein, aber ich bezweifle, dass sie auf immer aufgeschoben werden kann.

Es gibt nichts an der mohammedanischen Zivilisation selbst, was der Entwicklung wissenschaftlichen Fortschritts oder der mechanischen Begabung feindlich wäre. Ich habe gesehen, wie vorzüglich mohammedanische Artilleristen mit ihrer Waffe umgehen konnten. Einige der besten Kenntnisse im Fahren und in der Instandhaltung des mechanischen Straßentransports, die ich je gesehen habe, wurden von Mohammedanern ausgeübt. Dem Mohammedanismus ist nichts inhärent, das ihn der modernen Wissenschaft und der modernen Kriegsführung unfähig machen würde. Die Sache ist tatsächlich nicht diskussionswürdig. Sie sollte jedem einleuchtend sein, der die mohammedanische Kultur in Aktion gesehen hat. Diese Kultur ist nun einmal im Bereich der materiellen Anwendungen zurückgefallen. Aber es gibt keinen einzigen Grund, warum sie ihre Lektion nicht gelernt haben sollte und uns in allen diesen zeitlichen Dingen, die uns nun *allein* unsere Überlegenheit verschaffen, ebenbürtig werden sollte, während wir ihr *im Glauben* unterlegen sind.

Personen, die das infrage stellen, mögen durch eine Anzahl falscher Annahmen aus der unmittelbaren Vergangenheit getäuscht werden. Zum Beispiel war es eine verbreitete Aussage im neunzehnten Jahrhundert, dass der Mohammedanismus seine politische Macht durch seine Lehre vom Fatalismus verloren habe. Aber diese Lehre war in voller Stärke, als die mohammedanische Macht auf ihrer Höhe war. Abgesehen davon ist der Mohammedanismus nicht fatalistischer als der Calvinismus; die beiden Häresien gleichen sich genau in ihrer übertriebenen Betonung der Unveränderlichkeit der göttlichen Dekrete.

Es gab eine weitere, intelligentere Annahme, die im neunzehnten Jahrhundert aufgestellt wurde, nämlich die, dass der Fall des Islam aus seiner verheerenden Gewohnheit andauernder innerer Teilungen stamme: die Aufspaltung und Unbeständigkeit der politischen Autorität unter den Mohammedanern. Unter dieser Schwäche litten die Mohammedaner jedoch schon von Anbeginn, sie wohnt dem Wesen des arabischen Naturells selbst inne, von dem sie entstammen. Immer und immer wieder hat ihr Individualismus, ihre spalterische Tendenz sie entscheidend geschwächt. Und doch haben sie sich immer und immer wieder plötzlich unter einem Führer vereinigt und die größten Dinge vollbracht.

Nun ist es hinreichend wahrscheinlich, dass auf diese Art – also durch die Einheit unter einem Führer – die Rückkehr des Islam möglich wäre. Bislang gibt es noch keinen Führer, aber der Feuereifer bringt vielleicht einen herbei und in den Sternen der Politik gibt es heute genügend Vorzeichen dafür, dass wir womöglich eine Erhebung des Islam an einem kommenden Tag – in vielleicht nicht allzu ferner Zukunft – erwarten können.

Nach dem Großen Krieg wurde die türkische Macht plötzlich von einem solchen Mann wiederhergestellt. Ein anderer derartiger Mann in Arabien behauptete sich selbst in gleicher Plötzlichkeit und machte alle Pläne für die Eingliederung dieses Teils der mohammedanischen Welt in die englische Sphäre zunichte. Syrien, das Bindeglied, ist auf der Landkarte zwischen einem englischen und einem französischen Mandat aufgeteilt. Aber die beiden Mächte intrigieren gegeneinander und werden gleichermaßen von ihren mohammedanischen Untertanen verachtet, die nur gerade so durch Gewalt unterdrückt werden können. Unter dem französischen Mandat gab es schon mehr als einmal Blutvergießen, und es wird abermals geschehen,[13] während die Erzwingung einer fremden jüdischen Kolonie in Palästina unter dem englischen Mandat die schon bestehende Animosität der eingeborenen arabischen Bevölkerung in Weißglut verwandelt hat. Währenddessen ist eine allgegenwärtige bolschewistische Untergrundpropaganda in ganz Syrien und Nordafrika gegen die Herrschaft der Europäer über die ursprüngliche, mohammedanische Bevölkerung fortwährend am Werk.

Zuletzt gibt es einen weiteren Punkt, der beachtet werden will: die Anhänglichkeit (soweit vorhanden) der mohammedanischen Welt in Indien gegenüber der englischen Herrschaft liegt hauptsächlich in der Kluft zwischen der mohammedanischen und hinduistischen Religion begründet.

Jeder Schritt hin zu einer größeren politischen Unabhängigkeit jedweder Partei stärkt das mohammedanische Verlangen nach einer Erneuerung ihrer Macht. Der indische Mohammedaner wird immer mehr dazu neigen, zu sagen: »Wenn ich mich um meine eigenen Angelegenheiten kümmern muss und nicht weiter bevorzugt werde, wie es in der Vergangenheit durch die fremdländischen europäischen Herren in Indien – das ich einst beherrschte – geschah, dann werde ich mich auf das Wiedererstarken des Islam verlassen.« Aus all diesen Gründen (und viele weitere könnten womöglich noch angeführt werden) werden vorausschauende Menschen dies befürchten oder zumindest erwarten: die Rückkehr des Islam.

Es scheint so, als ob den großen Häresien eine Wirkung gemäß der zeitlichen Einordnung ihres Auftretens in der Geschichte der Christenheit gewährt würde.

---

13 Geschrieben im März 1936.

Die früheren anti-inkarnatorischen Häresien ließen kein bleibendes Relikt ihrer Präsenz zurück. Der Arianismus wurde für einen Augenblick im allgemeinen Chaos der Reformation neu belebt. Allerlei Gelehrte, einschließlich Milton[14] in England und vermutlich Bruno in Italien und eine ganze Gruppe Franzosen brachten im sechzehnten und siebzehnten Jahrhundert Lehren hervor, die versuchten, einen modifizierten Materialismus und eine Verleugnung der Dreifaltigkeit mit einigen Aspekten der christlichen Religion zu vereinen. Miltons Bemühungen waren besonders auffällig. Die offizielle englische Geschichtsschreibung hat sie natürlich, so weit wie möglich, mit der üblichen Methode der Verdrehung versucht zu unterdrücken. Die englischen Historiker leugnen Miltons Materialismus nicht einmal. Erst vor kurzem haben einige englische Autoren einen langen Diskurs über seine Ablehnung der vollkommenen Gottheit unseres Herrn geführt. Aber diese Unterdrückungsbemühungen werden zusammenbrechen, denn man kann nicht für immer etwas so wichtiges wie Miltons Angriff verheimlichen, der sich nicht nur gegen die Inkarnation, sondern auch gegen die Schöpfung und die Omnipotenz des allmächtigen Gottes richtet.

Aber darüber werde ich später sprechen, wenn ich zur protestantischen Bewegung komme. Es bleibt im Allgemeinen wahr, dass die frühen Häresien nicht nur ausstarben, sondern auch kein bleibendes Denkmal ihrer Handlungen in der europäischen Gesellschaft hinterließen. Der Mohammedanismus aber, der so viel später als der Arianismus aufkam, so wie der Arianismus später war als die Apostel, hat eine profunde Wirkung auf die politische Struktur Europas und auf seine Sprache hinterlassen, in einem gewissen Maß sogar in der Wissenschaft.

Politisch hat er die Unabhängigkeit des Östlichen Reiches zerstört, und obwohl verschiedene Fragmente, einige von ih-

14 Anm. d. Übers.: John Milton (1608-1674) war ein englischer Dichter, Aufklärer und Staatsbediensteter unter Oliver Cromwell. Sein Einfluss in der angelsächsischen Literatur und Kultur ist bis heute spürbar.

nen in einer verstümmelten Art, überlebten, so ist die Herrlichkeit und Einheit der byzantischen Herrschaft für immer unter den Angriffen des Islam verschwunden.

Das russische Zarentum übernahm seltsamerweise ein verstümmeltes Erbe von Byzanz, es war jedoch ein sehr müder Abglanz der alten griechischen Pracht. Die Wahrheit ist, dass der Islam den Osten unserer Zivilisation derart permanent verwundet hat, dass das Barbarentum zum Teil zurückgekehrt ist. In Nordafrika war seine Wirkung fast absolut und bleibt es bis zum heutigen Tage. Europa war ziemlich unfähig, sich dort neu zu behaupten. Die alte griechische Tradition ist aus dem Nildelta und aus dem gesamten Niltal vollkommen verschwunden, wenn man nicht Alexandrien mit seiner hauptsächlich europäischen Zivilisation, der italienischen und französischen, als eine Art Relikt dessen bezeichnet. Aber darüber hinaus scheiterte die alte Ordnung bis hin zum Atlantik scheinbar für immer. Die Franzosen, die die Verwaltung der Berberei übernahmen und dort eine beträchtliche Gruppe ihrer eigenen Kolonisten, Spanier und Italiener ansiedelten, haben die Grundstrukturen der nordafrikanischen Gesellschaft gänzlich mohammedanisch belassen. Es gibt kein Anzeichen dafür, dass sich daran etwas ändert.

Es steht noch zur Debatte, in welchem Maß der Islam Einfluss auf unsere Wissenschaft und auf unsere Philosophie hatte. Die Auswirkungen wurden natürlich übertrieben, da die Übertreibung eine Form des Angriffs auf den Katholizismus war. Der größte Teil dessen, was die Autoren auf der islamischen Seite, Autoren der arabischen Sprache, die sich entweder zur gesamten Lehre des Islam oder einer häretischen Form davon bekannten (manchmal zu einer fast atheistischen), über die Mathematik, die Naturwissenschaften und die Geographie schrieben, stammte aus der griechischen und römischen Zivilisation, die der Islam unterworfen hatte. Es stimmt, dass der Islam durch jene Autoren einen großen Teil der Fortschritte in den genannten Wissensbereichen weitergab, die die gräko-romanische Zivilisation gemacht hatte.

Während des Dunklen Zeitalters und sogar im frühen Mittelalter, zumindest jedoch im sehr frühen Mittelalter, verwahrten die Mohammedaner den größten Teil der akademischen Lehre. Wir mussten uns für unsere eigene Unterweisung an sie wenden.

Die Wirkung des Mohammedanismus auf die christliche Sprache ist, obgleich natürlich eine oberflächliche Angelegenheit, bemerkenswert. Wir finden hier eine ganze Reihe von Wörtern, einschließlich so geläufiger wie »Algebra«, »Alkohol«, »Admiral« usw. Wir finden sie in den Begriffen der Heraldik und in zahlreichen Ortsnamen. Es ist wahrhaft erstaunlich, wie Ortsnamen römischer und griechischer Herkunft durch ganz anderslautende semitische Begriffe ersetzt wurden. Die Hälfte der Flüsse Spaniens, insbesondere im Süden des Landes, enthält den Begriff »wadi«. Es ist interessant zu bemerken, wie tief in der westlichen Hemisphäre »Guadalupe« eine Form dieses arabischen Begriffes aus der Extremadura bewahrt.

Die Städte Nordafrikas und gleichfalls die Dörfer wurden in der Regel neu benannt. Die Namen der berühmtesten, Karthago und Caesarea z. B., verschwanden. Andere wie »Algier« tauchten spontan auf, ein Name, der aus dem Arabischen für »die Inseln« stammt: Die alte Anlegestelle von Algier schuldet ihren unvollkommenen Schutz einer Reihe von felsigen kleinen Inseln, die parallel zur Küste liegen.

Die ganze Geschichte dieses Austausches der ursprünglichen Namen von Städten und Flüssen gegen semitische Versionen ist eines der wertvollsten Beispiele, das wir für die Entkopplung von Sprache und Rasse haben. Die Rasse in Nordafrika von Libyen westwärts stellt sich weitgehend so dar, wie sie schon vom Anbeginn der Geschichtsschreibung war. Es ist die Berberrasse. Und doch überlebte die Berbersprache nur in wenigen Hügelgebieten und in Wüstenstämmen. Das Punische, das Griechische, das Lateinische, die Umgangssprache von Tripolis (ein erhalten gebliebener griechischer Name, nebenbei bemerkt), Tunis und der ganzen Berberei sind gänzlich verschwunden. Solch ein Beispiel sollte den akademischen Theoretikern zu denken geben, die von den Engländern als »Angelsachsen« sprechen und aufgrund der Ortsnamen behaupten, dass die Engländer in kleinen Booten aus Norddeutschland und Dänemark kamen, jedermann östlich von Cornwall auslöschten und durch ihre eigenen Gemeinschaften ersetzten. Und doch überlebt eine beachtliche Menge dieser Phantasien, am stärksten natürlich in Oxford und Cambridge.

KAPITEL IV

Der albigensische Angriff

Als das Mittelalter gerade auf seine herrlichste Epoche zuging, nämlich das großartige dreizehnte Jahrhundert, das man gleichsam als »Herz des Mittelalters« bezeichnen kann, erhob sich ein einzigartiger und mächtiger Angriff auf die katholische Kirche und die gesamte von ihr hervorgebrachte Kultur. Dieser wurde jedoch im gleichen Zeitraum vollständig zurückgeschlagen.

Es war ein Angriff nicht nur auf die Religion, die unsere Zivilisation ausmachte, sondern auch auf diese Zivilisation selbst. Sein in der Geschichtsschreibung gebräuchlicher Name lautet »die albigensische Häresie«.

Im Fall dieses großen Kampfes müssen wir so vorgehen, wie wir in den Fällen all unserer anderen Beispiele vorgegangen sind, indem wir zunächst das Wesen der Lehre untersuchen, die gegen die wahre Lehre der katholischen Kirche aufgestellt wurde.

Die falsche Lehre, für die die albigensische ein Paradebeispiel war, ist in verschiedenen Formen innerhalb der Menschheit immer latent gewesen, nicht nur in der christlichen Zivilisation, sondern wann und wo immer Menschen die fundamentalen Probleme des Lebens erwägen mussten, d. h. in jeder Zeit und an jedem Ort. Aber sie nahm zu diesem Zeitpunkt der Geschichte eine besonders konzentrierte Form an. Hier zeigten sich die Irrlehren – die falschen Lehren, die wir jetzt untersuchen werden – in ihrer deutlichsten Gestalt. Durch ihre Effekte auf dem Höhepunkt ihrer Lebenskraft können wir ermessen, welche Übel ähnliche Lehren verursachen, wann immer sie auftauchen. Diese dem menschlichen Verstand innewohnende Sorge brach während des christlichen Zeitalters in drei großen Wellen auf, von denen die albigensische Periode die mittlere war. Die erste große Welle war die manichäische Neigung der frühen christlichen Jahrhunderte. Die dritte war die puritanische Bewegung in Europa, die mit der Reformation einherging und die Folgeerscheinung dieser Krankheit, der Jansenismus. Die erste starke Bewegung dieser Art war vor dem Ende des achten Jahrhunderts erschöpft. Die zweite wurde zerstört, als die vorgenannte albigensische Bewegung im dreizehnten Jahrhundert ausgerottet wurde. Die dritte, die puritanische Welle, flaut gerade ab, nachdem sie Unheil jeder Art angerichtet hat.

Was ist nun diese allgemeine Neigung oder Stimmung, die zuallererst *manichäisch* genannt wurde und die in ihrer am klarsten umrissenen Form, mit der wir uns beschäftigen werden, albigensisch genannt wird und die wir in der Neuzeit als Puritanismus kennen? Worin besteht die zugrundeliegende Antriebskraft, die Häresien dieser Art hervorbringt?

Um diese Hauptfrage zu beantworten, müssen wir zunächst die wesentliche Wahrheit der katholischen Kirche selbst erwägen, wie sie in Kurzform wie folgt formuliert wurde: »Die katholische Kirche gründet sich auf der Anerkennung von Leid und Tod.« In seiner vollständigen Form sollte der Satz vielmehr so lauten: »Die katholische Kirche ist verwurzelt in der Anerkennung von Leid und Sterblichkeit, *sowie in ihrem Anspruch, die Lösung für das Problem dargeboten zu haben, das sie darstellen.*« Das Problem ist weithin bekannt als *»das Problem des Bösen«*.

Wie können wir das Los des Menschen herrlich nennen, den Himmel sein Ziel und seinen Schöpfer allgütig ebenso wie allmächtig, wenn wir Leid und Tod unterworfen sind?

Fast alle jungen und unschuldigen Menschen sind sich dieses Problems kaum bewusst. Wie sehr sie sich dessen bewusst sind, hängt von ihren Geschicken ab, wie früh sie in die Gegenwart von Verlust durch Todesfälle geraten sind oder wie früh sie physische oder sogar geistige Schmerzen erlitten haben. Aber früher oder später wird jeder denkende Mensch, sofern er kein Schwachkopf ist, mit dem Problem des Bösen konfrontiert werden. Während wir dem Menschengeschlecht dabei zusehen, wie es den Sinn des Universums verstehen will oder darauf die Offenbarung annimmt oder verzerrten und falschen, unvollständigen Religionen und Philosophien folgt, ist es doch im Grunde seines Herzens immer mit der beharrlichen Frage beschäftigt: »*Warum müssen wir leiden? Warum müssen wir sterben?*«

Es wurden verschiedene Auswege aus diesem quälenden Änigma vorgeschlagen. Der einfachste und niedrigste ist, diesen Tatsachen nicht ins Auge zu sehen, Leid und Tod zu ignorieren, so zu tun, als wären sie nicht da. Wenn sie uns so stark bedrücken, dass wir den Schein nicht mehr wahren können, brauchen wir unsere Gefühle auch nicht zu verstecken. Es ist außerdem Teil dieser schlechtesten Methode im Umgang mit dem Problem, jede Erwähnung von Unheil und Leid zu unterlassen und sie so weit wie möglich zu vergessen.

Ein weniger niedriger, aber intellektuell genauso verachtenswerter Weg besteht darin, zu sagen, dass gar kein Problem existiert, da wir alle Teil einer bedeutungslosen, toten Sache sind, die keinen schöpferischen Gott hinter sich hat, also zu sagen, dass Recht und Unrecht und die Vorstellung von Seligkeit oder Elend nicht wirklich sind.

Ein vornehmerer Weg, der der beliebteste Weg der hohen Heidenzivilisation war, der wir entsprungen sind – der Weg der großen Römer und Griechen –, ist der Weg des Stoizismus. Man könnte es volkstümlich »die Philosophie des In-den-sauren-Apfel-Beißens« nennen. Irgendein Akademiker nannte ihn »die dauerhafte Religion der Humanität«. Er ist jedoch nichts dergleichen, denn es handelt sich um überhaupt keine Religion. Die Stoa besitzt die Würde, den Fakten ins Auge zu sehen, aber sie liefert keine Lösung. Sie ist schlechterdings negativ.

Ein weiterer profunder aber verzweifelter Weg ist derjenige Asiens, dessen größtes Beispiel der Buddhismus ist: die Philosophie, die das Individuelle eine Illusion nennt, die dazu einlädt, sich des Verlangens nach Unsterblichkeit zu entledigen und der Vereinigung mit dem unpersönlichen Leben des Universums entgegenzusehen.

Die katholische Lösung kennen wir alle. Nicht, dass die katholische Kirche je eine komplette Auflösung des Mysteriums des Bösen vorgebracht hätte, denn es war nie der Anspruch noch die Funktion der Kirche, das gesamte Wesen aller Dinge zu erklären, sondern vielmehr Seelen zu retten. Aber die katholische Kirche hat für dieses spezielle Problem eine sehr genaue Antwort innerhalb ihres eigenen Betätigungsfeldes. Sie sagt *zunächst*, dass die Natur des Menschen unsterblich ist und zur Seligkeit geschaffen wurde, *dann*, dass Sterblichkeit und Schmerz das Ergebnis seines Sündenfalls sind, d. h. seiner Auflehnung gegen den Willen Gottes. Sie sagt, dass unser sterbliches Leben seit dem Sündenfall eine Bewährungsprobe oder eine Prüfung ist, indem wir, entsprechend unserem Verhalten, die unsterbliche Seligkeit (jedoch durch die Verdienste unseres Erlösers) wiedererlangen, die wir verloren hatten.

Nun war der Manichäer so überwältigt von der Erfahrung oder Erwartung des Leidens und von der empörenden Tatsache, dass seine Natur der Sterblichkeit unterworfen war, dass er Zuflucht nahm in der Leugnung der allmächtigen Güte eines Schöpfers. Er sagte, dass das Böse in der Welt so sehr am Werk sei wie das Gute. Die beiden Prinzipien befänden sich als Ebenbürtige im beständigen Kampf gegeneinander. Der Mensch sei dem einen so sehr wie dem anderen unterworfen. Wenn er überhaupt kämpfen könne, dann solle er dafür kämpfen, dem guten Prinzip beizutreten und die Macht des schlechten Prinzips meiden, aber er muss das Böse als allmächtige Sache betrachten. Der Manichäer erkannte einen bösen Gott genauso an wie einen guten Gott, und er stellte seinen Verstand auf diese entsetzliche Vorstellung ein. Eine solche Haltung züchtete alle möglichen Nebeneffekte heran. Bei manchen Menschen führte es zur Teufelsanbetung, bei vielen mehr zur Magie, d. h. zu einer Abhängigkeit von etwas anderem als dem eigenen freien Willen, oder zu irgendwelchen Kunststücken, durch die

die böse Kraft abgewendet oder ausgetrickst werden könnte. Es führte seltsamerweise auch dazu, dass eine große Menge Böses absichtlich getan wurde, und dass man entweder sagte, dass sich daran nichts ändern ließe oder dass es keine Rolle spielen würde, da wir in jedem Fall Sklaven einer Sache wären, die so stark wie die Macht des Guten ist. Dann könnte man schließlich auch entsprechend handeln.

Es gab aber eine Sache, die jeder Manichäer jedweder Couleur immer glaubte, und zwar, dass die *Materie* zur bösen Seite gehört. Auch wenn es viel Böses in der geistigen Ordnung geben mag, muss das Gute *vollkommen* geistlich sein. Diese Ansicht findet man nicht nur bei den frühen Manichäern oder bei den Albigensern des Mittelalters, sondern sogar bei den modernsten der verbliebenen Puritaner. Es scheint mit dem manichäischen Naturell jeder Form unauflöslich verbunden zu sein. Das Stoffliche ist dem Verfall unterworfen und daher böse. Unser Körper ist böse. Dessen Begehren ist böse. Diese Idee verästelt sich in allerlei absurde Details. Wein ist böse. So ziemlich jeder physische oder halb-physische Genuss ist böse. Freude ist böse. Schönheit ist böse. Amüsements sind böse – und so fort. Jeder, der die Einzelheiten der albigensischen Geschichte liest, wird wieder und wieder darauf stoßen, wie einzigartig modern diese Attitüde jener antiken Häretiker war, da sie die gleichen Wurzeln wie die Puritaner haben, die unglücklicherweise noch immer unter uns leben.

Von hier rühren die Hauptlinien, die im Detail vervollkommnet wurden, als sich die albigensische Bewegung ausbreitete. Unsere Leiber sind stofflich, sie verfallen und sterben. Demzufolge war es der böse Gott, der den menschlichen Körper schuf, während der gute Gott die Seele schuf. Daher war unser Herr nur *scheinbar* mit einem menschlichen Körper bekleidet. Er *litt nur scheinbar*. Daher auch die Leugnung der Wiederauferstehung.

Da die katholische Kirche mit einer Haltung dieser Art stark im Widerstreit war, gab es zwischen ihr und den Manichäern oder Puritanern immer einen unversöhnlichen Konflikt. Dieser Konflikt war nie heftiger als in der Form, die er zwischen den Albigensern und der organisierten katholischen Kirche jener Tage (des elften und zwölften Jahrhunderts) in Westeuropa annahm. Das Papsttum, die Hierarchie, das ganze katholische Lehrgefüge und die festgesetzten katholischen Sakramente waren das Ziel der albigensischen Offensive.

Die manichäische Sache, wann immer sie auch in der Geschichte erscheint, taucht auf, wie es gewisse epidemische Erkrankungen des menschlichen Leibes tun. Sie tritt auf und man weiß kaum, woher sie kommt. Man findet sie in verschiedenen Zentren wieder, sie wächst an Macht und wird letztlich zu einer Art verheerender Plage. Genauso verhielt es sich im Fall der albigensischen Raserei vor 800 und 900 Jahren. Ihre Ursprünge liegen daher im Dunkeln, aber wir können sie aufspüren.

Das elfte Jahrhundert, die Jahre zwischen 1000 und 1100, könnten als das Erwachen Europas bezeichnet werden. Unsere Zivilisation ging gerade durch bange Prüfungen. Das Abendland war verwüstet worden und in einigen Orten wurde die Christenheit fast durch Scharen von heidnischen Piraten aus dem Norden, den zunächst unbekehrten und später nur halbbekehrten Skandinaviern, ausgelöscht. Es wurde von den mongolischen Reitern aus dem Osten erschüttert, heidnischen Horden zu Pferd, die aus den Ebenen Nordasiens gen Europa ritten. Es erlitt den großen mohammedanischen Angriff auf das Mittelmeer, dem es fast gelungen wäre, ganz Spanien zu besetzen. Der Islam unterjochte Nordafrika und Syrien dauerhaft und bedrohte Kleinasien und Konstantinopel.

Europa war im Belagerungszustand, aber es begann, seine Feinde zurückzuschlagen. Die nördlichen Piraten wurden besiegt und gezähmt. Die frisch zivilisierten Deutschen[15] griffen

---

15 Ganz Süddeutschland wurde zu einem gewissen Grad von der römischen Zivilisation beeinflusst, das Rheintal am stärksten. Aber die endgültige Zivilisierung der Germanen insgesamt, einschließlich des Nordens und der Menschen an der Elbe, war das Werk der katholischen Missionare im frühen Mittelalter, insbesondere von Engländern und Iren.

die Mongolen an und retteten den oberen Donauraum und die Marken im Osten. Noch weiter östlich organisierten sich die christlichen Slawen wieder. Dort lagen die Anfänge des Königreichs Polen. Das entscheidende Schlachtfeld war jedoch Spanien. Hier wurde während des elften Jahrhunderts die mohammedanische Macht von einer fließenden Grenze zur nächsten weiter südlich zurückgedrängt. Bevor das elfte Jahrhundert vorüber war, stand ein großer Teil der Halbinsel wieder unter christlicher Herrschaft. Mit diesem materiellen Erfolg gingen ein großes Erwachen der philosophischen Disputationen und neuer Spekulationen in den Naturwissenschaften einher, genauso sehr Ursache wie Auswirkung des Erfolges. Es begann eine dieser Epochen, die von Zeit zu Zeit in der Geschichte unserer Rasse auftauchen, wenn gewissermaßen »Frühling in der Luft« liegt. Die Philosophie gedieh prächtig, die Architektur weitete sich aus, die Gesellschaft wurde organisierter und die staatlichen und kirchlichen Autoritäten erweiterten und kodifizierten ihre Gewalten.

Diese ganze neue Vitalität verlieh der Häresie ebenso wie der Orthodoxie neue Antriebskraft. Im Osten tauchten erst hier, dann dort, aber allgemein in einer vorrückenden Linie in Richtung Westen, einzelne Leute oder kleine Gemeinschaften auf, die eine neue, und, wie sie es nannten, bereinigte Form der Religion vorstellten und propagierten.

Diese Gemeinschaften hatten anscheinend eine gewisse Stärke auf dem Balkan, bevor sie in Italien auftauchten. Sie schienen etwas Kraft in Norditalien gewonnen zu haben, bevor sie nach Frankreich kamen, auch wenn in Frankreich der letzte große Endkampf stattfinden sollte. Sie waren unter verschiedenen Namen bekannt, Paulizianer z. B., oder ein Name, der auf ihren Ursprung in Bulgarien verweist.[16] Ganz allgemein waren sie als »die Reinen« bekannt. Sie gaben sich gerne selbst diesen Beinamen, indem sie ihn ins Griechische übersetzten

16 Anm. d. Übers.: Gemeint ist hier vermutlich die Bewegung der Bogomilen.

und sich »katharoi« nannten. Die ganze Geschichte jenes obskuren Anmarsches der Gefahr aus Osteuropa wurde im darauffolgenden Ruhmesglanz vergessen, als die Christenheit im dreizehnten Jahrhundert zum Zenit ihrer Zivilisation aufstieg. Die Ursprünge der Albigenser wurden vergessen und ihre Obskurität wird durch den Schatten verstärkt, in den der spätere Glanz sie warf. Und doch war die Bewegung ein verbreiteter und gefährlicher Einfluss und es gab einen Moment, in dem es so aussah, als würde sie uns gänzlich unterminieren. Kirchenkonzilien war es schon früh bewusst, was geschah, aber die Sache war sehr schwierig zu definieren und zu fassen. Zu Arras in Flandern verurteilte bereits 1025 ein Konzil gewisse häretische Sätze dieser Art. In der Mitte des Jahrhunderts, im Jahr 1049, gab es eine noch allgemeinere Verurteilung durch ein in Reims in der Champagne abgehaltenes Konzil.

Der ganze Einfluss hing wie Gestank oder Pesthauch in der Luft, der über das Antlitz eines breiten Tales steigt und sich einmal hier, einmal dort niederlässt. Er begann, sich in Südfrankreich zu konzentrieren und eine feste Form anzunehmen, und hier sollte der letzte und entscheidende Zusammenstoß zwischen ihm und der organisierten Kraft des katholischen Europas stattfinden.

Die Wirkung des ersten großen Kreuzzuges, der ganz Europa aufwühlte und eine Flut neuer Einflüsse aus dem Osten einließ und im Westen Aktivitäten jeder Art anregte, half der Häresie auf ihrem Weg zur Definierung und Stärkung. Wie wir weiter oben sahen, traf dieser Kriegszug mit dem Ende des elften Jahrhunderts zusammen. Jerusalem wurde 1099 erobert. Im folgenden zwölften Jahrhundert (1100-1200 n. Chr.) manifestierte sich seine Wirkung. Es war eine Zeit, die ihren Vorläufern schon weit voraus war. Die Universitäten entstanden, sowie ihre repräsentativen Körperschaften, Parlamente genannt, und die ersten Spitzbogen erhoben sich, die »Gotik«. Das wahre Mittelalter begann sich zu zeigen. In dieser Atmosphäre voller Elan und Wachstum wurden auch die Katharer stärker, so wie alle anderen Kräfte um sie herum. Im frühen 12. Jahrhundert wurde die Sache langsam bedenklich und vor der Mitte dieses Zeitabschnitts drängten die Nordfranzosen das Papsttum zum Handeln.

Papst Eugenius sandte einen Legaten nach Südfrankreich, um zu sehen, was getan werden könnte, und der hl. Bernhard, der große rechtgläubige Redner dieser fruchtbaren Zeit, predigte gegen sie. Gewalt wurde noch keine angewandt. Es wurde keine feste Organisation eingerichtet, die den Ketzern begegnen konnte, wenngleich weitsichtige Männer eine energische Maßnahme forderten, sollte die Gesellschaft gerettet werden. Schlussendlich wurde die Gefahr beängstigend. 1163 machte ein großes in Tours abgehaltenes Kirchenkonzil die Sache kenntlich und gab ihr einen Namen. »Die Albigenser« war der Name, der seitdem beibehalten wurde.

Es handelt sich um einen irreführenden Titel. Der albigensische Distrikt (»Albigeois« im Französischen) ist praktisch deckungsgleich mit dem Département Tarn im französischen Zentralmassiv mit seiner Hauptstadt Albi. Zweifellos waren gewisse häretische Missionare von dort gekommen und hatten den Namen angeregt, aber die Stärke der Bewegung fand sich nicht dort oben in den spärlich besiedelten Hügeln, sondern unten in den reichen Ebenen hin zum Mittelmeer, die das *Languedoc* genannt wurde, ein weites Gebiet mit dem großen Ort Toulouse als Hauptstadt. Schon zwanzig Jahre bevor das Konzil von Tours der jetzt subversiven Bewegung einen Namen und eine Definition gab, hatte Peter von Bruys die neue Lehre im Languedoc gepredigt. Ihn begleitete ein Gefährte namens Heinrich, der umherzog und jene neue Lehre in Lausanne in der heutigen Schweiz und später in Le Mans in Nordfrankreich predigte. Es ist bemerkenswert, dass die Bevölkerung durch den ersten dieser Männer so aufgebracht war, dass man ihn ergriff und lebendig verbrannte.

Es gab jedoch, in der Hoffnung, dass die geistlichen Waffen genügen würden, um ihnen zu begegnen, noch immer keine offiziellen Maßnahmen gegen die »Albigenser« und es wurde weiterhin zugelassen, dass sie ihre Stärke über Jahre hinweg rasch ausbauen konnten. Das Papsttum hielt an der Hoffnung fest, dass eine friedliche Lösung gefunden werden könnte. 1167 kam es zu einem Wendepunkt. Die Albigenser, inzwischen als Gegenkirche voll organisiert (ähnlich, wie der Calvinismus vierhundert Jahre später als Gegenkirche organisiert wurde), hielten ein eigenes Generalkonzil in Toulouse ab. Inzwischen zeigte sich die unheilvolle politische Tatsache, dass der größte Teil des niederen Adels, Herren einzelner Dörfer, die die Masse der Kampfkraft im mittleren und südlichen Frankreich stellten, für die neue Bewegung plädierte. Westeuropa war in diesen Tagen noch nicht wie jetzt in große, zentralisierte Staaten geordnet. Es war vielmehr das, was man eine »Feudalgesellschaft« nennt. Herren kleiner Gebiete standen unter Lehnsherren, diese wiederum unter sehr mächtigen Männern, die die Häupter von lose verbundenen, aber dennoch vereinten Provinzen waren. Ein Herzog der Normandie, ein Graf von Toulouse, ein Graf der Provence war in Wirklichkeit ein lokaler Souverän. Er schuldete dem König von Frankreich Ehrerbietung und Gefolgschaft, mehr jedoch nicht.

Nun war die Masse des niederen Adels im Süden für die neue Bewegung. Auf ähnliche Art wurden seitdem viele andere häretische Bewegungen durch den gleichen Menschenschlag unterstützt, der darin eine Gelegenheit der persönlichen Bereicherung zulasten des kirchlichen Grundbesitzes sah. Darin bestand immer das Hauptmotiv dieser Revolten. Aber es gab auch ein anderes Motiv, das im wachsenden Neid des Südens gegenüber dem Esprit und Wesen Nordfrankreichs bestand. Es gab einen Unterschied in der Sprache und dem Wesen der beiden Hälften, die nominell Teile der einen französischen Monarchie waren. Die Nordfranzosen begannen, nach der Unterdrückung der südlichen Ketzerei zu rufen – und gossen damit Öl ins Feuer. Im Jahr 1194, nachdem Jerusalem verloren war und der Dritte Kreuzzug darin scheiterte, die Heilige Stadt zurückzuerobern, spitzte sich die Sache schließlich zu. Der Graf von Toulouse, der lokale Monarch, ergriff Partei für die Häretiker. Der große Papst Innozenz III. begann schließlich zu handeln. Es war höchste Zeit; tatsächlich war es fast schon zu spät. Das Papsttum riet zum Aufschub in der sehnsüchtigen Hoffnung, einen geistlichen Frieden durch Predigt und Beispiel herzustellen. Aber das einzige Ergebnis dieses Aufschubs bestand darin, dass er das Wachstum jenes Unheils in solche Dimensionen erlaubte, dass es unsere gesamte Kultur bedrohte.

Wie sehr diese Kultur bedroht war, lässt sich anhand der Hauptgrundsätze erkennen, die offen gepredigt und entsprechend denen gehandelt wurde. Alle Sakramente wurden aufgegeben. An ihrer Statt wurden seltsame Rituale eingeführt, vermischt mit Feueranbetung, »die Tröstung« genannt, in der, so wurde behauptet, die Seele gereinigt würde. Die Vermehrung der Menschheit wurde angegriffen, die Ehe wurde verurteilt, und die Führer der Sekte verbreiteten all die Extravaganzen, die um den Manichäismus oder Puritanismus schweben, wo auch immer er auftaucht. Wein war böse, Fleisch war böse, Krieg war immer absolut falsch, genauso die Todesstrafe. Aber die eine unentschuldbare Sünde war die Versöhnung mit der katholischen Kirche. Hier waren die Albigenser wiederum arttypisch. Alle Häresien machen das zu ihrem zentralen Punkt.

Es war offensichtlich, dass die Sache mit Waffen entschieden werden musste, da die lokale Herrschaft des Südens jetzt die neuerdings hochorganisierte Gegenkirche unterstützte. Sollte diese Gegenkirche noch etwas stärker werden, würde unsere ganze Zivilisation vor ihr zusammenbrechen. Die Einfachheit der Lehre mit ihrem dualen System von Gut und Böse, mit ihrer Leugnung der Inkarnation und der wesentlichen christlichen Mysterien und mit ihrem Antisakramentalismus, ihrer Anprangerung des klerikalen Wohlstands und ihres Lokalpatriotismus – all das sprach langsam aber sicher die Massen in den Städten sowie den Adel an. Und doch zögerte Innozenz, ein so großer Papst er auch war, so wie jeder staatsmännisch

Denkende zum Zögern vor einem tatsächlichen Ruf zu den Waffen neigt. Aber selbst er deutete noch vor dem Ende des Jahrhunderts die Notwendigkeit eines Kreuzzuges an.

Wenn es zum Kampf käme, wäre es notwendigerweise so etwas wie eine Eroberung der südlichen oder vielmehr südöstlichen Ecke Frankreichs zwischen der Rhône und den Bergen mit Toulouse als Hauptstadt durch die nördlichen Barone.

Dennoch stockte der Kreuzzug. Die Jahrhundertwende ging vorüber, bevor Raimund, Graf von Toulouse (Raimund VI.), geängstigt von der Bedrohung aus dem Norden, versprach, sich zu wandeln und seine schützende Hand von der subversiven Bewegung zu nehmen. Er versprach sogar, die Führer der nun stark organisierten Gegenkirche zu verbannen. Aber er war nicht aufrichtig. Seine Sympathien lagen bei seinen eigenen Leuten im Süden, bei der Masse der kampffähigen Männer, seinen Unterstützern, den kleinen Herren des Languedoc, die tief in den neuen Lehren steckten. Der hl. Dominikus, aus Spanien kommend, wurde durch die Stärke seines Charakters und die Geradlinigkeit seines Anliegens die Seele der aufkommenden Gegenreaktion. Im Jahr 1207 bat der Papst den König Frankreichs, als Souverän und Lehnsherr von Toulouse, Gewalt anzuwenden. Fast alle Städte des Südostens waren bereits betroffen. Viele waren gänzlich im Besitz der Häretiker. Als der päpstliche Legat Castelnau ermordet wurde – mutmaßlich mit der Komplizenschaft des Grafen von Toulouse –, wurde die Forderung nach einem Kreuzzug mit Nachdruck wiederholt. Kurz nach dem Mord begannen die Kampfhandlungen.

Der Mann, der sich als größter Anführer auf dem Feldzug hervortat, war kein besonders wichtiger und eher ärmlicher Herr eines nördlichen Landgutes – eines kleinen aber befestigten Ortes namens Montfort, einen langen Tagesmarsch von Paris in Richtung Normandie entfernt.

Man kann noch immer die Ruinen dieses von dichtem Wald umgebenen Ortes sehen. Er liegt etwas nördlich der Hauptstraße zwischen Paris und Chartres: ein plötzlich auftauchender, recht vereinzelt liegender kleiner Hügel inmitten des abfallenden Geländes. Dieser kleinen, vereinzelten und befestigten Anhöhe wurde der Name »der starke Berg«, *mont fort* gegeben, und Simon erhielt seinen Namen von dieser angestammten Herrschaft.

Als die Kämpfe ausbrachen, war Raimund von Toulouse mit seinem Latein am Ende. Der König von Frankreich wurde mächtiger, als er es jemals gewesen war. Er hatte kürzlich die Ländereien und alle Lehen der Plantagenets in Nordfrankreich konfisziert. Johann, der englische König aus dem Hause Plantagenet, französischsprachig wie die gesamte englische Oberschicht jener Tage, war auch (unter dem König Frankreichs) Herr der Normandie, von Maine und von Anjou, und – durch die Erbschaft seiner Mutter – der Hälfte des Landes südlich der Loire: Aquitanien. Der gesamte nördliche Teil seiner gewaltigen Besitztümer vom Kanal bis hin zum Zentralmassiv fiel mit einem Schlag an den König von Frankreich, als König Johanns Standesgenossen ihn all seiner Lehensgebiete für verlustig erklärten. Raimund von Toulouse fürchtete das gleiche Schicksal. Aber er war noch zurückhaltend. Obwohl er mit den Kreuzfahrern gegen eigene Städte, die sich im Aufruhr gegen die Kirche befanden, marschierte, wollte er im Grunde seines Herzens die nördlichen Mächte besiegt sehen. Er wurde bereits einmal exkommuniziert, und ihm wurde zu Avignon im Jahr 1209, dem ersten Jahr der Hauptkampfhandlungen erneut der Kirchenbann auferlegt.

Die Kämpfe waren äußerst rabiat. Es gab fürchterliche Gemetzel und Plünderungen von Städten, und die eine Sache, die der Papst am meisten fürchtete, trat bereits ein: die Gefahr der Verschärfung des bereits grausamen Geschäftes aus finanziellen Motiven. Die Herren des Nordens würden natürlich verlangen, dass die Ländereien der Besiegten unter ihnen aufgeteilt würden. Es gab immer noch einen Versuch der Versöhnung, aber Raimund von Toulouse, der vermutlich die Hoffnung verlor, jemals in Ruhe gelassen zu werden, bereitete sich auf den

Widerstand vor. Er wurde 1207 von der Kirche zum Geächteten und seiner Besitzungen, wie im Fall Johanns, von der feudalen Gerichtsbarkeit für verlustig erklärt.

Der kritische Moment des gesamten Feldzugs kam im Jahr 1213. Es ist wahrscheinlich, dass die Kräfte der nordfranzösischen Barone zu stark für den Süden gewesen wären, hätte Reimund von Toulouse keine Verbündeten gewinnen können. Aber zwei Jahre nach seiner letzten Exkommunikation und Enteignung erschienen plötzlich sehr mächtige Alliierte an seiner Seite. Es schien sicher, dass sich das Blatt wenden und die albigensische Sache den Sieg davontragen würde. Mit dem Sieg der Albigenser würden das Königreich Frankreich und die katholische Sache in Westeuropa kollabieren. Diese wenigen Jahre waren also entscheidend für die weitere Zukunft. Und es war genau in diesen Jahren, dass der beraubte Johann mit deutscher Unterstützung gegen den König von Frankreich im Norden zog – und scheiterte. Dem französischen König gelang, entgegen allen Erwartungen, der Sieg in der Schlacht von Bouvines nahe Lille (am 29. August 1214). Aber bereits ein Jahr zuvor hatte ein entscheidender Sieg der nördlichen Barone gegen die Albigenser im Süden den Weg bereitet.

Die neuen Verbündeten, die dem Grafen von Toulouse zu Hilfe eilten, waren die Spanier von südlich der Pyrenäen, die Männer von Aragon. Hier wurde eine enorme Streitmacht von deren König angeführt, dem jungen Peter von Aragon, einem Schwager Raimunds von Toulouse. Ein Trinker, aber ein Mann mit fürchterlicher Kraft, und einer, der gelegentlich durchaus dazu in der Lage war, einen Feldzug zu führen. Er führte insgesamt etwa hunderttausend Mann (eine Zahl, die den Tross miteinschließt) zum Entsatz von Toulouse über die Berge.

Muret ist ein kleiner Ort im Südwesten von Raimunds Hauptstadt stromaufwärts an der Garonne, einen Tagesmarsch von Toulouse entfernt. Das gewaltige spanische Heer, das sein Lager im Flachland südlich der Stadt aufschlug, hatte kein direktes Interesse an der Häresie selbst, aber ein großes Interesse an der

Schwächung der französischen Macht. Ihnen standen als einzige verfügbare Kraft eintausend Mann unter Simon von Montfort entgegen. Das Kräfteverhältnis schien irrwitzig – eins zu einhundert. Es war nicht ganz so schlimm wie es schien, da die tausend Mann ausgesuchte, bewaffnete und berittene Adlige waren. Die berittenen Kräfte in der spanischen Armee waren wahrscheinlich nicht mehr als drei oder viel Mal so groß, der Rest bestand aus Fußsoldaten, viele von ihnen unorganisiert. Aber dennoch waren die Verhältnisse ausreichend, um das Resultat zu einer der erstaunlichsten Schlachtenausgänge der Geschichte zu machen.

Es war der Morgen des 13. Septembers 1213. Die tausend Mann auf der katholischen Seite, in Reih und Glied mit Simon an ihrer Spitze aufgestellt, hörten die Messe im Sattel. Sie wurde vom hl. Dominikus selbst gesungen. Natürlich konnten nur die Führer und einige aus dem Fußvolk in der Kirche selbst anwesend sein, wo alle auf ihren Pferden blieben, aber durch die offenen Tore konnte der Rest der kleinen Truppe dem Messopfer folgen.

Als die Messe vorbei war, ritt Simon an der Spitze seines kleinen Verbandes, holte nach Westen aus und griff die Streitmacht Peters, die noch nicht ordentlich aufgestellt und auf den Schock schlecht vorbereitet war, mit einer plötzlichen Attacke an. Die tausend Ritter Simons vernichteten ihren Feind zur Gänze. Die aragonische Armee wurde zu einer bloßen Wolke fliehender Männer, sie war vollständig zerschlagen und nicht länger als Streitmacht existent. Peter selbst wurde getötet.

Muret ist ein Name, der als einer der entscheidenden Schlachten der Welt immer im Gedächtnis bleiben sollte. Wäre sie verloren gegangen, wäre der Feldzug gescheitert. Die Schlacht von Bouvines wäre wahrscheinlich nie geschlagen worden und die Möglichkeit hätte bestanden, dass die französische Monarchie selbst gestürzt und in Feudalreiche, unabhängig von einer zentralen Oberherrschaft, aufgeteilt worden wäre.

Zu den vielen bedauerlichen Phänomenen der Geschichtswissenschaft zählt die Feststellung, dass die entscheidende Wichtigkeit des Ortes und des dort geführten Gefechtes immer noch völlig verkannt wird. Ein amerikanischer Autor hat der Schlacht ihre volle Gerechtigkeit in einem äußerst klugen Buch zukommen lassen: ich beziehe mich auf Hoffmann Nickersons *The Inquisition*. Ich kenne keine andere englische Monographie zu diesem Thema, auch wenn es an vorderster Front der Geschichtswissenschaft stehen sollte. Wäre Muret verloren und nicht wundersamerweise gewonnen worden, wäre nicht nur die französische Monarchie geschwächt und in Bouvines nie gesiegt worden, sondern auch die neue Häresie hätte mit fast absoluter Wahrscheinlichkeit triumphiert. Und mit ihr wäre unsere abendländische Kultur gelähmt worden und zu Grunde gegangen.

Das Land nämlich, über das die Albigenser die Kontrolle hatten, war eines der reichsten und wohlgeordnetsten des Westens. Es hatte die höchste Kultur, kontrollierte mit dem großen Hafen von Narbonne den Handel im westlichen Mittelmeer, es versperrte den Weg aller nördlichen Bestrebungen gen Süden und seinem Beispiel wäre unvermeidlich gefolgt worden. Wie es aber stand, brach der albigensische Widerstand zusammen. Der nördliche Adel hatte seinen Heerzug erfolgreich beendet, und der Reichtum des Südens war halb ruiniert und in seiner revolutionären Kraft gegen die jetzt machtvolle Zentralmonarchie in Paris geschwächt. Deswegen sollte Muret gemeinsam mit Bouvines als Grundlage dieser Monarchie und mit ihr als die des Hochmittelalters betrachtet werden. Muret öffnet und besiegelt das dreizehnte Jahrhundert, das Jahrhundert des hl. Ludwig, des Eduard von England und der ganzen aufkeimenden abendländischen Kultur.

Was die albigensische Häresie selbst anbelangt, wurde sie sowohl politisch durch die staatlichen und geistlichen Organisationen wie auch mit Waffengewalt angegriffen. Die erste Inquisition entstand aus der Notwendigkeit heraus, die Überbleibsel dieser Krankheit auszurotten. (Es ist bemerkenswert, dass ein Mann, der seine Unschuld beteuerte, nur zeigen musste, dass er verheiratet war, um von der Anklage der Ketzerei freigesprochen zu werden! Das zeigt, von welcher Natur diese Häresie war.)

Unter dem dreifachen Schlag des Verlustes von Wohlstand und militärischer Organisation und dem einer gründlich organisierten politischen Bekämpfung schien diese manichäische Sache innerhalb eines Jahrhunderts verschwunden zu sein. Die Wurzeln des Manichäismus verliefen jedoch unterirdisch, wo sie durch die Geheimtradition der Verfolgten oder durch das Wesen der manichäischen Tendenz selbst wieder in anderen Formen sicherlich neu erstehen würden. Er lauerte im französischen Zentralmassiv und verwandte Formen lauerten in den Tälern der Alpen. Es ist möglich, eine Art vage Kontinuität zwischen den Albigensern und den späteren puritanischen Gruppen wie den Waldensern zu sehen, genauso, wie es möglich ist, eine Art Verbindung zwischen den Albigensern und den früheren Manichäern herzustellen. Aber die Hauptangelegenheit, die den albigensischen Namen trug – die Gefahr, die fast tödlich für Europa endete – war zerstört worden.

Seine Zerstörung hatte einen furchtbaren Preis gekostet. Eine materiell hochentwickelte Zivilisation war halb zerstört und generationenlang lodernde hasserfüllte Erinnerungen waren geschaffen worden. Aber die Rettung Europas war ihren Preis wert gewesen. Das Haus von Toulouse erlangte seinen Titel wieder zurück und seine Besitztümer fielen erst viel später an die französische Krone. Seine überkommene Unabhängigkeit war jedoch dahin und mit ihr die Bedrohung unserer Kultur, die fast erfolgreich gewesen wäre.

KAPITEL V

Was war die Reformation?

Die Bewegung, die im Allgemeinen »die Reformation« genannt wird, verdient in der Geschichte der großen Häresien einen besonderen Platz, und zwar aus folgenden Gründen:

1. **Sie war keine spezielle Bewegung, sondern eine allgemeine, d. h. sie legte keine besondere Häresie vor, die, verurteilt** durch die Autorität der Kirche, debattiert und gesprengt werden könnte, so wie es bis dato bei jeder anderen Häresie oder häretischen Bewegung der Fall gewesen war. Noch hat sie, nachdem die verschiedenen häretischen Aussagen verurteilt worden waren, eine separate Religion gegen die alte Orthodoxie errichtet (wie es der Mohammedanismus oder die albigensische Bewegung taten). Sie schuf vielmehr eine bestimmte eigene *sittliche Atmosphäre*, die wir immer noch »Protestantismus« nennen. Die Bewegung schuf tatsächlich eine ganze Anzahl von Häresien, aber nicht eine einzige bestimmte Häresie – und ihr Charakteristikum bestand darin, dass all ihre Häresien ein gemeinsames Gepräge erhielten und es mit der Zeit ausdehnten: das, was wir heute »Protestantismus« nennen.

2. **Obwohl die unmittelbaren Früchte der Reformation nun,** wie all jene der vielen anderen Häresien der Vergangenheit, verwelkt sind, so hat doch die Spaltung, die sie verursacht hat, überdauert. Ihr Hauptprinzip – der Widerstand gegen eine einzige geistliche Autorität – setzte sich mit solcher Kraft fort, dass unsere europäische Zivilisation im Westen entzweibrach und letztlich ein allgemeiner Zweifel in Umlauf gebracht wurde, der sich weiter und weiter verbreitete. Keine der älteren Häresien tat das, denn sie waren alle klar umrissen. Jede beabsichtigte, die bestehende katholische Kirche zu ersetzen oder mit ihr zu konkurrieren. Die Reformationsbewegung aber hatte nämlich vor, die katholische Kirche aufzulösen – und wir wis-

sen, welchen Erfolg diese Bemühung hatte! Das Wichtigste an der Reformation ist, sie zu verstehen; nicht nur, ihre Geschichte Punkt für Punkt zu verfolgen – ein Prozess, der immer nötig ist, um jegliches historische Thema zu verstehen –, sondern ihr essenzielles Wesen zu begreifen.

Beim Letztgenannten können moderne Menschen leicht in die Irre gehen, insbesondere die modernen Menschen der englischsprachigen Welt. Die Länder, die wir englischsprachigen Menschen kennen, sind mit Ausnahme Irlands überwiegend protestantisch. Und doch beherbergen sie (mit der Ausnahme von Großbritannien und Südafrika) große katholische Minderheiten.

In dieser englischsprachigen Welt (an die die gegenwärtige Schrift gerichtet ist) gibt es ein vollständiges Bewusstsein dessen, was der protestantische Geist war und wozu er sich in seiner aktuellen Abwandlung entwickelt hat. Jeder Katholik, der in der englischsprachigen Welt lebt, weiß, was mit dem protestantischen Wesen gemeint ist, so wie er den Geschmack eines gewohnten Gerichtes oder Getränkes kennt oder den Anblick einer vertrauten Vegetation. In einem geringeren Maß hat die große protestantische Mehrheit – in Großbritannien ist es die überwältigende protestantische Mehrheit – eine Vorstellung davon, was die katholische Kirche ist. Sie wissen sehr viel weniger über uns, als wir über sie. Das ist ganz natürlich, da wir aus viel älteren Ursprüngen stammen, wir sind universal, während sie räumlich begrenzt sind, und wir halten an einer bestimmten intellektuellen Philosophie fest, während sie vielmehr eine emotionale und unbestimmte, aber charakteristische Geisteshaltung ihr Eigen nennen.

Aber auch, wenn sie sehr viel weniger über uns wissen, als wir über sie, sind sie sich doch eines Unterschieds bewusst und fühlen eine einschneidende Trennung zwischen sich und uns.

Nun neigen sowohl die heutigen Katholiken als auch die Protestanten dazu, den gleichen entscheidenden historischen Fehler zu machen. Sie sehen den Katholizismus auf der einen, den Protestantismus auf der anderen Seite als zwei im Wesentlichen entgegengesetzte religiöse und sittliche Systeme, die, *seit den ersten Anfängen der Bewegung*, entgegengesetzte und sogar scharf voneinander abgehobene sittliche Charaktere in ihren einzelnen Gliedern hervorbringen. Sie nehmen diese Dualität selbst zu Anbeginn der Trennung als selbstverständlich hin. Englischsprachige Historiker beiderseits des Atlantiks sprechen von Herrn Soundso (selbst in der frühen Hälfte des sechzehnten Jahrhunderts) als einem »Protestanten« und von Herrn Soundso als einem »Katholiken«. Es ist zwar wahr, dass Zeitgenossen ebenfalls diese Begrifflichkeiten gebrauchten, aber sie verwendeten sie in einem ganz anderen Sinn und mit ganz anderen gefühlsmäßigen Assoziationen. Eine ganze Lebenszeit nach dem Beginn der Bewegung, die »Reformation« genannt wird (etwa von 1520 bis 1600), verblieben die Menschen in einer Geisteshaltung, die den ganzen religiösen Streit innerhalb der Christenheit als eine *ökumenische* Angelegenheit sah. Sie betrachteten es als eine Debatte, an der die gesamte Christenheit beteiligt war und die zu einer Art endgültigen Entscheidung für alle führen würde. Diese Entscheidung wäre für die gesamte Christenheit als ganze gültig und würde einen allgemeinen Religionsfrieden hervorbringen.

Diese Geisteshaltung dauerte, schätze ich, eine ganze lange Lebensspanne an – aber ihre allgemeine Atmosphäre verblieb viel länger. Europa hatte sich noch eine ganze weitere Lebenszeit nicht damit abgefunden, eine religiöse Spaltung zu akzeptieren. Der widerwillige Entschluss, das Beste aus dem Desaster zu machen, wird nicht – wie wir sehen werden – vor dem Westfälischen Frieden ersichtlich, also 130 Jahre nach Luthers erster Herausforderung der katholischen Kirche. Die *komplette* Trennung in katholische und protestantische Gruppen erfolgte erst nach weiteren fünfzig Jahren, etwa 1690–1700.

Es ist von allererster Wichtigkeit, diese historische Wahrheit zu ermessen. Nur einige wenige der bittersten oder glühendsten Reformatoren hatten die Absicht, den Katholizismus als eine separate Sache zu zerstören, derer sie sich bewusst waren und die sie hassten. Noch weniger wollte die Mehrheit der Reformatoren irgendeine Art Gegenreligion errichten.

Sie zogen aus (wie sie selbst sagten und wie es eineinhalb Jahrhunderte vor dem großen Umbruch gesagt worden war), um »zu reformieren«. Sie gaben vor, die Kirche zu reinigen und ihre ursprünglichen Tugenden der Unmittelbarkeit und Einfachheit wiederherzustellen. Sie gaben auf verschiedenen Wegen vor (und die verschiedenen Gruppen unterschieden sich in fast allem, abgesehen von ihrem wachsenden Widerstand gegen die Einheit), Auswüchse, Aberglauben und historische Unwahrheiten zu beseitigen – von denen es, weiß der Himmel, eine ganze Menge anzugreifen gab.

Auf der anderen Seite war die Verteidigung der Rechtgläubigkeit während des Zeitalters der Reformation nicht so sehr damit beschäftigt, eine bestimmte Sache zu zerstören (wie es der Geist des Protestantismus heute ist), sondern die Einheit wiederherzustellen. Für mindestens sechzig bis achtzig Jahre – selbst mehr als die gesamte Lebensspanne eines Menschen, der ein hohes Alter erreicht – waren die beiden wirkenden Mächte, die Reform und der Konservatismus, von dieser Art: sie waren ineinander verschränkt, beide beeinträchtigten den jeweils anderen, und beide hatten die Hoffnung, letztlich allgemeingültig zu werden.

Mit der Zeit wurden die beiden Parteien natürlich immer mehr zu zwei feindlichen Armeen, zwei Lagern, und letztlich war die volle Trennung vollbracht. Was die vereinte Christenheit des Abendlandes war, brach in zwei Fragmente: eines, das fortan die protestantische Kultur sein würde, das andere die katholische Kultur. Beide würden sich selbst und ihren eigenen Geist von nun an als eine von der anderen Kultur getrennte und ihr feindliche Sache betrachten. Beide begannen außerdem, ihren neuen Geist mit der eigenen Region oder Nationalität oder einem Stadtstaat zu verbinden: England, Schottland, Hamburg, Zürich und so fort.

Nach der ersten Phase (die natürlicherweise etwa eine Lebenszeit umfasste), kam eine zweite Phase, die eine weitere Lebenszeit andauerte. Wenn man bis hin zur Vertreibung der katholischen Könige Englands aus dem Hause Stuart rechnet, dauerte sie mehr als eine Lebensspanne an – fast einhundert Jahre.

In dieser zweiten Phase wurde die protestantische und katholische Welt bewusst getrennt. Von nun an standen sich die beiden Welten bewusst feindselig gegenüber. Dieser Zeitabschnitt sah eine große Menge tatsächlicher Kämpfe: die »Religionskriege« in Frankreich und in Irland, vor allem aber in den ausgedehnten deutschsprachigen Regionen Mitteleuropas. Eine ganze Weile, bevor der physische Kampf beendet war, hatten sich die Gegner zu einer permanenten Form »auskristallisiert«. Das katholische Europa hatte den augenscheinlich unvermeidbaren Verlust dessen akzeptiert, was heute die protestantischen Staaten und Städte sind. Das protestantische Europa hatte alle Hoffnung verloren, den im Glauben verbliebenen Teil Europas mit seinem Geist dauerhaft zu beeinflussen. Die neue Sachlage wurde durch die Hauptverträge festgesetzt, welche die Religionskriege in Deutschland (in der Mitte des 17. Jahrhunderts) beendeten. Aber der Streit setzte sich sporadisch noch für gut vierzig weitere Jahre fort. Teile der Grenzen zwischen den beiden Regionen fluktuierten bis zum Ende dieses Zeitraums immer noch. Die Dinge beruhigten sich nicht und teilten sich endgültig erst nach 1688 in England bzw., wenn wir ganz Europa betrachten, sogar erst nach 1715 in zwei Welten.

Um uns die Situation besser vorzustellen, ist es sinnvoll, feste Daten vor Augen zu haben. Als Beginn des offenen Streites können wir das gewaltsame Aufbegehren annehmen, das mit dem Namen Martin Luther im Jahr 1517 verbunden ist. Um 1600 hat sich die Bewegung als eine allgemein europäische Bewegung bereits deutlich in eine katholische und eine protestantische Welt ausdifferenziert. Der Kampf ging nun darum, welche der beiden vorherrschen würde, nicht, welche der beiden Philosophien in unserer gesamten Zivilisation obsiegen würde, auch wenn, wie ich sagte, einige immer noch hofften, dass *letztendlich* die alte katholische Tradition aussterben oder dass *letztendlich* die Christenheit als Ganze zu ihr zurückkehren würde.

Die zweite Phase beginnt erst 1606 in England oder einige Jahre vorher auf dem Kontinent und endet zu keinem bestimmten Datum, aber allgemein gesprochen in den letzten zwanzig Jahren des siebzehnten Jahrhunderts. Sie endet in Frankreich früher als in England. Sie endet in den deutschen Staaten – mehr aus Erschöpfung als aus irgendeinem anderen Grund – sogar noch früher als in Frankreich, aber man könnte sagen, dass die Vorstellung eines unmittelbar religiösen Kampfes um die Jahre 1670 bis 1680 in den Hintergrund eines politischen Kampfes rückte. Die aktiv religiösen Kriege füllten den ersten Teil dieser Phase aus, die in Irland in der Mitte des siebzehnten Jahrhunderts endete, in Deutschland einige Jahre früher, aber sie wurden bis 1688 oder sogar einige Jahre später in den Gebieten, in denen sich der Konflikt fortsetzte, immer noch als eine religiöse Angelegenheit betrachtet.

In der Mitte des siebzehnten Jahrhunderts, im Zeitalter Cromwells 1649 bis 1658, war Großbritannien definitiv protestantisch und würde es bleiben, obwohl es eine große katholische Minderheit gab.[17] Das gleiche trifft auf Holland zu. Skandinavien war durch seine reichen Männer schon längst endgültig protestantisch gemacht worden wie auch viele Fürstentümer und Staaten des Deutschen Reiches, vor allem im Norden. Andere (vor allem im Süden) sollten für die weitere Zukunft im Großen und

17 Wie groß diese Minderheiten zu verschiedenen Zeiten waren – 1625, 1660, 1685 –, ist strittig und außerdem dadurch schwer zu schätzen, dass gleiche Worte für unterschiedliche Dinge verwendet werden. Wenn wir über die englische Minderheit sprechen, die in ihren Traditionen aktiv katholisch, aber nicht voll mit den päpstlichen Ansprüchen einverstanden war, dann war sicherlich die Hälfte der Bevölkerung zum Todeszeitpunkt Elisabeths katholisch, jedoch nur ein Achtel zum Zeitpunkt des Exils Jakobs II. fünfundachtzig Jahre später. Wenn wir mit katholisch all diejenigen meinen, die ohne Feindseligkeit eine Rückkehr zur alten Religion akzeptiert hätten, haben wir sogar noch am Ende des Jahres 1688 eine noch viel größere Gruppe. Die Sache ist schwierig einzuschätzen, da die Menschen keine Aufzeichnungen über ihre privatesten Meinungen hinterlassen. Aber es ist keine große Übertreibung, zu sagen, dass in England zu dieser Zeit noch jeder Vierte dieser Auffassung war. Die Gründe dafür habe ich in meinem Buch über Jakob II. dargelegt.

Ganzen definitiv katholisch bleiben. In den Niederlanden (was wir nun Holland und Belgien nennen) war der Norden (Holland) mit einer sehr großen katholischen Minderheit nun offiziell protestantisch, während der Süden (Belgien) fast vollständig mit kaum einem protestantischen Element katholisch war.

Die Schweizer Kantone waren ähnlich geteilt wie die deutschen Staaten. Manche wurden katholisch, andere protestantisch. Frankreich blieb in der Hauptsache katholisch, jedoch mit einer mächtigen und reichen, wenngleich nicht sehr großen, protestantischen Minderheit: höchstens 10 Prozent der Bevölkerung, wahrscheinlich aber näher an 5 Prozent. Spanien, Portugal und Italien hatten sich darauf eingependelt, endgültig die Traditionen der katholischen Kultur zu behalten.

Nun sind wir also dabei, die Geschichte zweier aufeinanderfolgender Epochen zu verfolgen, die schrittweise ihre Spezifika änderten, die erste von kurz vor 1520 bis etwa 1600, eine Epoche der allgemeinen Debatte und des Kampfes. Die zweite Epoche war eine von deutlich entgegengesetzten Kräften, die so sehr politische wie religiöse Züge annahm und sich immer mehr in deutlich umrissene, feindliche Lager teilte.

Als all das zum Ende des siebzehnten Jahrhunderts vorbei war – vor mehr als zweihundert Jahren –, gab es neue Entwicklungen: die Verbreitung des Zweifels und ein antikatholischer Geist innerhalb *der katholischen Kultur selbst.* In der protestantischen Kultur dagegen, wo es weniger klar definierte Lehren anzugreifen gab, gab es weniger interne Spaltung, aber ein wachsendes allgemeines Gefühl, dass religiöse Unterschiede akzeptiert werden müssten. Ein Gefühl, das sich in einer immer größer werdenden Anzahl von Einzelpersonen zunächst zu einer geheimen, später aber offen bekannten Geisteshaltung entwickelte, nach der im Bereich der Religion nichts sicher sein könne und die Tolerierung jeglicher Meinungen sinnvoll sei.

Seite an Seite mit dieser Entwicklung verlief der politische Kampf zwischen den Nationen ursprünglich katholischer Kultur und den Gebieten der neuen protestantischen Kultur. Während des neunzehnten Jahrhunderts ging das Übergewicht der Macht allmählich an die Protestanten über, angeführt durch die beiden protestantischen Hauptmächte, England und Preußen, manchmal versinnbildlicht durch ihre Hauptstädte »London und Berlin«. Es ist gesagt worden, dass »London und Berlin die Zwillingssäulen der protestantischen Überlegenheit während des neunzehnten Jahrhunderts« gewesen seien, und diese Einschätzung ist vernünftig.

Das also ist der allgemeine Prozess, dem wir nun folgen. Eine Lebenszeit erbitterten Konfliktes zwischen Anschauungen allerorten; eine weitere Lebenszeit wachsender räumlicher Trennung, während sich der religiöse mehr und mehr in einen politischen Konflikt verwandelte. Dann ein Jahrhundert – das achtzehnte – des wachsenden Skeptizismus, in dem die Eigenarten der katholischen und protestantischen Kulturen beibehalten wurden, wenn auch manchmal verdeckt.

Schließlich ein weiteres Jahrhundert – das neunzehnte – in dem der politische Kampf zwischen den beiden Kulturen, der katholischen und protestantischen, offensichtlich genug war und währenddessen die protestantische Kultur ihre politische Macht fortwährend zulasten der katholischen ausdehnte, da die letztere innerlich mehr gespalten war als die erstere. Frankreich, die führende Macht der katholischen Kultur, war in Napoleons Tagen zur Hälfte antiklerikal, während England, wie noch heute, durchweg antikatholisch war.

Die Ursprünge dieser großen Bewegung, die auf Generationen hinaus die geistige Welt erschütterte und teilte und die wir die »Reformation« nennen, also gleichsam die Vorbereitung des Stoffes für die Explosion, die die Christenheit im sechzehnten Jahrhundert zersplitterte, gehen auf Entwicklungen zurück, die mindestens zwei volle Lebenszeiten vor dem ersten entscheidenden Akt der Rebellion gegen die religiöse Einheit im Jahr 1517 ihren Anfang genommen hatten.

Viele haben als Ausgangspunkt die Geschichte der Aufgabe Roms durch das Papsttum und seine Niederlassung in Avignon angenommen, mehr als zweihundert Jahre vor Luthers Revolte. Diese Ansicht trägt etwas Wahres in sich, es handelt sich jedoch um eine sehr unvollkommene Wahrheit. Alles hat eine Ursache und jede Ursache hat eine weitere Ursache hinter sich usw. Die Aufgabe Roms durch das Papsttum kurz nach 1300 schwächte die Struktur der Kirche, war aber an sich nicht ihr Ende. Es ist sinnvoller, als wesentlichen Ausgangspunkt jene furchtbare Katastrophe anzunehmen, nämlich die Seuche, die heute der »Schwarze Tod« (1348-50) genannt wird, vierzig Jahre nach der Aufgabe Roms. Es wäre vielleicht sogar noch zufriedenstellender, vom großen Schisma als Ausgangspunkt auszugehen, fast dreißig Jahre nach dem Schwarzen Tod, nachdem für den größten Teil einer Lebensspanne die Autorität der katholischen Welt durch den Streit der Päpste und Gegenpäpste fast tödlich verwundet worden war: der Streit der rivalisierenden Prätendenten um die außerordentliche Autorität des Heiligen Stuhls. In jedem Fall muss man vor dem Schwarzen Tod und vor dem Beginn des Schismas mit der Aufgabe Roms durch die Päpste beginnen.

Der Heilige Stuhl als Zentralautorität der gesamten Christenheit war schon lange in einen tödlichen Streit mit der Laienmacht verwickelt, die »das Reich« genannt wurde, d. h. den Kaisern deutscher Herkunft, die eine allgemeine, aber sehr komplizierte und vielgestaltige und oft nur schattenhafte Autorität nicht nur in den deutschsprachigen Ländern, sondern auch über Norditalien und einen Gürtel des heutigen Ostfrankreichs sowie über die Niederlande und gewisse Gruppen von Slawen hatten.

Eine Lebenszeit bevor der Papst Rom verließ, hatte der Streit unter dem intelligentesten und gefährlichsten Mann, der jemals in der Christenheit herrschte, seinen Höhepunkt erreicht: Kaiser Friedrich II., dessen Macht umso größer war, da er nicht nur die alte, mannigfaltige Herrschaft über die deutschen Staaten und die Niederlande und das heutige Ostfrankreich erbte, sondern auch die über Ost- und Süditalien. Ganz

Mitteleuropa, mit Ausnahme der unmittelbar vom Papst regierten Staaten in der Mitte Italiens, lag mehr oder weniger im Schatten Friedrichs, unter seinem Machtanspruch. Er forderte die Kirche heraus. Das Papsttum siegte und die Kirche wurde gerettet, aber die politische Macht des Papsttums hatte sich im Zuge des Kampfes erschöpft.

Wie es so oft der Fall ist, zog eine dritte Partei aus dem gewaltsamen Duell der beiden anderen ihren Vorteil. Es war der König von Frankreich, der jetzt zur entscheidenden Macht aufstieg. Für siebzig Jahre, d. h., während des Großteils des vierzehnten Jahrhunderts (von 1307 bis 1377) wurde das Papsttum zu einer französischen Angelegenheit. Die Päpste residierten in Avignon (wo ihr riesiger Palast immer noch steht, ein vorzügliches Monument jener Zeit und ihrer Bedeutung) und die Männer, die das Papstamt antraten, waren nach der Übersiedlung hauptsächlich Franzosen.

Diese Übersiedlung (oder vielmehr dieses Zwischenspiel, denn der Wechsel war nicht permanent) fand gerade in dem Moment statt, als sich in verschiedenen Gegenden Europas und insbesondere in Frankreich ein nationales Selbstbewusstsein entwickelte. Umso mehr schockierte der eigenartig französische Charakter des Papsttums das Gewissen jener Zeit. Das Papsttum sollte seiner Natur gemäß universal sein. Dass es stattdessen national war, war für die Westeuropäer dieser Zeit schockierend.

Die Tendenz der westlichen Christenheit, sich in verschiedene Parteien aufzuspalten und die volle Einheit zu verlieren, die sie so lange besessen hatte, wurde durch das Scheitern der Kreuzzüge verstärkt. Solange sie aktiv waren, hatten sie eine vereinende Kraft. Sie standen für ein gemeinsames Ideal der ganzen christlichen Ritterschaft. Die Spaltungstendenz wurde außerdem durch den sogenannten Hundertjährigen Krieg verstärkt. Nicht, dass er einhundert Jahre ununterbrochen angedauert hätte, aber von der ersten bis zur letzten Schlacht lassen sich fast so viele Jahre zählen.

Der Hundertjährige Krieg war ein Kampf zwischen der französischsprachigen Dynastie, die England beherrschte und durch die französischsprachige Oberschicht Englands unterstützt wurde – denn die englische Oberschicht sprach noch bis ins späte vierzehnte Jahrhundert hinein französisch –, und der ebenfalls französischsprachigen Monarchie und Oberschicht Frankreichs selbst. Die englische französischsprachige Dynastie wurde *Plantagenet* genannt, die französische Dynastie nennen wir die *Kapetinger*.

Die französische Kapetingermonarchie ging regulär über Generationen vom Vater auf den Sohn über, bis es nach 1300 zu Erbfolgestreitigkeiten kam, kurz nachdem der Papst nach Avignon in Frankreich gegangen war. Der junge Eduard Plantagenet, der Dritte seines Namens, der französischsprachige König Englands, beanspruchte die französische Krone durch die Linie seiner Mutter, der Schwester des letzten Königs, der keinen Sohn hatte. Der Kapetingerkönig Philipp, Cousin des verstorbenen Königs, beanspruchte sie als männlicher Erbe, da seine Advokaten die Antwort erfanden, dass Frauen die französische Monarchie weder be- noch vererben könnten. Eduard gewann zwei bemerkenswerte Schlachten, die von Crecy und Poitiers, und schaffte es beinahe, seinen Anspruch auf den französischen Thron durchzusetzen. Dann kam eine lange Flaute, in der die Kräfte der Plantagenets mit Ausnahme des Südwestens aus Frankreich geworfen wurden. Später sammelten sich die Plantagenets neu, nachdem der usurpierende Lancaster-Zweig der Familie sich zu Königen Englands gemacht hatte und seine unrechtmäßige Macht konsolidierte. Er entzündete den Krieg gegen Frankreich aufs Neue (unter Heinrich V. von England) und kam dem Erfolg näher als seine Vorgänger, da sich Frankreich im Zustand des Bürgerkriegs befand. Tatsächlich gelang es dem großen Soldaten dieser Epoche, Heinrich V. von England, seinen kleinen Sohn zum König von Frankreich krönen zu lassen, indem er die Tochter des französischen Königs heiratete, und behauptete, ihr Bruder sei illegitim. Aber der Disput war noch nicht vorbei. Wir wissen alle, wie er ausging. Er endete mit den Feldzügen der Johanna von Orléans und ihrer Nachfolger sowie dem kompletten Zusammenbruch der Plantagenet-Ansprüche auf ewig. Aber der Kampf hatte natürlich das Nationalgefühl gestärkt und jede Stärkung des nun wachsenden Nationalgefühls bedeutete eine Schwächung der alten Religion.

Inmitten dessen fiel etwas noch viel Wichtigeres als solch ein Kampf, etwas, das, wie ich oben sagte, sehr viel mit der bedauerlichen Aufteilung der Christenheit in separate, unabhängige Nationen zu tun hatte. Dieses beklagenswerte Ereignis war die furchtbare Pest, die jetzt der »Schwarze Tod« genannt wird. Das schreckliche Desaster brach im Jahr 1347 aus und fegte über ganz Europa von Osten nach Westen. Das Wunder besteht darin, dass unsere Zivilisation nicht zusammenbrach, denn es starb bestimmt ein Drittel der erwachsenen Bevölkerung, vermutlich sogar mehr.

Wie bei allen Katastrophen gab es eine gewisse Verzögerungszeit, bis die vollen Effekte spürbar wurden. In den 1370er und 1380er Jahren wurden sie schließlich dauerhaft und ziemlich universal.

Zuallererst wurden, wie es immer der Fall ist, wenn Menschen schwer geprüft werden, die weniger Wohlhabenden gewalttätig gegen die Wohlhabenderen. Es gab Aufstände und revolutionäre Bewegungen. Die Preise schwankten stark, es gab einen Bruch der Kontinuität in einer ganzen Reihe von Institutionen. Die Namen der alten Institutionen blieben, aber ihr Geist änderte sich. Z. B. behielten die großen Klöster Europas ihre alten Reichtümer, jedoch wurden sie zahlenmäßig halbiert.

Ein bedeutender Teil dieser Effekte des Schwarzen Todes war nach etwa einer Lebensspanne das schrittweise Auftreten Englands als eines Landes, das durch ein gemeinsames Band verbunden ist. Die oberen Schichten sprachen nicht mehr Französisch und die verschiedenen Ortsdialekte verschmolzen zu einer Sprache, die zur Schriftsprache einer neuen Nation werden sollte. Es ist das Zielalter von *Piers Plowman*[18] und Geoffrey Chaucer[19].

Der Schwarze Tod erschütterte nicht nur die physische und politische Struktur der europäischen Gesellschaft. Er fing auch an, sich auf den Glauben selbst auszuwirken. Der Schrecken hatte auch den Gläubigen ein Übermaß an Verzweiflung aufgebürdet.

Ein anderes direktes Resultat des Schwarzen Todes war das »Große Schisma« des Papsttums. Die sich bekriegenden Könige Frankreichs und Englands und die rivalisierenden bürgerlichen Fraktionen in Frankreich selbst sowie die niederen Autoritäten in den kleineren Staaten ergriffen für diesen oder jenen Anwärter auf den Papstthron Partei, sodass die ganze Vorstellung einer zentralen geistlichen Autorität untergraben wurde.

Die Verbreitung von volkssprachlicher Literatur, d. h. Literatur, die nicht länger auf Latein verfasst wurde, sondern in der lokalen Sprache (Nord- oder Südfranzösisch, Englisch, Hoch- oder Niederdeutsch), war ein weiterer spaltender Faktor. Hätte man jemanden hundert Jahre vor 1347 gefragt »Warum sollten unsere Gebete auf Latein sein? Warum benutzen unsere Kirchen nicht unsere eigene Sprache?«, dann hätte man über die Frage gespottet, denn sie schien keine Bedeutung zu haben. Wenn man jemandem im Jahr 1447, zum Ende des Mittelalters hin, als die neuen Volkssprachen gerade begannen zu gedeihen, die gleiche Frage stellte, dann hatte diese Frage ganz das Ohr der Öffentlichkeit.

In gleicher Weise konnten Gegner der Zentralautorität auf das Papsttum als eine lediglich lokale Sache verweisen, eine italienische, südliche Angelegenheit. Der Papst wurde ebenso sehr ein italienischer Fürst, wie er das Haupt der Kirche war. Ein derartiges gesellschaftliches Chaos war bestens für spe-

---

18 Anm. d. Übers.: *Piers Plowman* (verf. ca. 1360 bis 1399) ist der Titel einer mittelenglischen allegorischen Erzählung des Autors William Langland. Sie wird neben Chaucers *Canterbury Tales* zu den ersten großen Werken der englischen Literatur gezählt.

19 Anm. d. Übers.: Geoffrey Chaucer (1342/1343-1400) war ein englischer Schriftsteller und Dichter, der als Verfasser der *Canterbury Tales* Berühmtheit erlangte.

zifische Häresien geeignet, d. h. für partikulare Bewegungen, die partikulare Lehren in Frage stellen. Eine der beliebtesten Meinungen, begründet auf den gesellschaftlichen Unruhen der Zeit, war die Idee, dass das Recht auf Eigentum und Amt mit der Gnade zusammenhinge, dass Autorität, sei sie politisch oder ökonomisch, nur von Männern im Stand der Gnade rechtmäßig ausgeübt werden könne – eine bequeme Ausrede für jede Art von Aufruhr!

Eingebettet in diesen Streit waren die gewaltsamen Querelen zwischen den Laien und dem Klerus. Die Stiftungen der Kirchen waren sehr groß und die Korruption wuchs sowohl in monastischen als auch in diözesanen Einrichtungen. Pfründen wurden zunehmend als Einkünfte für Belohnungen oder irgendein politisches Programm verwendet. Selbst einer der besten Päpste jener Zeit, ein Mann, der die korrupte Gewohnheit der Vereinigung mehrerer Pfründen in einer Hand bekämpfte, hielt wie selbstverständlich selbst sieben Bistümer.

Nationale und ethnische Gefühle zogen Nutzen aus der Verwirrung in Bewegungen wie derjenigen der Hussiten in Böhmen. Der Vorwand für eine Erhebung gegen den Klerus war die Forderung nach Wiederherstellung der Kelchkommunion für Laien. Tatsächlich waren sie vom Hass des Slawen auf den Deutschen beflügelt. Hus ist in Böhmen bis heute ein Held. Während des Großen Papstschismas gab es Bemühungen, die Zentralautorität auf solidem Fundament wiederherzustellen, indem man große Konzilien einberief. Sie riefen die Päpste dazu auf, abzudanken. Sie bestätigen neue Ernennungen zum Papstamt. Aber auf lange Sicht gesehen schwächten sie die Vorstellung von Autorität im Allgemeinen, indem sie an der Autorität des Heiligen Stuhls rüttelten.

Auf solche Verwirrungen und auch solch komplizierten Unzufriedenheiten, *insbesondere über den sich verbreitenden und wachsenden Unmut über die Weltlichkeit des Amtsklerus*, folgte ein lebhaftes intellektuelles Erwachen, eine Wiederentdeckung der Klassiker und vor allem die Wiederentdeckung des Griechischen. Dies füllte das späte fünfzehnte Jahrhundert (1450-1500) aus. Zur gleichen Zeit verbreitete sich das Wissen um die physische Welt. Die Welt (wie wir heute sagen) »wurde größer«. Die Europäer hatten den Atlantik und die afrikanischen Küsten erforscht, sie fanden ihren Weg nach Indien über das Kap der Guten Hoffnung, und vor dem Ende des Jahrhunderts trafen sie auf eine ganze neue Welt, die später Amerika genannt werden sollte.

In der ganzen Unruhe erscholl unaufhörlich die Forderung: »Reform der Kirche!«, »Reform an Haupt und Gliedern!« Das Papsttum sollte zu seinen vollkommen geistlichen Aufgaben zurückkehren und die Korruption der Amtskirche beseitigt werden. Es gab einen wachsenden stürmischen Ruf nach Einfachheit und Authentizität, eine wachsende stürmische Empörung gegen die starre Verteidigung alter Privilegien, ein universales Ziehen an rostigen Fesseln, die der europäischen Gesellschaft nicht mehr passten. Der Ruf nach Veränderung durch Besserung, nach einer Reinigung des Klerus und der Wiederherstellung von geistlichen Idealen, kann mit dem heutigen Ruf (nicht mit der Religion als Gegenstand, sondern der Wirtschaft) nach der Plünderung konzentrierten Reichtums zum Wohle der Massen verglichen werden.

Zwischen 1500 und 1510 war die Geisteshaltung überall eine, in der jedes Ereignis einen plötzlichen Umschwung zur Folge haben konnte, genauso wie Ereignisse militärischer Niederlagen und die Belastung vieler Kriegsjahre den plötzlichen Aufschwung des Bolschewismus im Russland unserer Tage zur Folge hatten.

Das Ereignis, das eine Explosion provozierte, war ein kleines und unbedeutsames – aber als Ursprungsjahr ist es von enormer Bedeutung. Ich spreche natürlich vom Protest Luthers gegen den Missbrauch (und, was das betrifft, gegen den Gebrauch) von Ablässen.

Das Datum, der Vorabend von Allerheiligen 1517, ist nicht nur ein bestimmtes Datum, das den Ursprung der Reformation markiert, sondern es ist ihr wahres Anfangsmoment. Von da an wurde die Flutwelle überwältigend. Bis zu diesem Moment fühlten sich die konservativen Kräfte, so korrupt sie gewesen sein mögen, ihrer selbst sicher. Sehr bald nach diesem Ereignis war ihre Gewissheit dahin. Die Flut hatte begonnen.

Zum Zwecke der Klarheit muss ich die allererste Sache, derer sich jeder bewusst sein sollte, der die religiöse Revolution verstehen will, die in dem endete, was wir heute den »Protestantismus« nennen, wiederholen: Die Revolution, die im Allgemeinen die »Reformation« genannt wird, fiel in zwei recht verschiedene Hälften, jede deckt sich etwa mit der Länge eines menschlichen Lebens. Die erste Phase war nicht die eines Konfliktes zwischen zwei Religionen, sondern ein Konflikt innerhalb einer Religion, während die zweite Phase die Entstehung einer eigenständigen religiösen Kultur war, von der katholischen Kultur verschieden und ihr entgegengesetzt.

Ich wiederhole mich: Die erste Phase (ungefähr die erste Lebensspanne dieser Geschichte) war kein Konflikt zwischen »Katholiken und Protestanten«, wie wir ihn heute kennen; es war ein Konflikt innerhalb der Grenzen der gesamten westeuropäischen Gesellschaft. Männer des extremen linken Flügels, von Calvin bis zum Pfalzgrafen, dachten immer noch in den Begrifflichkeiten der »Christenheit«. Jakob I.[20] prangerte bei seiner Thronbesteigung den Papst als dreiköpfiges Ungeheuer an, während er gleichzeitig massiv sein Recht betonte, der katholischen Kirche zugehörig zu sein.

Bevor wir das nicht verstanden haben, können wir weder die Verwirrung noch die erhitzten Gemüter dieser Zeit verstehen. Was als eine Art geistiger Familienstreit begann, setzte sich als geistiger Bürgerkrieg fort, der bald von einem tatsächlichen, bewaffneten Bürgerkrieg begleitet wurde. Aber es war kein Konflikt zwischen einer protestantischen und einer

20 Anm. d. Übers.: Jakob (1566-1625), englisch James, war ab 1567 als Jakob VI. König von Schottland und ab 1603 bis zu seinem Tod zusätzlich als Jakob I. König von England und König von Irland.

katholischen Welt. Das kam später, und als es so weit war, brachte es den Stand der Dinge hervor, der uns allen vertraut ist: die Teilung der weißen Welt in zwei Kulturen, die katholische und antikatholische, das Auseinanderbrechen der Christenheit durch den Verlust der europäischen Einheit.

Nun ist die schwierigste Sache der Welt in Bezug auf die Geschichte (und sie wird nur selten erreicht), die Ereignisse so zu sehen, wie Zeitgenossen sie sahen, und nicht durch die verzerrte Linse unseres späteren Wissens. *Wir* wissen, was geschehen würde, die Zeitgenossen wussten es nicht. Sogar die Wörter, die die Haltungen zu Beginn des Streites bezeichneten, veränderten ihre Bedeutung, noch bevor der Kampf zu Ende war. So verhält es sich mit den Begriffen »katholisch« und »protestantisch« und mit dem Wort »Reformation« selbst.

Der große religiöse Aufruhr, der sich so schnell in eine religiöse Revolution verwandelte, sollte in den Augen der Zeitgenossen seines Ursprungs eine Bemühung sein, die Korruption, Irrtümer und geistigen Verbrechen im geistigen Leib der Christenheit zu korrigieren. Am Anfang der Bewegung hätte niemand, der es wert wäre, beachtet zu werden, die Notwendigkeit einer Reform bestritten. Alle waren sich darin einig, dass die Dinge furchtbar standen und eine noch furchtbarere Zukunft bevorstand, sollte nichts unternommen werden. Der himmelschreiende Ruf nach einer Richtigstellung der Dinge wurde seit mehr als einem Jahrhundert immer lauter und spitzte sich nun, im zweiten Jahrzehnt des sechzehnten Jahrhunderts, zu. Die Situation damals könnte mit der wirtschaftlichen Situation von heute verglichen werden. Niemand, der beachtenswert wäre, ist mit dem Industriekapitalismus zufrieden, der so großes Unheil herangezüchtet hat. Die Übel wachsen und drohen unerträglich zu werden. Alle sind sich darin einig, dass Reform und Wandel nötig sind.

So weit so gut. Man könnte es so formulieren: Niemand, der in den Jahren zwischen 1450 und 1500 geboren wurde, war blind dafür, dass zum kritischen Jahr 1517, als die Explosion stattfand, etwas getan werden musste. Viele Menschen waren – je nach ihrer Integrität und ihrem Wissensstand – darauf bedacht, dass etwas getan werden sollte. Genauso gibt es heute niemanden aus den Geburtsjahrgängen 1870 bis 1910, der nicht wüsste, dass im wirtschaftlichen Bereich drastisch gehandelt werden muss, wenn wir unsere Zivilisation retten wollen.

Eine Stimmung dieser Art ist die Vorbedingung für alle großen Reformen, aber sobald solche Reformen in die Tat umgesetzt werden, treten drei Merkmale zu Tage, die die Begleitumstände aller Revolutionen sind. Nur die richtige Steuerung derselben kann eine Katastrophe verhindern.

Das erste Merkmal ist folgendes:

Veränderungen jeder Art und jeden Grades werden gleichzeitig angeregt, von offensichtlich gerechtfertigten und notwendigen Reformen – die Rückkehr zur rechten Ordnung der Dinge – bis hin zu kriminellen und wahnsinnigen Neuerungen.

Das zweite Merkmal besteht darin, dass die zu reformierende Sache natürlich Widerstand leistet. Sie hat eine große Menge an Gewohnheiten, Kapitalinteressen, amtliche Organisationen etc. angesammelt, von denen jede, selbst ungewollt, die Reform verzögert.

Drittens (und das ist das allerwichtigste Merkmal) erscheint unter den Revolutionären eine zunehmend größer werdende Zahl derjenigen, *die sich nicht so sehr darum kümmern, Schlechtes zu berichtigen, das in der zu reformierenden Sache gewachsen ist, sondern vielmehr von einem leidenschaftlichen Hass auf die Sache selbst erfüllt sind – auf sein Wesen und seinen Nutzen, also die Grundlagen seines Rechts auf Fortbestand.* Dergestalt erleben wir heute in der Revolte gegen den industriellen Kapitalismus Menschen, die jegliche Art von Heilmitteln vorschlagen: ständische Körperschaften, partiellen Staatssozialismus, die Wahrung von Kleinbesitz (was das Gegenteil des Sozialismus ist) und die Ablehnung von Zinsen, die Währungsabwertung, die Versorgung der Arbeitslosen, kompletten Kommunismus, nationale Reformen, internationale Reformen, selbst Anarchie. All diese Heilmittel und hundert andere werden in einem Tohuwabohu vorgeschlagen, viele widersprechen sich und ein Chaos an Ideen wird produziert.

Alle Organe des Industriekapitalismus funktionieren auch angesichts dieses Chaos, die meisten von ihnen kämpfen eifersüchtig um ihr Bestehen. Das Bankensystem, große zinstragende Kredite, das proletarische Leben, der Missbrauch der Maschinerien und die Mechanisierung der Gesellschaft – all diese Übel setzen sich trotz des Gezeters fort und nehmen mehr und mehr die Haltung starrköpfigen Widerstandes an. Sie verteidigen sich bewusst oder halbbewusst so: »Wenn ihr uns stürzt, gibt es einen Crash. Die Dinge mögen schlecht stehen, aber es sieht so aus, als würdet ihr sie nur schlechter machen. Ordnung ist das wichtigste«, usw. usf.

Währenddessen manifestiert sich ein drittes Element: Die moderne Welt füllt sich immer mehr mit Menschen, die den industriellen Kapitalismus derart hassen, dass dieser Hass zum Motiv all ihres Handelns und Denkens wird. Sie würden lieber die Gesellschaft zerstören, als auf Reformen zu warten, und sie schlagen Reformmethoden vor, die schlimmer sind als die zu beseitigenden Übel. Sie haben ein größeres Interesse an der Tötung ihres Feindes als am Leben der Welt.

All das tauchte gleichzeitig damit auf, was ich hier den »*Aufruhr*« nenne, der in Europa ungefähr von 1517 bis zum Ende des Jahrhunderts andauerte, eine Lebensspanne von etwas mehr als achtzig Jahren. Am Anfang konzentrierten sich alle guten Männer mit hinreichender Bildung und viele schlechte Männer mit ebenfalls hinreichender Bildung, eine Menge ignoranter Männer und nicht wenige Irre auf die Übel, die im religiösen System der Christenheit gewachsen waren. Dergestalt waren die ersten Reformatoren.

Niemand kann leugnen, dass die Übel, die in der Kirche nach Reform riefen, tief verwurzelt und weit verbreitet waren. Sie bedrohten sogar das Leben der Christenheit selbst. Alle, die überhaupt darüber nachsannen, was um sie geschah, realisierten, wie bedrohlich die Lage war und wie groß die Notwendigkeit der Reform. Diese Übel lassen sich wie folgt klassifizieren:

Zunächst (und am unwichtigsten) gab es eine Masse an schlechter Geschichtsschreibung und schlechte historische Gewohnheiten durch Vergesslichkeit hinsichtlich der Vergangenheit, mangelndes Wissen und bloße Routine. So gab es z. B. eine große Anzahl von Legenden, die meisten wunderschön, aber einige kindisch und zur Hälfte unwahr, die an der wahren Tradition hafteten. Es gab Urkunden, auf die man sich als autoritativ verließ, die sich jedoch als etwas anderes erwiesen, als sie vorgaben zu sein, z. B. die berühmten falschen Dekretalen und insbesondere die sogenannte Konstantinische Schenkung, die, so dachte man, der weltlichen Macht des Papsttums ihr Recht gab. Es gab eine Menge falscher Reliquien, nachweislich falsch wie z. B. (unter tausend anderen) die falschen Reliquien der hl. Maria Magdalena und unzählige Fälle, in denen zwei oder mehr Objekte vorgaben, dieselbe Reliquie zu sein. Die Liste könnte unendlich fortgesetzt werden, und der Anstieg der Gelehrsamkeit, die neuerliche Entdeckung der Vergangenheit, insbesondere das Studium der originalen griechischen Dokumente, vor allem des griechischen Neuen Testamentes, ließen diese Übel unerträglich erscheinen.

Die nächste Gruppe von Übeln wog schwerer, denn sie beeinflusste das geistliche Leben der Kirche in seinem innersten Wesen. Es war eine Art von »Kristallisation« (wie ich es andernorts genannt habe), oder, sollte man einen anderen Begriff bevorzugen, die »Versteinerung« des Klerus in seinen Gewohnheiten und selbst in seiner Lehre. Gewisse Bräuche, insbesondere in der Form lokaler Anhänglichkeit an lokale Wallfahrtsorte und Zeremonien, an sich harmlos und vielleicht insgesamt eher gut als schlecht, wurden als wichtiger erachtet als das Gefüge der katholischen Wahrheit. Es war notwendig geworden, diese Dinge zu untersuchen und sie entweder zu berichtigen oder ganz abzuschaffen. Drittens und am allerwichtigsten war die Weltlichkeit, weit verbreitet unter den Funktionären der Kirche, und zwar in der genauen theologischen Bedeutung des Wortes »Weltlichkeit«: die Bevorzugung zeitlicher Interessen vor den geistlichen.

Ein Hauptbeispiel dafür war das eigennützige Interesse an Pfründen, die gekauft und verkauft, vererbt und erbettelt wurden, ähnlich wie heute Wertpapiere und Aktien. Wir haben gesehen, wie auf der Höhe der Bewegung einer der größten der Reformpäpste die Einnahmen von sieben Bistümern innehielt, die dadurch ihrer residierenden Hirten beraubt waren. Die Einnahmen eines Bistums konnten als Bezüge durch einen König an jemanden vergeben werden, der ihm dienlich war, der nie auch nur in die Nähe seiner Diözese kam und vielleicht hunderte von Meilen entfernt lebte. Es war normal für Menschen wie z. B. Kardinal Wolsey[21] (und er war nur einer von vielen), zwei der vorzüglichsten Bistümer der Christenheit gleichzeitig in den Händen zu halten: York und Winchester. Es war üblich für Männer wie Campeggi[22], gelehrt, tugendhaft und allen ein Vorbild, aus einem englischen Bistum Einnahmen zu beziehen, während sie selbst in Italien lebende Italiener waren und sich nur selten ihren Bischofssitzen näherten. Der päpstliche Hof, obwohl dessen Übel sehr übertrieben wurden, war ein immer wiederkehrendes Beispiel. Das schlimmste war das der Familie Alexanders VI., ein Skandal erster Güte für die gesamte Christenheit.

Jedermann würde solch monströse Missbräuche mit dem gleichen Eifer heftig attackieren, mit dem Menschen heute, gute und schlechte, den schamlosen Luxus der Reichen in Hinblick auf die Abgründe der modernen proletarischen Armut angreifen. Aus all dem ging der Aufruhr hervor und er wuchs an Gewalt und drohte, die christliche Kirche selbst zu zerstören.

Durch den Anstoß dieser universalen Forderung nach Reform, mit konstruktiven und destruktiven Leidenschaften am

---

21 Anm. d. Übers.: Thomas Wolsey (1475-1530) war ein englischer Staatsmann, katholischer Erzbischof von York und Kardinal. Als englischer Lordkanzler war er für viele Jahre der mächtigste Mann des Landes.

22 Anm. d. Übers.: Lorenzo Campeggi (1474-1539) war ein italienischer Jurist und Kardinal.

Werk, hätte die Einheit der Christenheit sehr wohl auch erhalten bleiben können. Es hätte eine große Menge Gerangel gegeben, vielleicht einige Kämpfe, aber der Instinkt für die Einheit war so groß, der »Patriotismus« der Christenheit eine so lebendige Kraft überall, dass wir am Ende genauso gut eine Wiederherstellung der Christenheit hätten sehen können sowie eine neue und bessere Ära für unsere Zivilisation als Ergebnis einer Austilgung der Weltlichkeit in der Hierarchie und der mannigfaltigen Korruptionen, gegen die das öffentliche Bewusstsein aufbegehrte.

Es gab zu Beginn der lauten Proteste während der chaotisch-revolutionären lutherischen Empörung in den deutschen Landen, denen die humanistische Empörung überall sekundierte, keinen offenkundigen Plan. Es gab keinen konzertierten Angriff auf den katholischen Glauben. Selbst diejenigen, die am instinktivsten seine Feinde waren (Luther selbst war es nicht) und Männer wie Zwingli (der persönlich die zentralen Lehren des Glaubens hasste und die Plünderungen der Klöster anführte) konnten keine Kampagne organisieren. Es gab keine konstruktive Lehre in Opposition zum überkommenen Lehrgefüge, nach dem unsere Väter lebten, bis ein genialer Mann mit einem Buch als Werkzeug auftrat und mit einer starken persönlichen Fähigkeit im Denken und in der Predigt seine Ziele erreichte. Dieser Mann war Franzose, Jean Cauvin (oder Calvin), der Sohn eines kirchlichen Beamten, der Prokurator und Anwalt am bischöflichen Stuhl von Noyon war. Nach der Exkommunikation seines Vaters wegen Veruntreuung und der Konfiszierung des Großteils seines Einkommens durch den Bischof, dessen auch er, Jean Calvin, sich erfreute, ging er ans Werk – und es war ein gewaltiges.

Es wäre ungerecht, zu behaupten, dass die Missgeschicke seiner Familie und die bitteren privaten Geldstreitigkeiten zwischen ihm und der örtlichen Hierarchie die Haupttriebfeder der Attacke Calvins waren. In Hinblick auf die Religion stand er bereits auf der revolutionären Seite. Vielleicht wäre er so oder so eine Hauptfigur unter denen geworden, die für die Zerstörung der alten Religion waren. Aber was auch immer sein Motiv gewesen sein mag, er war auf jeden Fall der Gründer einer neuen Religion, denn es war Johannes Calvin, der eine Gegenkirche errichtete.

Wenn jemals ein Mann die Macht der Logik bewies, dann war er es: der Triumph des Verstandes, selbst des missbrauchten, und der Sieg der Intelligenz über bloßen Instinkt und Gefühl. Er formulierte eine völlig neue Theologie, streng und geschlossen, in der kein Platz war für Priestertum und Sakramente. Er startete einen Angriff, der nicht nur antiklerikal und destruktiv war, sondern er schuf aktiv etwas Neues, so wie es Mohammed neunhundert Jahre vor ihm getan hatte. Er war ein wahrer Häresiarch, und auch wenn seine Wirkung in der tatsächlichen Auferlegung von Dogmen kein viel längeres Leben als der Arianismus hatte, dauert die von ihm geschaffene geistliche Stimmung bis auf unseren heutigen Tag an. Alles, was am protestantischen Wesen lebendig und wirksam ist, leitet sich immer noch von Johannes Calvin ab.

Auch wenn die ehernen calvinistischen Lehrsätze (die im Kern aus einer Zuschreibung des Bösen in die göttliche Natur selbst hinein besteht, da nur ein einziger Wille im Universum angenommen wird) hinweggerostet sind, bleibt dennoch seine Vorstellung eines Moloch-Gottes. Die calvinistische Hingabe an den materiellen Erfolg sowie der calvinistische Gegensatz zu Armut und Demut überdauern in voller Stärke. Der Zinswucher würde die moderne Welt nicht verzehren, wenn Calvin nicht gewesen wäre, noch würden Menschen sich ohne Calvin dazu erniedrigen, die unausweichliche Verdammnis zu akzeptieren, noch wäre ohne Calvin der Kommunismus unter uns, wie er es heute ist, noch hätte ohne Calvin der wissenschaftliche Monismus so die moderne Welt beherrscht (wie er es bis vor kurzem tat), der die Lehre vom Wunder tötete und den freien Willen lähmte. Dieses gewaltige französische Genie ergriff das Wort fast zwanzig Jahre nach dem Beginn der religiösen Revolution: rund um dieses Wort wurde die Schlacht zwischen Kirche und Gegenkirche geschlagen. Die Zerstörung der christlichen Einheit, die wir die Reformation nennen, war für mehr als ein Jahrhundert im Wesentlichen das Produkt einer lebhaften Bemühung, die alte christliche Sache durch Calvins neues Bekenntnis zu ersetzen. Diese Bemühung war so vom Enthusiasmus erfüllt wie der frühe Islam. Das geschah, wie es alle Revolutionen tun, durch die Gründung von »Zellen«. Gruppen entstanden überall im Westen, kleine, hochdisziplinierte Bünde, entschlossen, »das Evangelium«, »die Religion« zu verbreiten – es hatte viele Namen. Die Intensität der Bewegung wuchs kontinuierlich, insbesondere in Frankreich, dem Vaterland seines Gründers.

Die Reformation führte, anders als die anderen großen Häresien, zu keinem Schluss, oder zumindest zu keinem, den wir schon feststellen könnten, auch wenn die erste Umwälzung nun vierhundert Jahre hinter uns liegt. Die arianische Angelegenheit starb langsam aus, aber die protestantische Sache hat, wenngleich ihre Lehre verschwunden ist, permanente Früchte gezeugt. Sie hat die weiße Zivilisation in zwei entgegengesetzte Kulturen geteilt, die katholische und antikatholische.

Aber zu Anbeginn, bevor dieses Resultat erreicht war, führte die Herausforderung der Reformatoren zu erbitterten Bürgerkriegen. Für den größeren Teil einer Lebensspanne sah es so aus, als würde die eine oder andere Seite (die traditionelle, rechtgläubig verwurzelte katholische Kultur Europas oder die neue, revolutionär-protestantische Sache) auf jeden Fall obsiegen. Tatsächlich siegte keine von beiden. Europa fiel nach dem ersten physisch gewaltsamen Konflikt erschöpft zurück, ohne den Sieg irgendeiner Seite festzustellen, und formierte sich in zwei Hälften, die seitdem das Abendland geteilt haben. Großbritannien, der Großteil Norddeutschlands, gewisse Flecken von Deutschen im Süden unter den Schweizer Kantonen und selbst in der ungarischen Ebene blieben gegen den Katholizismus festgelegt, so auch die nördlichen Niederlande, zumindest in ihrer herrschenden Klasse[23], ebenso Skandinavien. Der Hauptteil des Rhein- und Donautals, d. h. die Süddeutschen, der Großteil der Ungarn, der Polen, Italiener, Spanier, Iren und die Mehrheit der Franzosen, hielten nach dem Schock immer noch an der angestammten Religion fest, die unsere große Zivilisation geschaffen hatte.

Es ist aufgrund der mannigfaltigen Faktoren, die in den Konflikt eingehen, tatsächlich schwierig, das Wesen der Verwirrung und den allgemeinen Kampf zu verstehen, der Europa erschütterte.

Stellen wir zunächst die Hauptjahreszahlen fest. Die aktive Reformation, deren Ausbruch zwei Lebensspannen von ankündigenden Beben und Donnern vorausgingen, brach 1517 aus. Aber der Kampf zwischen den beiden Gegnern brach nicht vor der beträchtlichen Zeitspanne von vierzig Jahren aus. Er begann in Frankreich im Jahr 1559. Die französischen Religionskriege dauerten vierzig Jahre, bis zum Ende des Jahrhunderts. Weniger als zwanzig Jahre später begannen die Deutschen, die bis dato eine prekäre Balance zwischen den beiden Seiten aufrechterhalten hatten, mit *ihren* Religionskriegen, die dreißig Jahre andauerten. In der Mitte des siebzehnten Jahrhunderts, d. h. 1648-49, endeten die Religionskriege Europas in einer Sackgasse.

1517 waren sich die Nationen, insbesondere Frankreich und England, bereits halbwegs ihrer Eigenarten bewusst. Sie brachten ihren neuen Patriotismus durch den Königskult zum Ausdruck. Sie folgten ihren Fürsten als Landesvätern sogar in der Religion. Währenddessen begannen die Volkssprachen die Nationen noch mehr zu teilen, da das gemeinsame Latein der Kirche weniger geläufig wurde. Der ganze moderne Staat bildete sich heraus, sowie die modernen ökonomischen Strukturen, und in der Zwischenzeit weiteten sich die geographischen

23 Dieser Teil – sieben der 16 Provinzen der Spanischen Niederlande – ist nun unter dem Namen einer einzigen Provinz, Holland, bekannt.

Entdeckungen und die Wissenschaften der Physik und der Mathematik außerordentlich aus. Inmitten so vieler und so starker aneinandergeratender Kräfte ist es, so würde ich sagen, schwierig, dem Kampf als gesamtem zu folgen, aber ich denke, dass wir ihn in seinen gröbsten Zügen erfassen können, wenn wir uns gewisser Hauptpunkte entsinnen.

Der erste ist dieser: Dass die protestantische Bewegung, die als etwas lediglich Destruktives begann, nämlich als zornige Revolte gegen die Korruption und Weltlichkeit der Amtskirche, durch die Erschaffung des Calvinismus mit neuer Kraft ausgestattet wurde, zwanzig Jahre, nachdem der Aufruhr begonnen hatte. Obwohl die lutherische Form des Protestantismus ein großes Gebiet umfasste, war die treibende Kraft – das Zentrum der Vitalität – des Protestantismus Calvin, nachdem Calvins Buch im Jahr 1536 erschienen war. Es ist der Geist Calvins, der den Katholizismus aktiv bekämpft, wo auch immer der Kampf heftig ist. Es ist der Geist Calvins, der abweichenden Sekten innewohnte und der der wachsenden englischen Minderheit im Widerstand gegen den Glauben Kraft verlieh.[24]

Nun war Calvin Franzose. Seine Ansichten sprachen gewiss auch andere an, aber vor allem und zuallererst seine Landsleute, deshalb findet der erste Gewaltausbruch auf französischem Boden statt. Die Religionskriege[25], wie sie genannt werden, die in Frankreich ausbrachen, wurden dort mit größerer Grausamkeit als andernorts geführt. Selbst als sie beendet wurden, nach einer halben Lebenszeit voller Gräuel, war es ein Waffenstillstand und kein Sieg. Der Waffenstillstand wurde zum Teil durch Ermattung der Kombattanten in Frankreich und zum Teil durch den beharrlichen Katholizismus von Paris erzwungen; aber es war lediglich ein Waffenstillstand.

24 Bis zu den letzten Regierungsjahren Elisabeths war es eine Minderheit, aber nach 1606 bezog eine wachsende Mehrheit Stellung gegen den Glauben, da seit dieser Zeit die Ablehnung des katholischen Glaubens mit Patriotismus gleichgesetzt wurde.

25 Anm. d. Übers.: In der deutschsprachigen Geschichtsschreibung vor allem als »Hugenottenkriege« bekannt.

In der Zwischenzeit war der Religionskrieg unter den Deutschen aufgeschoben worden, während er unter den Franzosen gewütet hatte. Der Tumult der Reformation hatte in gewissen deutschen Staaten an einem Punkt zu einer gesellschaftlichen Revolution geführt, die aber bald scheiterte, und für ein Jahrhundert nach der ursprünglichen Rebellion Luthers, eine lange Lebensspanne nach dem Ausbruch des religiösen Bürgerkriegs in Frankreich, entgingen die Deutschen einem allgemeinen bewaffneten religiösen Konflikt.

Das lag daran, dass die Deutschen in eine Art mosaikhafte Landkarte von freien Städten, geringeren und bedeutenderen Herrschaften, kleinen und großen Staaten zerfallen waren. Das Ganze stand unter der *nominellen* Hoheit des Kaisers in Wien; aber der Kaiser verfügte weder über Einkommen noch Feudalabgaben, die ausgereicht hätten, um seine persönliche Macht durchzusetzen. Zu guter Letzt ging der Kaiser, von einem gewaltsamen böhmischen (d. h. slawischen) Aufstand herausgefordert, zum Gegenangriff über und machte sich daran, alle Deutschen wiederzuvereinigen und nicht nur eine nationale, sondern auch eine religiöse Einheit durchzusetzen. Er wollte in allen deutschen Landen und abhängigen Gebieten den Katholizismus wiederherstellen. Fast hatte sein Versuch Erfolg. Seine Armeen, kraftvoll verstärkt durch spanische Truppen, waren überall siegreich. Die Kronen Madrids und Wiens befanden sich zu jener Zeit im Besitz ein und derselben Familie – der Habsburger.

Aber zwei Dinge sollten den Triumph des deutschen Katholizismus verhindern. Das erste war die Rolle einer Familie von Usurpatoren, die damals über den kleinen protestantischen Staat Schweden herrschte. Sie hatte ein militärisches Genie erster Klasse hervorgebracht, den jungen Schwedenkönig Gustav Adolf. Die zweite, entscheidende Sache war das diplomatische Genie Richelieus, der in jenen Tagen die gesamte Politik Frankreichs bestimmte. Die spanische Macht im Süden jenseits der Pyrenäen (gestützt durch den neuentdeckten Reichtum Amerikas und die Macht über halb Italien) drohte gemeinsam mit der deutschen Macht des Reiches im Osten, Frankreich in die Zange zu nehmen. Richelieu war ein katholischer Kardinal. Er war persönlich an die katholische Seite Europas gebunden, und doch war er es, der das protestantische Militärgenie Gustav Adolf gegen den deutschen katholischen Kaiser mit seinen katholischen spanischen Verbündeten hetzte, als diese den Sieg schon fast in den Händen hielten.

Richelieu entdeckte nicht nur das Genie Gustav Adolfs, sondern fand auch einen Weg, dieses Genie anzuheuern. Richelieu bot ihm drei Tonnen Gold. Der forderte fünf – und bekam sie.

Gustav Adolf konnte sich die große Zukunft, die vor ihm lag, noch nicht vorgestellt haben, als er das französische Gold als Bestechung annahm, um das schwierige Unterfangen eines Angriffs auf das Prestige und die Macht des Kaisers zu wagen. Wie Napoleon und Cromwell und Alexander und fast alle großen Feldherren in der Geschichte entdeckte er seine Talente erst, als er sie im Zuge der Ereignisse entfalten musste. Er muss selbst darüber gestaunt haben, wie leicht und gründlich er seine großen Feldzüge gewann.

Es ist eine erstaunliche Geschichte. Die brillanten Siege hielten nur ein Jahr an; am Ende dieses Jahres wurde Gustav Adolf im Gefecht bei Lützen, nahe Leipzig, getötet (1632). Aber in einer so kurzen Zeit hätte er fast ein protestantisches deutsches Reich geschaffen. Er erreichte fast das, was Bismarck zweieinhalb Jahrhunderte später tun sollte, wenngleich er es unmöglich gemacht hat, dass die Deutschen jemals wieder völlig vereint würden und ebenso unmöglich, dass sie in ihrer Gesamtheit zur Religion ihrer Väter zurückkehren würden. Er richtete den deutschen Protestantismus so fest ein, dass er seit diesem Tag an Macht gewann, bis er heute (aus Berlin) in einer neuen, mit heidnischen Elementen versehenen Form, die große Masse des deutschen Volkes bewegt.[26] Die Religionskriege in Deutschland versandeten schrittweise. In der Mitte des siebzehnten Jahrhunderts, also eine lange Lebensspanne nach dem Beginn der ersten Kämpfe in Frankreich, gab es, wie ich schon sagte, eine allgemeine Übereinkunft in ganz Europa darüber, dass alle Parteien auf ihren Zugewinnen verbleiben sollten, und die religiöse Landkarte Europas blieb seitdem beinahe unverändert, d. h. von 1648/49 bis heute.

Jeder, der nun lediglich die äußere militärische Geschichte mit ihrem ersten Kapitel über den gewalttätigen französischen Religionskrieg und dem zweiten Kapitel über den brutalen deutschen Religionskrieg liest, würde das Wesen der ganzen Sache verfehlen, auch wenn er jede Schlacht und jeden führenden Staatsmann und Krieger kennen sollte. Der großen Affäre lag nämlich noch ein weiterer Faktor zugrunde, der weder ein dogmatischer noch ein dynastischer noch ein internationaler, sondern ein *moralischer* war. Es war dieser Faktor, der Kämpfe provozierte, Frieden bewirkte und den endgültigen religiösen Trend der verschiedenen Gemeinschaften entschied. Er wird von den Historikern erkannt, jedoch nie hinreichend betont. *Es war die Habgier.*

Das alte katholische Europa war vor Luthers Aufstand voll riesiger klerikaler Pfründen. Pachtzinsen, Feudalabgaben, alle Arten von Einnahmen, waren für den Unterhalt der Bischofssitze, Domkapitel, Pfarren, Klöster und Konvente bestimmt. Es gab nicht nur gigantische Einnahmen, sondern auch Pfründen (vielleicht ein Fünftel aller Landeinkünfte Europas) für jede Art von Bildungseinrichtung, von kleinen örtlichen Schulen bis hin zu den großen Kollegien der Universitäten. Es gab weitere Pfründen für Schulen, andere für Zünfte (d. h. berufsständige Vereinigungen von Handwerkern, Händlern und Geschäftsinhabern), andere für Messen und Heiligtümer. All dieses kör-

26 Was heute »Hitlerismus« oder »Nazismus« genannt wird, was auch immer sein künftiges Schicksal sein mag, ist eine despotische und machtvolle Gewalt, die der preußische Geist über das gesamte Reich errichtet hat.

perschaftliche Eigentum war entweder direkt mit der katholischen Kirche verbunden oder so sehr ein Teil ihres Patronats, dass ihr drohte, überall dort geplündert zu werden, wo die Kirche herausgefordert wurde.

Wo auch immer die Reformation Erfolg hatte, bestand ihre erste Tat darin, den Reichen zu gestatten, diese Gelder zu beschlagnahmen. Die Intensität der Kämpfe hing überall von der Entschlossenheit der Kirchenplünderer ab, ihre Beute zu behalten, und derjenigen, die versuchten, die Kirche wiederherzustellen, um ihr Vermögen zurückzugewinnen.

Aus diesem Grund gab es in England so wenige Kämpfe. Das englische Volk war bezüglich der Lehre wenig betroffen von der frühen Reformation, aber die Klöster waren aufgelöst worden und ihr Eigentum an die Herren der Dörfer und an die Kaufleute übergegangen. Das Gleiche trifft auf die Schweizer Kantone zu. Die französischen Dorfherren, d. h. der niedere Adel, die Junker und der höhere Adel über ihnen waren erpicht darauf, ihren Anteil an der Beute zu bekommen.

Die französische Krone, die durch diese Beute den Machtzuwachs der Klasse unmittelbar unter ihr befürchtete, widerstand dieser Bewegung. Daher kam es zu den französischen Religionskriegen, während in England ein Kindkönig und zwei Frauen in der Thronfolge den Reichen erlaubten, mit ihrem kirchlichen Raubgut davonzukommen. Daher blieben in England Religionskriege aus.

Es war diese universale Beraubung der Kirche als Folge der religiösen Revolution, die der Konfliktperiode ihren Charakter gab.

Es wäre ein großer Irrtum zu glauben, dass die Beraubung der Kirche ein bloßes Verbrechen von Räubern an einem unschuldigen Opfer gewesen wäre. Die Kirchenpfründen wurden vor der Reformation in weiten Teilen Europas nur noch als schieres Privateigentum behandelt. Männer kauften ein klerikales Einkommen für ihre Söhne oder sie trafen Vorsorge für eine Tochter mit einem reichen Damenstift. Sie gaben einem kleinen Jungen einen Bischofssitz und kauften eine Dispens für sein geringes Alter. Sie nahmen ganze Einkünfte von Klöstern, um Laien mit Einkommen zu versorgen, und setzten einen *locum-tenens*, einen Stellvertreter ein, um die Arbeit eines Abtes zu verrichten und gaben diesem bloß einen Hungerlohn, während der Großteil der Pfründen ein Leben lang an den Laien ging, der sie an sich genommen hatte.

Wären diese Missbräuche nicht schon universal gewesen, hätte die folgende allgemeine Plünderung nicht stattgefunden. Tatsächlich standen aber die Dinge so. Was temporäre Eingriffe in die monastischen Einkünfte waren, um temporäre Vermögen für Laien zu generieren, wurde eine permanente Konfiszierung überall dort, wo die Reformation siegreich war. Selbst dort, wo die Bistümer überlebten, wurde ihnen der Großteil ihrer Einkünfte genommen. Als die ganze Sache vorbei war, konnte man sagen, dass die Kirche im verbleibenden katholischen Europa, selbst Italien und Spanien miteingeschlossen, mit weniger als der Hälfte ihrer alten Einkünfte dastand. In dem Teil der Christenheit, der sich getrennt hatte, erfreuten sich die neuen protestantischen Geistlichen und Bischöfe, die neuen Schulen, die neuen Kollegien, die neuen Hospitäler nicht eines Zehntels dessen, was die alten Pfründen eingebracht hatten.

Zusammengefasst: Bis zur Mitte des siebzehnten Jahrhunderts war der religiöse Streit in Europa seit über 130 Jahren im vollen Gange gewesen, die meiste Zeit unter Waffen. Die Menschen hatten sich mit der Vorstellung abgefunden, dass die Einheit nie mehr wiederhergestellt werden würde. Die wirtschaftliche Stärke der Religion war in der einen Hälfte Europas verschwunden und in der anderen derart zusammengeschrumpft, dass die Laienmacht nun überall Herr war. Europa war in zwei Kulturen zerfallen, die katholische und protestantische; diese zwei Kulturen waren immer instinktiv und direkt einander entgegengesetzt und werden es auch bleiben, aber das unmittelbar religiöse Thema verlor sich, und in Ermangelung einer gemeinsamen Religion beschäftigten sich die

Menschen mehr mit zeitlichen – vor allem mit dynastischen und nationalen – Angelegenheiten und mit Gelegenheiten zur Vergrößerung des Reichtums durch Kommerz statt mit Gegenständen der Glaubenslehre.

Nach der Mitte des siebzehnten Jahrhunderts sah Europa den Triumph einer puritanisch angeführten Armee in England, den Triumph der deutschen Protestanten – ermöglicht durch die Hilfe Frankreichs unter Kardinal Richelieu – in ihrer Bestrebung, sich von der katholischen Kontrolle des Kaisers zu befreien, sowie den Triumph der holländischen Rebellen gegen das katholische Spanien. Europa sank, vom Krieg der Religionen ausgezehrt, erschöpft zu Boden. Die Religionskriege gingen zu Ende, sie endeten mit einem Remis: Keine Seite hatte gewonnen. Stellenweise dauerte der religiöse Konflikt an. So versuchte England, das katholische Irland auszumerzen, und Frankreich die französischen Hugenotten. Aber ab dem Jahr 1700 war klar, dass keine nationalen Religionskriege mehr ausbrechen würden.

Von nun an wurde es für selbstverständlich betrachtet, dass unsere Zivilisation getrennt fortbestehen würde. Es sollte eine protestantische Kultur Seite an Seite mit einer katholischen Kultur geben. Die Menschen konnten nicht so schnell ihre Erinnerung an die großartige Vergangenheit verlieren; sie wurden nicht so schnell das, was wir seitdem geworden sind: Nationen, denen die Einheit der europäischen Zivilisation gleichgültig wurde. Die alte moralische Einheit, die unser universaler Katholizismus hervorbrachte, war zerstört.

Grob gesprochen zerfiel die Masse Europas in die folgende Form:

Die Griechische oder Orthodoxe Kirche des Ostens zählte nicht mehr. Russland war noch keine Großmacht, und überall sonst wurden die griechischen Christen von Moslems beherrscht und waren ihnen untertan, sodass für das Jahr 1650 nur der Weltteil berücksichtigt werden kann, der sich von Polen im Osten bis zum Atlantik im Westen erstreckt.

Die italienische Halbinsel, aufgeteilt in zahlreiche Staaten, war komplett katholisch, abgesehen von einer sehr kleinen Bevölkerung in bestimmten Bergen im Norden, die protestantische Formen des Gottesdienstes hatten.

Die iberische Halbinsel – Spanien und Portugal – war ebenfalls durchweg katholisch. Das Reich, wie es genannt wurde, d. h. die Körperschaft von Staaten, in denen größtenteils deutsch gesprochen wurde und deren moralisches Oberhaupt der Kaiser in Wien war, war in protestantische und katholische Staaten und selbstverwaltete Städte aufgeteilt. Der Kaiser hatte versucht, sie alle zum Katholizismus zurückzuführen, doch dank der Diplomatie Richelieus war er gescheitert.

Zahlenmäßig war die protestantische deutsche Bevölkerung noch viel kleiner als die katholische. Grob gesagt waren die nördlichen deutschen Staaten und Städte protestantisch, die südlichen katholisch – nicht, wie oft fälschlicherweise vorgegeben wird, weil etwas im nördlichen Klima oder der Rasse zum Protestantismus neigte, sondern weil sie vom Zentrum der katholischen Macht in Wien am weitesten entfernt waren. Obwohl die verschiedenen deutschen Lande so in einen protestantischen Norden und einen katholischen Süden aufgeteilt waren, gab es eine ganze Reihe von Ausnahmen, Inseln katholischer Populationen im Norden und protestantische Inseln im Süden. Oft war sogar die Bürgerschaft einer Stadt konfessionell geteilt.

Skandinavien, d. h. Dänemark, Schweden und Norwegen, war zu dieser Zeit vollkommen protestantisch. Auch wenn Polen nie Teil des Römischen Reiches war, wurde es nach einigem zögerlichen Hin und Her in der Zeit der Religionskriege katholisch. Es blieb seitdem eine der am stärksten katholischen Gegenden der Welt, da die Polen, wie die Iren, aufgrund ihrer Religion gewaltsam verfolgt wurden.

Die Niederlande hatten sich zweigeteilt. Die nördlichen Provinzen (die wir heute Holland nennen) hatten von ihrem ursprünglichen Souverän, dem spanischen König, die Unabhängigkeit erlangt und erklärten sich, vor allem aus Protest gegen die spanische Macht, für offiziell protestantisch. Die Regierung war protestantisch und die politische Wirkung Hollands in Europa war protestantisch; und doch ist es ein großer, wenn auch verbreiteter Irrtum anzunehmen, dass die holländische Bevölkerung als ganze protestantisch gewesen wäre. Es gab eine sehr große katholische Minderheit, und heute sind mehr als zwei Fünftel, eher etwas weniger als die Hälfte der christlichen Bevölkerung katholisch.

Die südlichen Provinzen der alten Niederlande blieben fest in der katholischen Kultur. Sie schlossen sich dem Aufstand gegen Spanien an; als aber die nördlichen Händler und reichen Landbesitzer calvinistisch wurden, um den Widerstreit mit Spanien zu betonen, reagierten die Händler und reichen Männer der südlichen Provinzen genau umgekehrt. Heute nennen wir die katholische Hälfte der Niederlande Belgien, aber dazu gehörte in der Mitte des siebzehnten Jahrhunderts noch ein Streifen Land, der heute das französische Flandern ist. Die große Stadt Lille z. B., die wichtigste Stadt Flanderns, war Teil der katholischen und noch spanischen Niederlande.

Die Schweizer Kantone, die schrittweise zusammen zur Nation wurden und bereits weitgehend unabhängig vom Reich waren, waren geteilt; einige waren Teil der protestantischen Kultur, einige Teil der katholischen – und das sind sie noch heute.

Frankreich wurde nach dem Kompromiss am Ende der Religionskriege und dem Sieg Richelieus über die Hugenotten offiziell katholisch. Die französische Monarchie war stark katholisch und die Masse des Volkes gehörte der katholischen Kultur an. Aber es gab eine zahlenmäßig wichtige protestantische Minderheit (niemand weiß genau wie viele, aber wie wir weiter oben gesehen haben, wohl weniger als ein Siebtel, aber mehr als ein Zehntel der Bevölkerung). Diese war mehr hinsichtlich ihres Reichtums und ihrer sozialen Stellung als wegen ihrer Anzahl von Gewicht. Die französischen Protestanten waren außerdem bedeutsam, weil sie nicht auf einen bestimmten

Distrikt beschränkt waren, sondern überall anzutreffen war. So war zum Beispiel Dieppe, der Hafen im Norden, eine immer noch stark protestantische Stadt. Genauso La Rochelle, der Atlantikhafen, und insbesondere viele blühende südliche Städte wie Montpelier und Nimes. Ein großer Teil der Bankgeschäfte und des Handelsverkehrs blieb in protestantischen Händen.

England und Schottland standen 1650 seit einem halben Jahrhundert unter einem gemeinsamen Monarchen und waren beide offiziell protestantisch. Die anglo-schottische Monarchie war streng protestantisch und es gab eine andauernde und schwere Verfolgung des Katholizismus. Es ist jedoch ein weiterer verbreiteter Irrtum, die gesamte englische Nation bereits als protestantisch zu erachten. Was tatsächlich geschah, war das schrittweise Dahinsterben des Katholizismus. Etwa ein Drittel des Volkes hatte immer noch schwache Sympathien für die alte Religion, als die Bürgerkriege begannen, und ein Sechstel von ihnen war willens, schwere Opfer zu erbringen, indem sie sich offen zum Katholizismus bekannten. Unter den im Kampf gefallenen Offizieren war auf beiden Seiten geschätzt ein Sechstel offen katholisch. Aber es war für den gemeinen Mann unmöglich, die Sakramente zu empfangen, und sogar für die Reichen schwierig, die für eine Privatkapelle Bußgelder usw. zahlen konnten, um die Messe und die katholische Kommunion zu erhalten.

Trotzdem waren die alten Wurzeln des Katholizismus in England so stark, dass es ständig Konversionen gab, vor allem in den oberen Schichten. Für fast vierzig Jahre sah es so aus, als würde eine sehr große, stabile Minderheit des Katholizismus in England womöglich genauso überdauern, wie es in Holland der Fall war.

Auf der anderen Seite waren England und Schottland nicht nur offiziell protestantisch. Eine große Mehrheit sah den Katholizismus inzwischen als etwas den Landesinteressen Fremdes an und eine sehr große und wachsende Minderheit wurde mit einem so heftigen Hass auf den Katholizismus erfüllt, wie man ihn sonst in Europa nirgendwo vorfand. Irland blieb natürlich katholisch. Die Zahl der Protestanten Irlands machte, selbst nach den englischen Ansiedlungen und der Eroberung durch Cromwell, nicht ein Zwanzigstel der Bevölkerung aus. Aber neunzehn Zwanzigstel des Landes wurde der irischen und katholischen Bevölkerung gewaltsam genommen und befand sich nun (1650) entweder im Besitz der Überläufer oder der protestantischen Abenteurer aus Großbritannien, denen die ursprünglichen Eigentümer des Landes nun Pacht zahlten oder für die sie nun gegen Lohn arbeiten mussten.

Von diesem Moment an, der Mitte des siebzehnten Jahrhunderts, während andernorts in ganz Europa Kompromisse in Bezug auf die Religion gefunden worden waren, wurde der Katholizismus in Irland auf die gewaltsamste Art verfolgt, und zwar auf eine Art, die immer gewaltsamer wurde, je mehr Zeit verging. All die Macht, fast aller Landbesitz und der Großteil des liquiden Reichtums Irlands war nicht nur in den Händen der Protestanten, sondern in den Händen von Leuten, die entschlossen waren, den Katholizismus zu zerstören. Eine lange Zeit sah es so aus, als wäre Irland ein Testversuch, als wäre die Vernichtung der katholischen Kirche in Irland ein Symbol des protestantischen Triumphes und des Niedergangs des Glaubens. Diese Vernichtung wurde fast vollbracht – aber nur fast.

So stellte sich die Karte Europas dar, wie die Religionskriege sie gezeichnet hatten.

Aber abgesehen von der geographischen Teilung war die Wirkung des langen Kampfes und vor allem die Tatsache, dass er unentschieden endete, auf der moralischen Seite wesentlich profunder als auf der geographischen.

Es war offensichtlich, dass die europäische Kultur in der Zukunft in zwei Lager geteilt sein würde. Was aber nur langsam in die Köpfe der Europäer sickerte, war die Tatsache, dass aufgrund dieser permanenten Teilung die Religion langsam als etwas Zweitrangiges erachtet wurde. Politische Erwägungen, die Ambitionen der verschiedenen Nationen und Dynastien, schienen bald wichtiger als die verschiedenen Konfessionen, zu denen sich die Menschen bekannten. Es schien so, als hätten sich die Leute nicht bewusst, aber halbbewusst gesagt: »Da all diese gewaltigen Kämpfe kein Ergebnis brachten, waren die Ursachen, die zum Konflikt führten, vermutlich übertrieben.«

Im einzigen Bereich der zählt, nämlich in den Köpfen der Menschen, bestand die Wirkung der Religionskriege und ihr Ausgang in einem Unentschieden darin, dass die Religion insgesamt geschwächt wurde. Mehr und mehr Leute sagten sich im Stillen: »Man kann in diesen Dingen nicht zur Wahrheit gelangen, aber wir wissen, was weltlicher Wohlstand und was Armut sind und was politische Macht und politische Schwäche sind. Die religiöse Lehre gehört zu einer unsichtbaren Welt, die wir nicht so gründlich oder auf gleiche Weise erkennen.«

Das war das Hauptergebnis der unentschiedenen Schlachten und der zwei Antagonisten, die sich praktisch darin einig waren, auf ihre Positionen zurückzukehren. Es gab immer noch ausreichend religiösen Eifer auf beiden Seiten, jedoch wurde er auf eine subtile und unerklärte Weise weltlichen Motiven untergeordnet, insbesondere dem Patriotismus und der Habgier.

Wenngleich die Menschen es lange Zeit nicht bemerkten, waren in der Zwischenzeit gewisse Erfolge, die der Protestantismus erlangt hatte, nämlich seine Etablierung und seine verhärtete Kampfhaltung gegen die alte Religion, unter der Oberfläche am Werk gewesen und sollten bald klar zu Tage treten. Die protestantische Kultur hatte, wenngleich sie eine weitere Lebenszeit zahlenmäßig viel kleiner als die katholische Kultur blieb und als ganze sogar ärmer war, mehr Vitalität. Sie hatte mit einer religiösen Revolution begonnen; der Eifer dieser Revolution trug und beflügelte sie. Sie hatte alte Traditionen und Bande gebrochen, die für hunderte von Jahren das Gerüst der katholischen Gesellschaft darstellten hatten. Das gesellschaftliche Gewebe Europas löste sich in der protestantischen Kultur gründlicher auf als in der katholischen und seine Auflösung setzte Kräfte frei, die der Katholizismus zurückgehalten hatte, vor allem die Kräfte des Wettbewerbs. Alle Arten von Innovation wurden in der protestantischen Kultur natürlicherweise mehr begünstigt als in der katholischen; beide Kulturen entwickelten sich rapide in den Naturwissenschaften, in der Kolonisierung ferner Länder, in der Expansion Europas über die ganze Welt; aber die Protestanten waren in all dem eifriger als die Katholiken.

Um ein Beispiel heranzuziehen: In der protestantischen Kultur (außer dort, wo sie entlegen und primitiv war) verschwand der freie Bauer, der durch alte Traditionen geschützt war. Er starb aus, da die alten Gewohnheitsrechte, die ihn vor den Reichen schützten, aufgebrochen wurden. Reiche Männer erwarben das Land; große Massen von Menschen, denen ehemals Höfe gehörten, wurden mittellos. Das moderne Proletariat machte seinen Anfang und die Saat dessen wurde gelegt, was wir heute den Kapitalismus nennen. Jetzt können wir sehen, um was für ein Übel es sich dabei handelte, aber zu jener Zeit bedeutete es, dass das Land besser kultiviert wurde. Neue und wissenschaftlichere Methoden wurden von den reichen Landbesitzern der neuen protestantischen Kultur effizienter angewandt als von der katholischen, traditionellen Bauernschaft, und da der Wettbewerb unkontrolliert war, triumphierten erstere.

Auch die philosophische Debatte wurde in der protestantischen Kultur freier geführt als in der katholischen, da es keine zentrale Lehrautorität gab. Wenngleich das auf lange Sicht gesehen zu einem Zerbrechen der Philosophie und allem gesunden Denken führte, waren die ersten Effekte stimulierend und belebend.

Aber das große, das entscheidende Beispiel für das, was durch die Auflösung der alten katholischen europäischen Einheit geschah, war der Aufstieg des Bankwesens.

Zinswucher wurde überall getrieben, aber in der katholischen Kultur wurde er durch das Gesetz eingeschränkt und nur mit Mühe praktiziert. In der protestantischen Kultur wurde er ganz selbstverständlich. Die protestantischen Kaufleute

Hollands waren in den Anfängen des modernen Bankwesens richtungsweisend, England folgte sogleich. Dadurch erlangten die noch vergleichsweise kleinen protestantischen Nationen bald ihre beachtliche wirtschaftliche Stärke. Ihr bewegliches Kapital und Guthaben wuchs immer weiter im Vergleich zu ihrem gesamten Vermögen. Der Geschäftsgeist blühte lebhaft unter den Holländern und Engländern und die allgemeine Zulassung des Wettbewerbs begünstigte weiterhin das Wachstum der protestantischen Seite Europas.

Diese Zunahme der protestantischen Macht wurde in der Lebensspanne nach dem Westfälischen Frieden deutlich (1648–50 bis 1720). Es geschah nicht länger unterbewusst, sondern bewusst, und wurde überall verspürt, als das erste Drittel des achtzehnten Jahrhunderts voranschritt. Von der Mitte des Jahrhunderts an lag das Gefühl in der Luft, dass, obwohl der Katholizismus immer noch altehrwürdige Throne mit all ihrem althergebrachten Glanz und ihren Machtdemonstrationen innehatte – die Kaiserkrone, den Kirchenstaat, die spanische Monarchie mit seinen riesigen Überseeherrschaften, die prächtige französische Monarchie –, die Zukunft den Protestanten gehörte. Der Protestantismus, um einen modernen Ausdruck zu verwenden, holte auf.

Zudem lag die Zuversicht auf der protestantischen Seite, während die katholische Seite entmutigt war. Ein letzter Faktor wirkte ebenfalls zugunsten der protestantischen Kultur: Die Abnahme des religiösen Empfindens fand nach 1750 überall statt und diese Abnahme der Religion schadete der protestantischen Seite *zunächst* nicht dermaßen, wie sie der katholischen Gesellschaft schadete. In der katholischen Gesellschaft trennte sie die Menschen scharf voneinander ab. Der Skeptiker war der Feind seines frommen Landsmanns. Frankreich, in gewissem Maße Italien, sehr viel später Spanien – aber Frankreich sehr früh – waren sich innerlich uneins, während in den protestantischen Kulturen Meinungsverschiedenheiten und der Skeptizismus alltäglich waren. Die Menschen nahmen sie als selbstverständlich hin. Sie führten immer weniger zu persönlichen Animositäten und Spaltungen.

Die protestantische Kultur behielt diese innere Stärke bis in unsere modernen Zeiten bei und beginnt gerade erst, sie durch die graduell zersetzende Wirkung einer falschen Philosophie zu verlieren.

Vor etwas mehr als hundertfünfzig Jahren, aber weniger als vor zweihundert Jahren, also ungefähr zwischen 1760 und 1770, sollte es jedem gründlichen Beobachter unserer Zivilisation klar gewesen sein, dass wir auf eine Periode zusteuerten, in der die antikatholische Seite der zwei Hälften, in welche die Christenheit zerfallen war, die bestimmende Partei werden würde. Die protestantische Kultur stand kurz davor, die Oberhand zu gewinnen und sie womöglich für eine lange Zeit zu behalten. Tatsächlich behielt sie sie nicht nur, sondern verstärkte ihren Griff für mehr als eine volle Lebensspanne – etwa einhundert Jahre. Dann – aber nicht vor unserer eigenen Zeit – ging sie zurück.

Die äußeren oder politischen Zeichen dieses protestantischen Aufstiegs waren das andauernde Wachstum der Finanz-, Militär- und Seemacht dieser Seite Europas. Der englische Handelsverkehr dehnte sich schnell aus; die Holländer vergrößerten ihr Bankwesen und, von entscheidendster Wichtigkeit, England begann mit seiner Einverleibung Indiens. Auf der militärischen Seite brachten die protestantischen Deutschen eine neue und eindrucksvolle Armee hervor, nämlich die Preußens, mit ihrer sieggekrönten, strengen Disziplin.

Etwas, das eine große Wirkung haben sollte – die britische Flotte – wurde mächtiger als jede andere, und unter ihrem Schutz wuchsen der englische Seehandel und die Kontrolle über den Osten beständig. Auf dem Land gewann Preußen Schlachten und Feldzüge. Diese Erfolge Preußens waren nicht durchgängig, aber sie begründeten eine beständige Tradition und König Friedrich II. war fraglos einer der größten Feldherren der Geschichte.

Indes verfiel die katholische Kultur auf demselben politischen Gebiet.

Österreich, d. h. die Macht des katholischen Kaisers unter den Deutschen, verlor an Stärke, so auch das riesige spanische Imperium, das zu jener Zeit den größeren Teil des bewohnten Amerikas miteinschloss.

Diese äußerlich-materiellen Zeichen der wachsenden protestantischen Macht und der sinkenden Macht der katholischen Kultur waren lediglich die Wirkungen einer geistlichen Angelegenheit, die im Inneren vorging. Der Glaube brach zusammen.

Die protestantische Kultur blieb bei diesem Anwachsen des Skeptizismus unberührt. Die Abnahme der Anhänglichkeit der Menschen an die alten Lehren der Christenheit schwächte die protestantische Gesellschaft mitnichten. Die gesamte Geisteshaltung dieser Gesellschaft rief jeden dazu auf, sich selbst ein Urteil zu bilden, und die einzige Sache, die sie verwarf und nicht zuließ, war die Autorität einer gemeinsamen Religion.

Eine gemeinsame Religion ist das Wesen der katholischen Kultur. Deswegen richtete der zunehmende Verfall des Glaubens hier eine wahre Verwüstung an. Er zerstörte die sittliche Autorität der katholischen Herrschaften, die mit der Religion eng verbunden waren, und verursachte eine Art Lähmung des Denkens und Handelns, wie es in Spanien geschah; oder er verursachte eine scharfe Teilung der Menschen in zwei Lager, das klerikale und antiklerikale, wie in Frankreich.

Obwohl wir sehen können, was im achtzehnten Jahrhundert am Werk war, konnten es die Zeitgenossen nicht. England hatte durch seine Seemacht Indien im Würgegriff; Preußen hatte sich als starke Macht etabliert; aber niemand sah voraus, dass England und Preußen die Christenheit überschatten würden. Indien würde Wohlstand und Macht denjenigen verschaffen, die es ausbeuteten und auf dieser Basis die finanzielle Vorherrschaft und die Handelsmacht Englands im gesamten Osten begründen. Preußen würde die deutschen Staaten absorbieren und Europa erobern. England (wiederum durch seine Seemacht) war in den Besitz der französischen Kolonie Kanada gelangt, aber in diesen Tagen maß niemand den Kolonien viel Bedeutung bei, außer als Quelle des Reichtums für das Mutterland. Kanada hatte für Frankreich diese Funktion nie erfüllt. Später, als England seine eigenen Kolonien in Nordamerika verlor und sie unabhängig wurden, wurde das fälschlicherweise als Todesstoß der englischen Weltmacht betrachtet.

Sehr wenige sahen voraus, was die neue Republik in Nordamerika für die Zukunft bedeuten würde. Ihre gewaltige und schnelle Zunahme an Bevölkerung und Reichtum stärkte die Position der protestantischen Kultur in der Welt immens. Sehr viel später erst modifizierte ein gewisser Anteil an katholischen Immigranten diese Position, aber dennoch blieben die Vereinigten Staaten während ihres erstaunlichen Wachstums eine im Wesentlichen protestantische Gesellschaft.

Am Ende des achtzehnten und bis ins neunzehnte Jahrhundert hinein fanden die Revolutionskriege und die Napoleonischen Kriege statt. Auch sie vermehrten die allgemeine Stärke des Protestantismus und schwächten die katholische Kultur. Sie taten dies indirekt und die unmittelbaren Probleme waren so viel interessanter und betrafen so viel direkter die Leben der Menschen, dass dieser endgültige und profunde Effekt wenig gewürdigt wurde.

Bis heute sehen nur wenige Historiker, die die Niederlage Napoleons einschätzen, diese unter dem Aspekt der kontrastierenden Kulturen Europas. Die Französische Revolution war eine antiklerikale Bewegung und ihr Erbe, Napoleon, war selbst kein gläubiger und praktizierender Katholik. Man kann nicht von ihm behaupten, er wäre zum Glauben zurückgekehrt, bevor er auf dem Sterbebett lag. Auch erfasste er trotz seines Genies nicht, dass die Unterschiede in der Religion an der Wurzel aller kulturellen Unterschiede liegen, da die Generation, der er angehörte, keine Vorstellung von dieser tiefgründigen und universalen Beurteilung hatte.

Dennoch bleibt es wahr, dass, hätte Napoleon gesiegt, die vorherrschende Kultur Europas die katholische gewesen wäre. Sein Imperium versippte und verbündete sich mit der alten katholischen Tradition Österreichs, gab der Kirche ihren Frieden und beendete die revolutionären Gefahren. Er hätte uns ein vereintes und befriedetes Europa hinterlassen, in dem, trotz des weitverbreiteten Rationalismus in den wohlhabenderen Schichten, Europa als Ganzes zur katholischen Tradition zurückgekehrt wäre.

Napoleon jedoch scheiterte, und er scheiterte wegen der Fehlkalkulation seiner Chancen im Russlandfeldzug.

Nach seinem Fehlschlag setzte sich der Verfall, der in der katholischen Kultur am Werk war, durch das gesamte neunzehnte Jahrhundert hindurch fort. Als Ergebnis der Niederlage Napoleons war England dazu in der Lage, sich nun ungestört mittels seiner nicht mehr nur unhinterfragten, sondern auch unbezwingbaren Seemacht auszudehnen. Außerhalb Europas hatte es nirgendwo einen Rivalen. Das bereits sehr heruntergewirtschaftete spanische Imperium wurde hauptsächlich durch die Bemühungen Englands, das einen unbehinderten Handel mit Süd- und Mittelamerika anstrebte, zerschlagen. England nahm alle günstigen Schlüsselpositionen auf der ganzen Welt für sich ein, einige davon wurden beachtliche lokale Gesellschaften, die zunächst Kolonien hießen, jetzt aber »Dominions« genannt werden.

Preußen wurde durch die Niederlage Napoleons die führende Macht unter den Deutschen. Es annektierte die katholische Bevölkerung des Rheins und wurde der triumphierende Rivale des Hauses Habsburg-Lothringen, des Kaisers zu Wien. Frankreich wurde ein Opfer der endlosen politischen Experimente und der daraus folgenden politischen Zusammenbrüche, die in der tiefgreifenden religiösen Spaltung der Franzosen ihre Ursache hatten.

Es gab kein vereintes Italien, und wenn es Vereinigungsbemühungen gab, dann wurden sie von Antikatholiken vorangebracht. Es ist tatsächlich einer der amüsantesten Treppenwitze der Geschichte, dass die große Macht, die Italien inzwischen geworden ist, vor allem durch die Sympathien des protestantischen Europas für die ursprüngliche italienische Rebellion gegen den katholischen König von Neapel und gegen die Autorität des Kirchenstaates zustande kam.

Eine Lebensspanne nach der Niederlage Napoleons kam es zu einer ganzen Kette von Ereignissen, die zuungunsten der katholischen Kultur ausschlugen. Es war die Serie der überwältigenden Siege Preußens auf dem Schlachtfeld zwischen 1866 und 1871. In diesen fünf Jahren zerstörte Preußen die militärische Macht des katholischen Österreichs und erschuf ein neues Deutsches Reich, in dem die Katholiken geschickt von Österreich abgeschnitten wurden und in dem neuen Staat mit dem protestantischen Berlin als Hauptstadt eine Minderheit bildeten. Außerdem besiegte Preußen die französische Armee plötzlich und vollständig, nahm Paris ein und annektierte an französischem Territorium, was ihm gefiel.

Diese letzte Geschichte, der Deutsch-Französische Krieg, war besonders bedeutsam. Durch die Errichtung der parlamentarischen französischen Republik (die sich in Sachen des Rechts und der Sitte immer weiter verschlechterte) und die Aushöhlung des französischen Selbstbewusstseins hätte er das Ende der katholischen Kultur in Europa zur Folge haben können. Das neue Regime in Frankreich begann, die französische Zivilisation zu ruinieren, und stärkte die antikatholische Partei, die die äußerliche Gewalt über das französische Volk erlangte und behielt, ins Unermessliche. Als Ergebnis des Krieges wurde England außerdem im Osten noch mächtiger, es ersetzte Frankreich als Herrn Ägyptens, übernahm die Obhut über den Suezkanal (den die Franzosen kurz vor ihrer Niederlage gebaut hatten) und nahm Zypern ein.

Italien war nun vereint, aber schwach und verachtet. Spanien und Portugal schienen jenseits aller Hoffnung auf Erholung verblasst zu sein, und mit Frankreich, zerrissen durch religiöse

Streitereien und mit der schlimmsten Sorte von professionellen Politikern an der Macht, mit dem sinkenden Stern Österreichs, mit Preußen in vollem Lauf, mit den Vereinigten Staaten, die sich gerade vom Bürgerkrieg erholten und mächtiger und einheitlicher denn je waren – sie wurden schnell das reichste Land der Welt mit einer ebenso schnell wachsenden Bevölkerungszahl –, schien es selbstverständlich zu sein, dass die katholische Kultur aus dem Feld geschlagen würde. Die protestantische Kultur war zum eindeutigen Führer der weißen Zivilisation geworden.

Die Sache war nicht nur auf politischer Ebene, sondern auch auf der ökonomischen offensichtlich. Die neuen Maschinen, die das Leben überall wandelten, die neue, schnelle Kommunikation von Gedanken und Gütern und Menschen: Sie alle waren hauptsächlich das Produkt der protestantischen Kultur. Die Länder katholischer Kultur konnten die protestantischen Länder lediglich nachahmen.

So geschah es auch mit Institutionen; die englische Institution des Parlaments, die unter aristokratischen Bedingungen entstanden war und durch eine regierende Klasse unterhalten wurde, wurde überall nachgeahmt. Sie war vollkommen ungeeignet für Gesellschaften mit einem starken Empfinden für die Gleichheit der Menschen. Das Prestige Englands war jedoch derart groß, dass die Menschen allerorts englische Institutionen kopierten.

Indessen schien Irland, gleichsam als Prüfstein der Geschicke der katholischen Kultur, den endgültigen Ruin dieser Kultur einzuläuten. Die irische Bevölkerung, ihres Landbesitzes längst verlustig gegangen, wurde durch Hungersnot halbiert; der Reichtum des katholischen Irlands verfiel so schnell, wie derjenige Englands wuchs, und niemand von Bedeutung hielt es für möglich, dass Irland nach seinen schrecklichen Erfahrungen im neunzehnten Jahrhundert von den Toten wiederauferstehen könnte.

Der Papst wurde durch die Wegnahme seiner Länder seiner Einkünfte beraubt, er war nun ein Gefangener im Vatikan, während der Geist der neuen italienischen Regierung, sein offensichtlicher Herr, der Religion mehr und mehr feindlich gesonnen war. Das Bildungssystem Europas wurde immer mehr von der Religion getrennt, und die großen katholischen Länder zerfielen oder fielen gänzlich in antikatholische Hände.

Es ist sehr schwierig zu sagen, wann sich das Blatt in den großen Prozessen der Geschichte wendete. Aber eine Regel sollte weise bedacht werden: Das Blatt wendet sich früher, als diejenigen Menschen es erwarten, die lediglich die oberflächlichen Phänomene bewerten. Jedes große System – das aktiv zentralisierte weströmische Reich, das spanische Kolonialreich, das Zeitalter der türkischen Herrschaft im Osten, die Periode der absoluten Monarchien in Westeuropa – hatte angefangen zu bröckeln, lange bevor der Beobachter irgendeine Veränderung bemerken konnte. Zum Beispiel sprachen und dachten die Menschen 1630 noch von der spanischen Macht, als wäre es die größte Sache der Welt; tatsächlich hatte sie bereits ihren Todesstoß eine Lebensspanne vorher in Holland erhalten und verblutete langsam nach der Schlacht von Rocroi (1643).

So war und ist es mit der protestantischen Hegemonie über unsere Kultur, mit der protestantischen und antikatholischen Führung der weißen Zivilisation. Das Blatt hat sich gewendet. Aber wann genau kam die Wende?

Es ist schwierig, ein genaues Datum bei diesen Dingen anzugeben. Die allgemeine Regel lässt sich aufstellen, dass im Zweifelsfall das frühere zweier Daten zu bevorzugen ist.

Vielen würden die Jahre 1899 bis 1901, die der ominösen Burenkriege, als Wendepunkt betrachten. Ich selbst würde ihn um die Jahre 1885 bis 1887 festsetzen. Mir scheint, dass ein universaler Beobachter, unbeeinflusst von patriotischer Gesinnung, diesen Moment – oder spätestens 1890 – als Wendepunkt der Kurve festsetzen würde. Die protestantischen Mächte schienen größer zu sein denn je, aber eine Gegenreaktion rührte sich, und in der nächsten Generation musste sie sichtbar werden. Was auch immer die Ursachen waren und auf welches präzise

Datum man sich auch immer festgelegt (sicherlich irgendwann zwischen 1885 und 1904), das Blatt wendete sich. Es wendete sich nicht zur Wiederherstellung der katholischen Kultur als führender in Europa, noch viel weniger bedeutete es die Wiederherstellung der katholischen Kirche als universaler Seele dieser Kultur; aber die Ideen und Dinge, die die entgegengesetzte Kultur allmächtig gemachten hatten, brachen zusammen. Der moderne Verfall der protestantischen Hegemonie und ihre Beerbung durch eine ganz neue Bedrohung – und eine neue katholische Reaktion gegen diese Bedrohung – werde ich jetzt beschreiben.

Auf welches Datum wir auch immer den Machtzenit der protestantischen Kultur legen, ob wir sagen, dass ihr Verfall bereits 1890 oder nicht früher als 1904[27] begann, so kann kein Zweifel darüber bestehen, dass nach diesem Datum – mit anderen Worten, nach den allerersten Jahren des zwanzigsten Jahrhunderts – die Vormachtstellung der protestantischen Kultur unterminiert wurde. Die verschiedenen protestantischen Häresien, auf denen sie beruhte, und der allgemeine Geist all dieser Häresien zusammen, schwanden. Deshalb schwand auch ihre Frucht, die protestantische Hegemonie über Europa und die weiße Welt. Der Protestantismus wurde von seiner Wurzel abgeschnitten, seiner geistigen Wurzel, und deswegen begannen die materiellen Früchte dieses Baums zu verdorren.

Wenn wir die Prozesse des verdeckten Verfalls der vorherrschenden protestantischen Kultur im Detail studieren, finden wir zwei Reihen von Ursachen vor. Die erste und scheinbar unwichtigste (wenngleich die Nachwelt herausfinden könnte, dass sie von großer Wichtigkeit war), war eine gewisse Wiedererlangung von Selbstbewusstsein in einem Teil (aber nur in einem Teil) der Nationen, die aus der katholischen Kultur stammen und gleichzeitig eine Wiederbelebung der Vitalität in

27 1904 war das Jahr des diplomatischen Wandels, in dem England seine Langzeitallianz mit dem protestantischen Preußen aufgab und begann, mit vielen Bedenken und gegen viel Widerstand, Frankreich zu unterstützen.

der katholischen Lehre. Politisch gab es keine Reaktion hin zur alten Stärke der katholischen Kultur; es war viel mehr genau anders herum. Irland nahm weiter an Bevölkerung und Wohlstand ab und war nun der protestantischen Macht mehr untertan als je zuvor. Polen konnte offenbar nicht mehr auf eine Wiederbelebung hoffen. Die Spaltungen innerhalb der katholischen Kultur wurden immer schlimmer. In Frankreich (dem Fundament des Ganzen) wurde der Streit zwischen der Kirche und ihren Feinden für selbstverständlich erachtet und der Sieg dieser Feinde genauso. In den Volksschulen starb die Religion aus. Große Teile der Bauernschaft verloren den angestammten Glauben ihrer Väter, und mit dem Schwinden der Religion ging ein Schwinden des Geschmacks in der Architektur und in allen Künsten einher – am schlimmsten im Bereich der Literatur. Die alte französische Luzidität des Denkens wurde verwirrt. Es gab kein Wiederaufleben Spaniens und mit Italien, mit seiner antiklerikalen und freimaurerischen Parlamentsgewalt und den Differenzen zwischen den verschiedenen Distrikten, wurde ein weiteres Gebiet katholischer Kultur immer schwächer.

Aber es gab bereits ein sichtbares Wiedererstarken der Religion in den wohlhabenderen Schichten unter allen Nationen katholischer Kultur.

Das mag nicht besonders viel erscheinen, da die wohlhabenderen Schichten eine kleine Minderheit darstellen, aber sie beeinflussten die Universitäten und demzufolge die Literatur und Philosophie ihrer Generation. Wo vor einer halben Lebenszeit jeder gesagt hätte, dass der Katholizismus an der Universität von Paris nie wieder auftauchen würde, gab es dort nun sichtbare Zeichen dafür, dass er doch wieder sehr ernst genommen wurde. Bei all dem spielte der große Papst Leo XIII. eine entscheidende Rolle, sekundiert durch den späteren Kardinal Mercier. Der hl. Thomas von Aquin wurde rehabilitiert und die Universität Löwen wurde zum Brennpunkt intellektueller Energien, die durch ganz Westeuropa strahlten. All das war dennoch, ich wiederhole es, von geringerer Wichtigkeit als der innere Verfall der protestantischen Kultur. Die katholische Kultur war weiterhin gespalten; es gab keine Anzeichen dafür, dass sie zu ihrer alten Größe zurückfinden würde. Obgleich die Saatkörner sowohl des irischen als auch des polnischen Aufschwungs ausgesät worden waren (ersterer durch die sehr wichtige Zurückerlangung ihres Landes durch die zähen irischen Bauern), so hätte doch niemand vorhersagen können – und viele können es sich immer noch nicht vorstellen – dass die katholische Kultur als ganze in unserer gesamten Zivilisation stärker werden würde.

Es gab große Konvertiten, wie es sie immer gegeben hat; es gab, was noch bedeutsamer ist, ganze Gruppen hervorragender Männer wie Brunetière[28] in Frankreich, denen der altmodische Atheismus und Agnostizismus immer unsympathisch waren, und die, ohne sich selbst zum Katholizismus zu bekennen, offen Sympathien für die katholische Seite zeigten. Aber sie beeinflussten nicht den Hauptstrom; was tatsächlich den Unterschied ausmachte, war die große interne Schwäche der protestantischen Kultur im Gegensatz zur katholischen. Es war dieser Verfall des Gegners der Kirche, der Europa zu verändern begann und die Menschen auf eine weitere große Veränderung vorbereitete. Ich nenne sie (um ihr einen Namen zu geben und sie später zu untersuchen) »die moderne Phase«.

Die protestantische Kultur verfiel von innen heraus aus einer ganzen Anzahl von Ursachen, wahrscheinlich alle miteinander verbunden, wenngleich es schwierig ist, diese Verbindungen immer nachzuvollziehen. Alles stammt wahrscheinlich von etwas, das Ärzte den »autotoxischen« Zustand der protestantischen Kultur nennen würden. Wir sagen, dass ein Organismus autotoxisch wird, wenn er anfängt, sich selbst zu vergiften, wenn er die Kraft für seine lebenswichtigen Prozesse verliert und Sekrete ansammelt, die zunehmend seine Energien mindern. Etwas die-

28 Anm. d. Übers.: Ferdinand Brunetière (1849-1906) war ein bedeutender französischer Schriftsteller und Literaturkritiker. Er konvertierte 1900 zum Katholizismus.

ser Art widerfuhr der protestantischen Kultur gegen Ende des neunzehnten Jahrhunderts und am Anfang des zwanzigsten.

Das war die allgemeine Ursache des protestantischen Verfalls, aber seine Aktivität war undeutlich und schwer zu fassen. Bei den *besonderen* Ursachen dieses Verfalls können wir konkreter und sicherer sein.

So ging z. B. das geistige Fundament des Protestantismus durch das Wegbrechen der Bibel als höchster Autorität in Stücke. Diese Auflösung war das Ergebnis des Geistes derselben skeptischen Forschung, auf die der Protestantismus immer gegründet war. Zunächst hatte er Folgendes gesagt: »Ich verleugne die Autorität der Kirche: Jedermann muss die Glaubwürdigkeit eines jeden Dogmas selbst hinterfragen.« Der Protestantismus hatte aber als Stütze (unlogischerweise) die katholische Lehre von der Schriftinspiration genommen. Die große Menge jüdischer Folklore, der Poesie, der traditionellen volkstümlichen Geschichtsschreibung und der Spruchweisheit, die wir das Alte Testament nennen, das Gefüge von Aufzeichnungen der frühen Kirche, die wir das Neue Testament nennen, waren von der katholischen Kirche als göttlich inspiriert erklärt worden. Der Protestantismus kehrte (wie wir alle wissen) dieselbe Lehre der Kirche gegen die Kirche selbst und berief sich auf die Bibel wider die katholische Autorität.

So wurde die Bibel – das Alte und Neue Testament zusammen – an sich zum Gegenstand der Verehrung innerhalb der gesamten protestantischen Kultur. Vor dem Ende des neunzehnten Jahrhunderts geisterte in den Nationen protestantischer Kultur eine große Menge an Glaubenszweifel und selbst Heidentum umher, aber der Großteil der Bevölkerungen in Deutschland wie in England und Skandinavien, gewiss in den Vereinigten Staaten, war in der wörtlichen Interpretation der Bibel verankert.

Nun erschütterte die historische Forschung, die Forschung in den Naturwissenschaften und die Forschung in der Textkritik diese Haltung. Die protestantische Kultur begann, zum anderen Extrem zu wechseln. Nach der Anbetung des Textes der Bibel selbst als etwas Unveränderbares und als deutliche Stimme Gottes, ging sie dazu über, fast alles anzuzweifeln, was die Bibel enthielt.

Sie bezweifelten die Authentizität der vier Evangelien, insbesondere der zwei, die von Augenzeugen des Lebens unseres Herrn verfasst wurden und vor allem dasjenige des hl. Johannes, dem wichtigsten Zeugen der Inkarnation.

Sie leugneten den historischen Wert beinahe des gesamten Alten Testaments vor dem babylonischen Exil, und selbstredend leugneten sie jedes Wunder von vorne bis hinten und jede Prophetie.

Dass ein Dokument eine Prophezeiung enthielt, müsse bedeuten, dass es nach dem Ereignis verfasst worden sei. Jeder unbequeme Text wurde als Interpolation bezeichnet. Als diese Geisteshaltung (die das Produkt des Protestantismus selbst war) mit der Bibel – dem Fundament des Protestantismus – fertig war, war nichts als ein Haufen Ruinen geblieben.

Es gibt noch ein weiteres Beispiel für den Geist des Protestantismus, der seine eigenen Fundamente zerstört, aber diesmal in einem anderen Bereich, nämlich dem der Sozialökonomie.

Der Protestantismus hat den freien Wettbewerb hervorgebracht, den Zinswucher erlaubt und die alten Besitzabsicherungen des kleinen Mannes zerstört – die Zünfte und Dorfvereinigungen.

In den meisten Orten, in denen er stark war (insbesondere in England), hat der Protestantismus die Bauernschaft komplett zerstört. Er hat den modernen Industrialismus in seiner kapitalistischen Form hervorgebracht; er hat das moderne Bankwesen hervorgebracht, das letztlich der Herr der Gesellschaft wurde; aber kaum mehr als die Erfahrung einer Lebensspanne mit dem Industriekapitalismus und der wucherischen Macht der Banker hatte genügt, um zu zeigen, dass weder das eine noch das andere weiterbestehen könne. Der Wucher und der Industriekapitalismus hatten gigantische soziale Übel herangezüchtet, die immer schlimmer wurden, bis die Menschen, ohne bewusst die letzten Ursachen dieser Übel (deren Ursache natürlich geistlich und religiös ist) zu erfassen, sie unerträglich fanden.

Aber der spätere Wohlstand und die politische Macht der protestantischen Kultur basierten auf eben diesen Einrichtungen, die nun in Frage gestellt wurden.

Der Industriekapitalismus und die zinswucherische Finanzmacht waren die Stärken der protestantischen Zivilisation des neunzehnten Jahrhunderts. Sie hatten vor allem im viktorianischen England triumphiert. Sie sind in dem Moment, in dem ich diese Zeilen schreibe, an der Oberfläche immer noch allmächtig – aber jeder von uns weiß, dass ihr Stündlein geschlagen hat. Sie sind von innen her verfault und mit ihnen die protestantische Hegemonie, die sie in den uns unmittelbar vorausgegangenen Generationen so mächtig unterstützten.

Es gab noch eine weitere Ursache der Schwächung und des Niedergangs in der protestantischen Kultur: Ihre verschiedenen Teile neigten dazu, untereinander zu streiten. Das war von einem System zu erwarten, das zugleich auf dem Wettbewerb und dem schmeichlerischen menschlichen Stolz begründet war. Jede einzelne der verschiedenen protestantischen Gesellschaften, am bemerkenswertesten die britische und preußische, war von der eigenen vollkommenen Überlegenheit überzeugt. Aber es kann nicht zwei oder mehr überlegene Rassen geben.

Diese Anwandlung der Selbstanbetung führte notwendigerweise zu einem Konflikt zwischen den Selbstanbetern. Sie mögen alle darin vereint sein, die katholische Kultur zu verachten, aber sie konnten die Einheit untereinander nicht erhalten.

Das Problem wurde durch das ihm innenwohnende Fehlen eines Plans verschlimmert. Die protestantische Kultur begann durch die Übertreibung der Kraft menschlicher Vernunft und endete darin, die menschliche Vernunft aufzugeben. Sie rühmte sich ihrer Abhängigkeit vom Instinkt und selbst vom Glück. Es gab keine gebräuchlichere Wendung auf den Lippen protestantischer Engländer als »wir sind keine logische Nation«. Jede protestantische Gruppe war »Gottes eigenes Land« – Gottes Liebling – und musste irgendwie die Oberhand gewinnen, ohne sich darum zu kümmern, sich einen Plan für die eigene Verhaltensweise zu überlegen.

Man kann sich auf Dauer nichts Fataleres für ein Individuum oder eine große Gesellschaft vorstellen, als diese blinde Abhängigkeit von sicherem Glück und einer ebenso blinden Vernachlässigung rationaler Prozesse. Es öffnet jeder Extravaganz die Tür, sei sie materiell oder spirituell, Vorstellungen von absoluter Oberherrschaft, Weltherrschaft usw., die letztlich todbringende Gifte sind.

All diese Dinge in Kombination führten zum großen Zusammenbruch, den wir offen 1914 ansetzen, dessen Anfang jedoch mindestens drei Jahre davor liegt, denn es war drei Jahre vor dem Ausbruch des Großen Krieges, dass die Nationen damit begannen, ihre Vorbereitungen auf den Konflikt zu treffen.

Im Großen Krieg endete natürlich der alte Zustand der Dinge mit einem Zusammenbruch. So sehr die Institutionen der protestantischen Hegemonie überlebt haben – die Kontrolle der Banken, das Erheben allgemeiner Zinsen durch internationale Kredite, das gesamte auf Wettkampf ausgerichtete industrielle System, die ungezügelte Ausbeutung des riesigen Proletariats durch eine kleine Gruppe von Kapitalisten –, sie überlebte nur auf unsichere Weise, gestützt durch allerlei Vorrichtungen, und das auch nur in wenigen Gesellschaften. Im Gros unserer Zivilisation verschwanden diese Dinge rapide. Die hauptsächliche politische Institution, die mit ihnen einhergegangen war – Parlamente bestehend aus professionellen Politikern, die sich selbst »Volksvertreter« nannten –, gingen den gleichen Weg. Unsere Zivilisation trat in ein Zeitalter der politischen Experimente ein, einschließlich dem des Despotismus. Jedes dieser Experimente mag vorübergehender Natur sein und ist es wahrscheinlich auch, aber alle von ihnen sind, so oder so, ein vollkommener Bruch mit der unmittelbaren Vergangenheit.

Die alte weiße Welt, in der die geteilte und zerstreute katholische Kultur von einer triumphierenden und mächtigen protestantischen Kultur überschattet wurde, gab es nicht mehr.

Aber es sollte beachtet werden, dass diesem Zusammenbruch der älteren antikatholischen Sache, der protestantischen Kultur, kein Anzeichen der Folge einer Hegemonie der katholischen Kultur folgt. Es gibt noch kein Zeichen einer Reaktion hin zur Vorherrschaft der katholischen Ideen – die volle Wiederherstellung des Glaubens, durch die allein Europa und unsere gesamte Zivilisation gerettet werden kann.

Es ist fast immer so, dass, wenn man ein Übel loswird, einem sogleich ein weiteres, bislang unvermutetes begegnet; und so ist es auch nun mit dem Zusammenbruch der protestantischen Hegemonie. Wir treten nun in die neue, die »moderne Phase« ein, wie ich sie genannte habe, in der die Ewige Kirche ganz anderen Problemen gegenübersteht und ein ganz anderer Feind ihr Bestehen und das Heil der Welt, das von ihr abhängt, bedroht. Was diese moderne Phase ist, werde ich nun versuchen zu analysieren.

KAPITEL VI

Die moderne Phase

Wir nähern uns dem entscheidendsten aller Momente.

Der Glaube ist jetzt nicht, wie etwa in der Vergangenheit, von einer bestimmten Häresie umgeben, etwa der arianischen, der manichäischen, der albigensischen und der mohammedanischen. Es begegnet ihm auch keine allgemeine Häresie wie zu jener Zeit, als er vor drei- bis vierhundert Jahren der protestantischen Revolution entgegentreten musste. Der Feind, dem der Glaube jetzt begegnen muss und der »der moderne Angriff« genannt werden könnte, ist ein Großangriff auf die Grundlagen des Glaubens – auf die Existenz des Glaubens selbst. Der gegen uns heranrückende Feind ist sich der Tatsache zunehmend bewusst, dass Neutralität nicht zur Debatte steht. Die Kräfte, die dem Glauben jetzt entgegenstehen, sind dazu entschlossen, ihn zu *vernichten*. Der Kampf konzentriert sich von nun an auf eine bestimmte Bruchstelle, an der sich das Überleben oder die Zerstörung der katholischen Kirche entscheidet und das Überleben oder die *völlige* Zerstörung – nicht nur eines Teils – ihrer Philosophie.

Wir wissen natürlich, dass die katholische Kirche nicht zerstört werden kann. Was wir aber nicht kennen, ist die Ausdehnung des Gebietes, in dem sie überleben wird, ihre zukünftige Fähigkeit zum Neuaufschwung oder die Kraft des Feindes, sie immer weiter bis zu ihren letzten Stellungen zurückzudrängen – bis es so aussehen könnte, als wäre der Antichrist gekommen und als würden die letzten Fragen bald entschieden werden. Von solcher Bedeutung ist der unmittelbar vor aller Augen stattfindende Kampf.

Vielen, die keine Sympathien für den Katholizismus haben, die die alte protestantische Feindseligkeit gegenüber der Kirche geerbt haben (auch wenn der dogmatische Protestantismus inzwischen tot ist) und die denken, dass jede Attacke auf die Kirche irgendetwas Positives an sich hätte, erscheint der Kampf bereits als künftiger oder gegenwärtiger Angriff auf das, was sie das »Christentum« nennen.

So lassen sich beispielsweise allerorten Leute finden, die sagen, dass die bolschewistische Bewegung »definitiv antichristlich« sei – »jeder Form des Christentums entgegengesetzt« – und sie müsse »von allen Christen konfessionsübergreifend bekämpft werden« usw.

Dergleichen Worte und Schriften sind vergebens, da sie nichts Bestimmtes bedeuten. Es gibt keine Religion, die »Christentum« genannt wird – solch eine Religion hat es nie gegeben.

Es gibt und hat immer nur die Kirche gegeben und verschiedene Häresien, die aus einer Ablehnung irgendeines kirchlichen Dogmas durch Menschen hervorgehen, die immer noch einen Rest ihrer Lehre und Moral beibehalten wollen. Es gab jedoch nie eine allgemeine christliche Religion – noch kann oder wird es sie jemals geben –, zu der sich Menschen bekennen, die alle ein paar wichtige Dogmen akzeptieren, während sie sich darüber einig sind, dass sie bei anderen anderer Meinung sind. Es hat von Anfang an immer nur die Kirche gegeben und es wird nur sie immer geben, sowie allerlei Häresien, die entweder zum Niedergang verdammt sind, oder, wie der Mohammedanismus, zu einer eigenständigen Religion erwachsen. Von einem gemeinsamen Christentum gab es nie und kann es niemals eine Definition geben, denn ein solches hat nie existiert.

Es gibt in diesem Sinn keine zentrale Lehre, sodass man sagen könnte: Solange wir da im Einvernehmen sind, können wir beim Rest unterschiedlicher Meinung sein. Man kann etwa die Unsterblichkeit annehmen, aber die Trinität leugnen. Jemand kann sich Christ nennen, obgleich er die Einheit der christlichen Kirche leugnet; er kann sich Christ nennen, obgleich er die Anwesenheit Jesu Christi im Allerheiligsten Altarsakrament leugnet; er kann sich frohen Sinnes Christ nennen, obgleich er die Inkarnation leugnet. Nein, der Streit findet statt zwischen der Kirche und der Antikirche – der Kirche Gottes und der des Antigottes –, der Kirche Christi und der des Antichristen.

Die Wahrheit offenbart sich jeden Tag mehr, sodass sie innerhalb weniger Jahre allgemein zugegeben werden wird. Ich nenne den modernen Angriff nicht den »antichristlichen«, auch wenn ich im tiefsten Inneren denke, dass es der wahre Begriff dafür wäre. Nein, ich gebe ihm diesen Namen nicht, da er im Moment übertrieben scheinen würde. Aber der Name spielt keine Rolle. Ob wir ihn nun den »modernen Angriff« oder den »antichristlichen Angriff« nennen, ist völlig gleich. Der Kampf findet nun ganz klar zwischen der Beibehaltung katholischer Moral, Tradition und Autorität auf der einen Seite und dem aktiven Versuch, sie zu zerstören, auf der anderen Seite statt. Der moderne Angriff wird uns nicht tolerieren. Er wird versuchen, uns zu vernichten, und auch wir können ihn nicht tolerieren. Wir müssen versuchen, ihn als den bestausgerüsteten und glühendsten Feind der Wahrheit zu vernichten. Es ist ein Duell auf Leben und Tod.

Manchmal wird der moderne Angriff eine »Rückkehr zum Heidentum« genannt. Diese Definition ist insofern wahr, wenn mit Heidentum die Leugnung der katholischen Wahrheit gemeint ist. Wenn wir also mit Heidentum die Leugnung der Inkarnation, der Unsterblichkeit, der Einheit und Personalität Gottes, der unmittelbaren Verantwortung des Menschen gegenüber Gott und des gesamten Gefüges an Vorstellungen, Empfindungen, Dogmen und Kultur meinen, die in dem Wort »katholisch« zusammengefasst werden, dann, und in diesem Sinne, ist der moderne Angriff eine Rückkehr zum Heidentum. Aber es gibt mehr als ein Heidentum. Es gab ein Heidentum, aus dem wir alle stammen: das edle, zivilisierte Heidentum Griechenlands und Roms. Es gab das barbarische Heidentum der fernen, unzivilisierten Stämme der Germanen, Slawen und aller übrigen. Es gibt das primitive Heidentum Afrikas, das fremde und verzagte Heidentum Asiens. Uns war es bisher immer möglich, aus allen genannten Gruppen Menschen zur universalen Kirche zu bekehren. Das neue Heidentum, das heute die ihm bekannte Kirche ablehnt, wäre auf jeden Fall ein ganz anderes als das Heidentum, das die Kirche nicht kannte oder kennt.

Jemand, der bergauf geht, mag auf der gleichen Ebene wie ein anderer stehen, der bergab geht; aber beide gehen in verschiedene Richtungen und haben verschiedene Schicksale. Unsere Welt, die aus dem alten Heidentum Griechenlands und Roms zur Vollendung der Christenheit und der katholischen Zivilisation übergeht, der wir alle entstammen, ist das genaue Gegenteil der gleichen Welt, die das Licht ihrer angestammten Religion verlässt und zurück ins Dunkel fällt.

Da es aber so ist, wollen wir den modernen Angriff – den antichristlichen Vormarsch – untersuchen und sein besonderes Wesen erkennen.

Zu Beginn stellen wir fest, dass er materialistisch und abergläubisch zugleich ist.

Das widerspricht der Vernunft, aber die moderne Phase, der antichristliche Vormarsch, hat die Vernunft aufgegeben. Sie verfolgt die Zerstörung der katholischen Kirche und der Zivilisation, die aus ihr hervorgeht. Offensichtliche Widersprüche innerhalb der eigenen Reihen kümmern sie nicht, solange ihr allgemeines Bündnis die Beendigung all dessen zum Ziel hat, für das wir bislang gelebt haben. Der moderne Angriff ist materialistisch, da seine Philosophie nur über materielle Ursachen nachdenkt. Er ist nur als Nebenprodukt dieser Geisteshaltung abergläubisch. Er nährt auf seiner Oberfläche die einfältigen Launen des Spiritualismus, den vulgären Nonsens der »Christlichen Wissenschaft«[29] und weiß der Himmel wie viele andere Phantastereien noch. Aber diese Torheiten erwachsen keinem Verlangen nach Religion, sondern aus der gleichen Wurzel, die die Welt materialistisch gemacht hat – aus einer Unfähigkeit

29 Anm. d. Übers.: Eine von Mary Baker Eddy (1821–1910) nach 1866 entwickelte Lehre, die sie in ihrem Buch *Wissenschaft und Gesundheit mit Schlüssel zur Heiligen Schrift* formulierte und 1875 erstmals veröffentlichte. Die von ihr gegründete Sekte ist noch heute weltweit aktiv und unterhält mehrere Niederlassungen im deutschsprachigen Raum.

heraus, die entscheidende Wahrheit zu verstehen, dass der Glaube Wurzel allen Wissens ist, aus der Vorstellung also, dass keine andere Wahrheit als sicher angenommen werden kann als die der unmittelbaren Erfahrung.

Folglich rühmt sich der Spiritualist seiner nachweislichen Erscheinungen und seine vielen Rivalen sich ihrer direkten, klaren Beweise. Alle sind sich jedoch darin einig, dass die Offenbarung abzulehnen ist. Es ist sehr richtig bemerkt worden, dass nichts erstaunlicher ist als die Tatsache, dass sich alle modernen quasi-religiösen Praktiken *darin* einig sind, dass die Offenbarung abzulehnen ist.

Wir können also sagen, dass der neue Vorstoß gegen die Kirche – der vielleicht der letzte Vorstoß gegen die Kirche sein wird, der auf jeden Fall der einzig bedeutende moderne Feind ist – fundamental materialistisch ist. Er ist materialistisch in seiner Lesart der Geschichte und vor allem in seinen Vorschlägen für soziale Reformen.

Da der kommende Vorstoß atheistisch ist, besteht eines seiner Charakteristika darin, die menschliche Vernunft nicht anzuerkennen. Solch eine Haltung scheint mit der Logik selbst unvereinbar zu sein, denn wenn man den Wert der menschlichen Vernunft leugnet, wenn man sagt, dass man durch die Nutzung des Verstandes nicht zur Wahrheit gelangen kann, dann kann noch nicht einmal die gerade aufgestellte Behauptung wahr sein. Nichts ist wahr und nichts ist es wert, gesagt zu werden. Aber dem großen modernen Angriff (der mehr ist als eine Häresie) sind Selbstwidersprüche gleichgültig. Er stellt nur Behauptungen auf. Er prescht vor wie ein Tier, das sich allein auf seine Stärke verlässt. Das könnte, nebenbei bemerkt, letzten Endes zur Ursache seines Scheiterns werden, denn bislang hat die Vernunft noch jeden ihrer Feinde überwunden und der Mensch ist durch die Vernunft Herr über das Tier. Damit sind jedenfalls die Hauptcharakteristika des modernen Angriffs genannt. Er ist materialistisch und atheistisch, und aufgrund seines Atheismus ist ihm die Wahrheit notwendigerweise gleichgültig. Denn Gott ist die Wahrheit. Aber es gibt (wie der Größte der alten Griechen entdeckt hat) eine gewisse untrennbare Dreifaltigkeit der Wahrheit, Schönheit und Güte. Man kann nicht die eine leugnen oder attackieren, ohne gleichzeitig die anderen beiden zu leugnen oder zu attackieren. Mit dem Vormarsch dieses neuen und fürchterlichen Feindes des Glaubens und der gesamten Zivilisation, die der Glaube hervorbringt, geht nicht nur Verachtung des Schönen einher, sondern sogar Hass darauf, und auf seinen Fersen folgen Verachtung und Hass auf die Tugend.

Die gutmütigen Dummen, die weniger Bösartigen der zum Feind Übergelaufenen, sprechen vage von einer »Neuorientierung«, einer »neuen Welt« und einer »neuen Ordnung«. Aber sie fangen nicht damit an, wie es der gesunde Menschenverstand verlangen würde, uns zu erklären, auf welchen Prinzipien diese neue Ordnung errichtet werden soll. Sie nennen nicht das Ziel, das sie im Blick haben.

Der Kommunismus (der nur eine einzige Manifestation dieses modernen Angriffs ist und wahrscheinlich eine vorübergehende) behauptet, auf ein bestimmtes Gut hin ausgerichtet zu sein, nämlich das Ende der Armut. Aber er sagt nicht, warum dies ein Gut sein soll. Er gesteht nicht ein, dass sein Plan auch darin besteht, die Dinge zu zerstören, die nach allgemeinem Einvernehmen der Menschheit gut sind: Familie, Eigentum (das der Garant der individuellen Freiheit und der individuellen Würde ist), Humor, Barmherzigkeit und alles andere, das wir als rechte Lebensweise betrachten.

Man kann der Sache jeden erdenklichen Namen geben. Ich nenne sie hier »den modernen Angriff«, glaube aber, dass die Menschen sie bald anders werden bezeichnen müssen, nämlich als »den Antichrist«. Man kann ihr auch den zeitgenössischen Ausdruck »Bolschewismus« (was lediglich »Mehrheitler« auf Russisch heißt) geben – wir kennen die *Angelegenheit* zu Genüge. Es ist *nicht* der Aufstand der Unterdrückten, es ist nicht das Aufbegehren des Proletariats gegen die kapitalistische Ungerechtigkeit und Grausamkeit, es ist etwas von außen, ein böser Geist, der die menschlichen Nöte und die Wut über die ungerechten Zustände ausnutzt.

Nun steht diese Gefahr vor unseren Toren. Letztlich handelt es sich natürlich um die Frucht der ursprünglichen Spaltung der Christenheit während der Reformation. Sie begann mit der Leugnung einer Zentralautorität und endete damit, dass dem Menschen erzählt wird, er genüge sich selbst. Sie errichtete überall große Götzen, die als Götter angebetet werden sollen.

Das ist kein bloßes Phänomen auf kommunistischer Seite, es erscheint auch in den Organisationen, die dem Kommunismus entgegenstehen; in den Rassen und Nationen, in denen die rohe Gewalt anstelle Gottes steht. Auch sie errichten Götzen, denen abscheuliche Menschenopfer dargebracht werden. Auch sie verleugnen die Gerechtigkeit und die rechte Ordnung der Dinge.

So stellt sich das Wesen der begonnenen Schlacht dar – und gegen solche Feinde scheint die Position der Kirche fürwahr schwach zu sein.

Aber es wirken gewisse Kräfte zu ihren Gunsten, die letztlich zu einer Reaktion führen könnten, aus der die Macht der Kirche über das Menschengeschlecht neu erstehen kann.

Auf den nächsten Seiten werde ich Überlegungen dazu anstellen, welche unmittelbaren Folgen dieser neue, große Götzendienst haben wird. Ich werde die entscheidendste aller Fragen besprechen, nämlich die, ob die Dinge darauf hindeuten, dass die Kirche zur isolierten Festung wird, die großen Widrigkeiten trotzen muss. Ob sie eine Arche inmitten einer steigenden Flut sein wird, die, auch wenn sie das Schiff nicht versenkt, alles andere bedeckt und zerstört; oder ob die Kirche – ungefähr – in ihrer alten Macht wiederhergestellt werden wird.

Der moderne Angriff auf die katholische Kirche, der universalste Angriff, den sie seit ihrer Gründung erlitten hat, ist schon so weit vorangeschritten, dass er bereits gesellschaftliche, intellektuelle und moralische Formen angenommen hat, die ihm zusammengenommen den Anschein einer Religion geben.

Wenngleich dieser moderne Angriff, wie ich weiter oben gesagt habe, weder eine Häresie in der alten Bedeutung dieses Wortes ist, noch eine Art Synthese von Häresien, die den Hass auf den Glauben gemein haben (wie es bei der protestantischen Bewegung der Fall war), so ist er noch tiefreichender und in seinen Konsequenzen noch verheerender als alles Vorherige. Er ist im Wesentlichen atheistisch, auch wenn dieser Atheismus nicht übermäßig betont wird. Er sieht den Menschen als sich selbst genügend an, das Gebet als bloße Autosuggestion und – der fundamentale Punkt – Gott als nichts anderes als eine Ausgeburt der Phantasie, ein Selbstbildnis des Menschen, vom Menschen ins Universum geworfen, als ein Hirngespinst und nicht als Wirklichkeit.

Unter den vielen hellsichtigen Verkündigungen des regierenden Papstes[30] findet sich ein Satz, dessen profunde Urteilskraft zu seiner Zeit sehr eindrücklich war und der sich seitdem durch die Ereignisse machtvoll bestätigt hat. Was er sagte, war, dass während die Leugnung Gottes sich in der Vergangenheit auf eine vergleichsweise kleine Zahl von Intellektuellen beschränkt habe, *diese Leugnung nun die Massen gewonnen habe und überall als gesellschaftliche Kraft agiere.*

Das ist der moderne Feind, das ist die steigende Flut, der größte und womöglich letzte Kampf zwischen Kirche und Welt. Wir müssen ihn hauptsächlich nach seinen Früchten beurteilen. Diese Früchte, wenngleich noch nicht reif, sind bereits sichtbar. Was sind diese Früchte?

Zunächst sind wir Zeugen des Wiederauflebens der Sklaverei, die das notwendige Resultat der Leugnung des freien Willens ist, sobald diese Leugnung nur einen Schritt weiter geht als Calvin und die Verantwortung Gott gegenüber ebenso leugnet wie das mangelnde Vermögen im Menschen. Die zwei Formen der Sklaverei, die schrittweise hervortreten und mit

---

30 Anm. d. Übers.: Papst Pius XI. (1922-1939), bürgerlich Achille Ambrogio Damiano Ratti.

der Zeit unter dem Effekt des modernen Angriffs auf den Glauben mehr und mehr heranreifen, sind die Versklavung durch den Staat und die Versklavung durch Privatunternehmen und Einzelpersonen.

Begriffe werden heute zu locker gebraucht; es besteht eine derartige Lähmung der Definitionskraft, dass fast jeder Satz, der aktuelle Ausdrücke verwendet, missverstanden werden kann. Wenn ich »die Sklaverei unter dem Kapitalismus« sagen würde, hätte das Wort »Kapitalismus« für unterschiedliche Menschen eine unterschiedliche Bedeutung. Für die eine Gruppe von Schriftstellern bedeutet es (und ich muss bekennen, dass es das auch für mich bedeutet, wenn ich es benutze) »*die Ausbeutung der noch freien Menschenmassen durch wenige Besitzer der Produktions-, Transport- und Tauschmittel.*« Wenn die Masse der Menschen enteignet ist – sie besitzt dann also nichts mehr –, wird sie vollkommen von den Besitzenden abhängig. Wenn diese Besitzenden im aktiven Wettbewerb stehen und die Produktionskosten senken müssen, wird die Masse der Menschen, die sie ausbeuten, nicht nur die Fähigkeit verlieren, ihr eigenes Leben zu bestimmen, sondern sie wird außerdem Not und Unsicherheit erleiden.

Für den einen bedeutet der Begriff »Kapitalismus« vielleicht lediglich das Recht auf Privatbesitz, für den anderen bedeutet er aber Industriekapitalismus, der im Gegensatz zur Agrarproduktion mit Maschinen anstelle von Menschen arbeitet. Ich wiederhole: Damit die Diskussion Sinn ergibt, müssen unsere Begriffe klar definiert sein.

Wenn der regierende Papst in seiner Enzyklika[31] von Menschen spricht, die zu »einem Stand nicht weitab der Sklaverei« herabgesetzt sind, meint er genau das, was ich weiter oben ausgeführt habe. Wenn der Großteil der Familien eines Staates ohne Eigentum ist, dann werden diejenigen, die einst Bürger

31 Anm. d. Übers.: Enzyklika Quadragesimo anno (15. Mai 1931) »über die Gesellschaftliche Ordnung, ihre Wiederherstellung und ihre Vollendung nach dem Heilsplan der Frohbotschaft«.

waren, praktisch zu Sklaven. Je mehr der Staat einspringt, um die Sicherheits- und Lebensbedingungen durchzusetzen; je mehr er Löhne reguliert, für obligatorische Versicherung, ärztliche Versorgung und Erziehung sorgt und im Allgemeinen das Leben der Lohnarbeiter zum Vorteil der Firmen und Arbeitgeber in Beschlag nimmt, desto mehr wird dieser halbsklavische Zustand betont. Und wenn es so für vielleicht drei Generationen weitergeht, wird diese gesellschaftliche Gewohnheit und Geisteshaltung so gründlich etabliert sein, dass in Ländern, in denen diese Art von Staatssozialismus auf das Gemeinwesen geschweißt und genietet sein wird, kein Entfliehen möglich ist.

In Europa hat sich insbesondere England (viele andere Länder in geringerem Grad) an dieses System gebunden. Unter einer gewissen Einkommensgrenze wird einem Mann ein knappes Existenzminimum garantiert, sollte er arbeitslos werden. Beamte übergeben es ihm auf Kosten seiner menschlichen Würde unter demütigenden Bedingungen. Jeder Umstand seiner Familie wird untersucht. Sobald er arbeitslos ist, befindet er sich mehr in den Händen dieser Beamten, als er jemals in den Händen seines Arbeitgebers war, solange er noch angestellt war. Diese Sache befindet sich immer noch im Wandel, die Mehrheit der Menschen sieht noch nicht, worauf sie zusteuert. Die Vernachlässigung der menschlichen Würde, die potentielle, wenn nicht tatsächliche Leugnung der Lehre vom freien Willen, hat als natürliche Konsequenz bereits zu halbsklavischen Institutionen geführt. Diese Institutionen werden im Laufe der Zeit vollständig sklavisch werden.

Gegen dieses Übel der Lohnknechtschaft ist schon lange ein gewisses Mittel vorgeschlagen worden, das nun kräftig am Werk ist und sich in Betrieb befindet. Der kürzeste Name dafür lautet Kommunismus: die Sklaverei durch den Staat, viel fortschrittlicher und gründlicher als die erste Form, die Sklaverei durch den Kapitalisten. Von der modernen »Lohnknechtschaft« kann man nur im metaphorischen Sinne sprechen. Der Lohnarbeiter ist nicht in dem Ausmaß frei, wie der besitzende

Mann es ist. Er muss das tun, was sein Herr ihm sagt, und wenn seine Lage nicht nur die einer Minderheit oder nicht einmal die einer knappen Mehrheit ist, sondern fast die der gesamten Bevölkerung mit Ausnahme einer vergleichsweise kleinen kapitalistischen Klasse, dann schwindet der Anteil der echten Freiheit in seinem Leben tatsächlich – wenn sie rechtlich auch vorhanden sein mag.

Der Angestellte ist selbst in den am höchsten industrialisierten Gesellschaften noch nicht auf den Stand eines Sklaven herabgesunken. Sein rechtlicher Status ist der eines Bürgers. Theoretisch ist er immer noch ein freier Mann, der sich per Vertrag dazu verpflichtet hat, eine gewisse Menge Arbeit für einen gewissen Lohn zu verrichten. Der Arbeitgeber kann daraus einen Profit schlagen oder auch nicht. Der Angestellte kann als Lohn mehr bekommen als den Wert dessen, was er produziert, oder auch nicht. Aber genau genommen sind beide frei.

Diese erste Form des gesellschaftlichen Übels, das der moderne Geist hervorbringt, ist viel eher eine Tendenz zur Sklaverei als tatsächliche Sklaverei. Man kann sie eine Halbsklaverei nennen, wenn man so will, wo sie an riesige Unternehmen angeschlossen ist, an gewaltige Fabriken, monopolistische Konzerne usw. Aber es ist immer noch keine vollkommene Sklaverei.

Der Kommunismus aber ist die vollkommene Sklaverei. Dieser moderne Feind arbeitet offen, unverhohlen und unter Hochdruck. Der Kommunismus leugnet Gott, die Würde und demzufolge auch die Freiheit der menschlichen Seele und macht den Menschen zum Sklaven dessen, was er »den Staat« nennt – was jedoch tatsächlich nichts anderes ist als eine Gruppe von begünstigten Beamten. Unter dem absoluten Kommunismus gäbe es keine Arbeitslosigkeit, genauso wie es in Zuchthäusern keine Arbeitslosigkeit gibt. Unter dem absoluten Kommunismus gäbe es keine Not oder Armut, außer dort, wo die Landesherren Menschen verhungern lassen, ihnen unzureichende Kleidung geben oder sie auf irgendeine andere

Weise unterdrücken. Der Kommunismus, der von Beamten ohne menschliche Schwächen ehrlich und ausschließlich zugunsten seiner Knechte betrieben würde, hätte einen gewissen materiellen Vorteil gegenüber dem proletarischen Lohnsystem, in dem Millionen halbverhungert dahinvegetieren und noch viele Millionen mehr ständig den Hunger fürchten. Aber selbst, wenn dem so wäre, würde der Kommunismus seine Vorteile nur dadurch hervorbringen, indem er die Sklaverei auferlegt.

Dies sind die ersten Früchte des modernen Angriffs auf der sozialen Seite, die ersten Früchte, die im Bereich der Gesellschaftsstruktur auftauchen. Wir entstammten vor Gründung der Kirche einem heidnischen Gesellschaftssystem, in dem die Sklaverei allgegenwärtig war, in dem die gesamte Gesellschaftsstruktur von der Institution der Sklaverei abhing. Mit dem Verlust des Glaubens kehren wir wieder dahin zurück.

Nach der sozialen Frucht des modernen Angriffes auf die katholische Kirche folgt die moralische Frucht, die natürlich die ganze sittliche Natur des Menschen miteinschließt. Dieses gesamte Feld hat in seiner Tätigkeit bislang jede Form von Bändigung, die dem Menschen durch die menschliche Erfahrung mittels der Tradition auferlegt wurde, untergraben.

Ich sage »bislang«, da in vielen Bereichen der Moral diese rasante Lösung aller Fesseln zu einer Reaktion führen muss. Die menschliche Gesellschaft kann nicht mit der Anarchie koexistieren. Neue Zügel und neue Sitten müssen erwachsen. Folglich sind diejenigen, die den Zusammenbruch der Sexualmoral als Haupteffekt des modernen Angriffes auf die katholische Kirche sehen, vermutlich im Irrtum, denn dieser Zustand wird nicht ewig andauern. Irgendein Kodex, irgendeine Zusammenstellung von Sitten muss, gemäß der Natur der Dinge, entstehen, selbst wenn der alte Kodex zu diesem Zeitpunkt zerstört ist. Aber es gibt andere unheilvolle Effekte, die sich womöglich als beständiger erweisen. Um herauszufinden, was diese Effekte sein mögen, haben wir eine Orientierungshilfe. Wir können überdenken, was Menschen unseres Geblüts taten, bevor die Kirche die Christenheit schuf. Was wir dabei hauptsächlich herausfinden, ist Folgendes: Dass im Bereich der Moral vor allem eine Sache hervorragt, nämlich die unangefochtene Vorherrschaft der Grausamkeit in der ungetauften Welt. Grausamkeit wird auch das Hauptergebnis des modernen Angriffes auf dem moralischen Feld sein, ebenso wie das Wiederaufleben der Sklaverei das Hauptergebnis auf dem sozialen Feld sein wird.

Hier mag der Kritiker fragen, ob Grausamkeit nicht vielmehr das Merkmal der Christen in der Vergangenheit war, nicht das der Moderne. Ist nicht unsere gesamte zweitausendjährige Geschichte eine Geschichte des bewaffneten Konflikts, der Massaker, gerichtlich angeordneter Folter und fürchterlicher Hinrichtungen, der Plünderung von Städten und so weiter?

Die Antwort auf diesen Einwand besteht darin, dass es einen kapitalen Unterschied zwischen der außergewöhnlichen Grausamkeit gibt und der regelmäßigen. Wenn Menschen grausame Strafen anwenden, sich auf physische Kräfte verlassen, um ein Ergebnis zu erzielen, der Gewalt in der Leidenschaft des Krieges freien Lauf lassen, wenn all das als Verstoß gegen ihre eigene anerkannte Moral geschieht, ist es eine Sache. Wenn es als Teil einer ganz selbstverständlichen Geisteshaltung geschieht, eine andere.

Hier liegt der radikale Unterschied zwischen dieser neuen, modernen Grausamkeit und der sporadischen Grausamkeit der früheren christlichen Zeiten. Nicht grausame Rache, noch Grausamkeit im Fiebereifer, noch Grausamkeit in der Bestrafung für unbestrittene Übel, noch Grausamkeit in der Unterdrückung dessen, was zugegebenermaßen unterdrückt werden muss, ist die Frucht einer bösen Philosophie; wenngleich solche Dinge Exzesse oder Sünden sind, so stammen sie nicht aus falschen Lehren. Aber die Grausamkeit, die das moderne Verlassen unserer angestammten Religion begleitet, ist eine Grausamkeit, die dem modernen Angriff arteigen ist – eine Grausamkeit als Teil seiner Philosophie.

Der Beweis liegt hierin: Die Menschen sind von Grausamkeit nicht schockiert, sondern stehen ihr gleichgültig gegenüber. Die Gräuel der Russischen Revolution, auf jene in Spanien ausgedehnt, können hier als Beispiel dienen. Nicht nur die Menschen an Ort und Stelle nahmen den Horror mit Gleichgültigkeit auf, selbst ferne Beobachter taten es. Es gibt keinen umfassenden Schrei der Entrüstung, keinen hinreichenden Protest, da es nicht länger eine Vorstellung davon gibt, dass der Mensch als Mensch etwas Heiliges ist. Die gleiche Macht, die die menschliche Würde ignoriert, ignoriert auch menschliches Leiden.

Ich sage erneut, dass der moderne Angriff auf den Glauben auf dem Feld der Moral tausend schlechte Früchte trägt, und viele von ihnen sind schon heute sichtbar, aber die charakteristischste, die vermutlich haltbarste Frucht, ist die allgegenwärtige Einrichtung der Grausamkeit, begleitet von einer Verachtung der Gerechtigkeit.

Die letzte Kategorie der Früchte, nach denen wir den Charakter des modernen Angriffes bewerten können, ist die Frucht, die sie auf dem Feld der Intelligenz trägt, was sie also mit dem menschlichen Verstand anrichtet.

Als der moderne Angriff sich vor wenigen Lebensspannen gesammelt hatte und während er immer noch auf eine kleine Zahl Akademiker beschränkt war, begann der erste Sturmangriff auf die Vernunft. Außerhalb eines beschränkten Zirkels schien er wenig Erfolg zu haben. Der einfache Mann und sein gesunder Menschenverstand (der wahrhaft eine Bastion der Vernunft ist) war nicht betroffen. Heute ist er es.

Aber die Vernunft ist heute allerorts in Verruf. Der altehrwürdige Prozess der Überzeugung durch Argumente und Beweise wird durch die wiederholte Behauptung ersetzt. Fast alle Begriffe, die einst der Ruhm der Vernunft waren, tragen nun den Ruch der Verachtung an sich. Man schaue sich z. B. an, was mit den Wörtern »Logik« oder »Kontroverse« geschah; man höre sich so verbreitete Redensarten an wie »Argumente haben noch niemanden überzeugt« oder »wenn man möchte, kann man alles beweisen«, oder »logisch (oder: theoretisch) gesehen mag es stimmen, aber in der Praxis sieht es anders aus«. Die alltägliche Sprache wird mehr und mehr mit Ausdrücken durchsetzt, die Verachtung über den Gebrauch von Intelligenz ausdrücken.

Aber der Glaube und der Gebrauch der Vernunft sind untrennbar miteinander verwoben. Der Gebrauch des Verstandes ist ein wesentlicher Teil – oder vielmehr die Grundlage – allen Erforschens der höchsten Dinge. Gerade aufgrund der dem Menschen geschenkten Vernunft verkündete die göttliche Autorität der Kirche das Mysterium, d. h., sie erkannte die Grenzen der Vernunft an. Es musste so sein, damit nicht die absoluten Kräfte, die der Vernunft zugeschrieben wurden, zum Ausschluss derjenigen Wahrheiten führten, die der Verstand annehmen, aber nicht beweisen kann. Die Vernunft wurde durch das Mysterium nur dergestalt begrenzt, als dass dadurch die Souveränität der Vernunft in ihrer eigenen Sphäre verdeutlicht wurde.

Wenn der Verstand entthront wird, wird nicht nur der Glaube entthront (die beiden Umstürze gehen miteinander einher), sondern jede sittliche und legitime Aktivität der menschlichen Seele auch. Es gibt keinen Gott. Demnach verlieren die Worte »Gott ist die Wahrheit«, die der Geist des christlichen Europas als Postulat all seines Handelns annahm, ihre Bedeutung. Niemand kann die rechtmäßige Autorität der Regierung hinterfragen oder ihr Grenzen setzen. In der Abwesenheit von Vernunft ist die politische Autorität, die auf bloßer Gewalt beruht, grenzenlos. Und so wurde die Vernunft selbst zum Opfer gemacht, da es die Menschlichkeit selbst ist, die der moderne Angriff mit seiner falschen Religion der Humanität zerstört. Die Vernunft ist die Krone des Menschen und gleichzeitig sein auszeichnendes Merkmal, während die Anarchisten gegen den Verstand als ihren Hauptfeind marschieren.

So entfaltet sich der moderne Angriff in seiner Wirkung. Was bedeutet das für die Zukunft? Das ist die praktische, die unmittelbare Frage, die wir uns alle stellen müssen. Der Angriff ist bereits derart fortgeschritten, dass wir einige Überlegungen darüber anstellen müssen, was in seiner nächsten Phase geschieht. Welchem Unheil werden wir anheimfallen?

Oder, anders gesagt, welche gute Gegenreaktion wird uns nützlich sein? Mit dieser Frage werde ich schließen.

Der moderne Angriff ist wesentlich weiter vorangeschritten, als allgemein wahrgenommen wird. So ist es immer bei großen Bewegungen in der Geschichte der Menschheit. Es ist ein weiterer Fall von verzögerter Betrachtung. Eine Macht am Vorabend ihres Sieges scheint erst auf halbem Wege zu ihrem Ziel zu sein und vielleicht sogar noch aufgehalten werden zu können. Eine Macht in voller Blüte ihrer jungen Kraft erscheint den Zeitgenossen als kleines, unsicheres Experiment.

Der moderne Angriff auf den Glauben (der jüngste und bemerkenswerteste von allen) ist so weit vorangeschritten, dass ein allerwichtigster Punkt bereits sicher ist: Eines von zwei Dingen muss passieren, eines von zwei Resultaten muss auf der ganzen Welt eintreten: Entweder wird die katholische Kirche (die nun schleunigst zum einzigen Zufluchtsort der zivilisatorischen Traditionen wird, an dem sie verstanden und verteidigt werden) durch ihre modernen Feinde zur politischen Machtlosigkeit verdammt, zur zahlenmäßigen Bedeutungslosigkeit, und, was die öffentliche Wahrnehmung angeht, zum Stillschweigen; oder die katholische Kirche wird, wie es in der Vergangenheit immer der Fall war, stärker gegen ihre Feinde reagieren, als die Feinde gegen sie agieren können; sie wird sich erholen und ihre Autorität ausdehnen und von neuem als Führerin der Zivilisation, die sie geschaffen hat, hervorgehen und so die Welt retten und erneuern. In anderen Worten: Entweder werden wir Christgläubigen zur kleinen, verfolgten und unbeachteten Insel inmitten der Menschheit werden, oder wir werden uns am Ende des Kampfes mit jenem alten Schlachtruf neu erheben: *Christus imperat!*

Die normale menschliche Schlussfolgerung in Konflikten dieser Art – nämlich, dass der eine oder der andere Kombattant überwältigt wird und verschwindet – kann nicht akzeptiert werden. Die Kirche wird nicht verschwinden, denn die Kirche ist nicht aus sterblichem Stoff gemacht; sie ist als einzige Institution unter den Menschen nicht dem allgemeinen Gesetz der Sterblichkeit unterworfen. Daher sagen wir, dass die Kirche nicht ausgelöscht wird, sondern dass sie womöglich auf eine kleine Truppe reduziert wird, fast vergessen inmitten der riesigen Zahl ihrer Feinde und deren Verachtung für die vermeintlich besiegte Sache.

Die Alternative ist ebenso wenig annehmbar. Wenn auch die große moderne Bewegung (die so außerordentlich dem Vormarsch des Antichristen gleicht) zurückgeschlagen werden mag und vielleicht sogar ihre Merkmale verliert und stirbt, wie der Protestantismus vor unseren eigenen Augen gestorben ist, so wird dies noch lange nicht das Ende des Konfliktes bedeuten. Es *mag* der letzte Konflikt sein. Es *könnten* noch ein Dutzend und mehr auf uns warten, oder hundert. Angriffe auf die katholische Kirche wird es immer geben und niemals wird es inmitten all der menschlichen Querelen *vollständige* Einheit, Frieden und höchste Würde durch den *vollständigen* Sieg des Glaubens geben. Denn wenn es so wäre, wäre diese Welt nicht die Welt, noch stünde Jesus Christus im Widerstreit mit der Welt.

Im Wesentlichen muss jedoch eines von beiden eintreffen: der katholische oder der antichristliche Sieg. Der moderne Angriff ist so universal und bewegt sich so schnell, dass die Menschen, die jetzt sehr jung sind, sicherlich so etwas wie eine Entscheidung in dieser großen Schlacht erleben werden.

Einige der scharfsinnigsten modernen Beobachter der letzten Generation und der unsrigen haben ihren Verstand benutzt, um zu entdecken, welchen Weg das Schicksal gehen wird. Einer der intelligentesten französischen Katholiken, ein konvertierter Jude, hat eine Arbeit darüber geschrieben, um zu beweisen (oder nahezulegen), dass der erste dieser beiden möglichen Ausgänge unser Schicksal sein wird. Er hat die letzten Jahre der Kirche auf dieser Erde als abgeschottet vom Rest der Gesellschaft vor Augen. Er sieht eine Kirche der Zukunft mit nur noch sehr wenigen Gliedern, unbeachtet vom allgemeinen Strom des neuen Heidentums. Er sieht eine Kirche der Zukunft, in der es eine glühende Hingabe gibt, dass aber diese Hingabe nur noch von einer kleinen Gruppe gepflegt wird, isoliert und vergessen inmitten der Menschen.

Der verstorbene Robert Hugh Benson[32] schrieb zwei Bücher, beide bemerkenswert und beide mit einem gegensätzlichen Ausgang vor Augen. Im ersten Buch, dem *Herrn der Welt*, stellt er die Kirche als kleine, wandernde Gruppe vor, die zu ihren Ursprüngen zurückkehrt, mit dem Papst als Haupt der Zwölf – und lässt die Geschichte am Jüngsten Tag enden. Im zweiten Buch[33] stellt er sich die volle Wiederherstellung der katholischen Sache vor: die Wiedererrichtung unserer Zivilisation, neu belebt und wieder vom rechten Geist erfüllt. Wenngleich aber diese neue Kultur noch immer von menschlicher Unvollkommenheit befallen sein wird, wird die Kirche die Führung der Menschheit zurückerlangt und die Seele der Gesellschaft von neuem mit Harmonie und Schönheit erfüllt haben.

Welche Argumente sprechen für die jeweilige Seite? Aus welchem Grund sollten wir auf die eine oder die andere Tendenz schließen?

Für den ersten Ausgang (das Schwinden des katholischen Einflusses, die Beschränkung unserer Zahlen und unseres politischen Wertes am Rande der Vernichtung) spricht die wachsende Unwissenheit der Welt über uns, verbunden mit dem Verlust jener Möglichkeiten, durch die Menschen Verständnis erlangen könnten, was der Katholizismus bedeutet, um daraus den Vorteil für ihr Heil zu ziehen. Das Kulturniveau, einschließlich eines Geschichtssinns, sinkt sichtbar. Mit jeder

---

32 Anm. d. Übers.: Robert Hugh Benson (1871-1914) war ein englischer Priester und Schriftsteller. Als anglikanischer Geistlicher bekehrte er sich 1911 zum Katholizismus.

33 Anm. d. Übers.: Es handelt sich um den Roman *The Dawn of All* (1911). Die deutsche Übersetzung wurde in einer sprachlich überarbeiteten und korrigierten Fassung 2015 unter dem Titel *Im Dämmerschein der Zukunft* neu herausgegeben.

Dekade sinkt das Niveau unter das vorherige. In diesem Verfall sinkt die Tradition dahin und schmilzt wie eine Schneewehe am Ende des Winters. Große Brocken fallen irgendwann herab, schmelzen und verschwinden.

Innerhalb unserer Generation ist die Bedeutung der Klassiker verschwunden. Man findet überall Männer in hohen Positionen, die vergessen haben, woher wir alle kamen; Menschen, denen Griechisch und Latein, die grundlegenden Sprachen unserer Zivilisation, unverständlich und bestenfalls Kuriositäten sind. Die Alten können sich noch an eine beunruhigende Rebellion wider die Tradition erinnern, aber die Jungen spüren nur, wie wenig übrig ist, wogegen noch zu rebellieren ist. Viele fürchten, dass noch vor ihrem Tod der Großteil der Tradition verschwunden sein wird.

Diese Glaubensatmosphäre wurde weitestgehend ruiniert; dass sie für den größten Teil der Menschheit zweifellos ruiniert wurde, werden alle eingestehen. Das ist so wahr, dass bereits eine Mehrheit (und ich möchte behaupten, es handelt sich um eine sehr große Mehrheit) nicht weiß, was das Wort Glaube bedeutet. Für die meisten Menschen, die es (in Verbindung mit Religion) hören, bedeutet es entweder die blinde Akzeptanz irrationaler Aussagen und Legenden, die die allgemeine Erfahrung bereits verurteilt, oder eine bloß ererbte Gewohnheit von mentalen Bildern, die nie geprüft worden sind und die nach der ersten Berührung mit der Realität wie Traumbilder verfliegen, die sie sind. Das ganze Gefüge von Apologetik, die gesamte theologische Wissenschaft (die erhabene Königin über allen anderen Wissenschaften) hat für die Masse der modernen Menschen aufgehört zu existieren. Wenn man sie bloß erwähnt, bewirkt man nichts als ein Gefühl von Unwirklichkeit und Bedeutungslosigkeit. Wir sind bereits in dieser merkwürdigen Situation angelangt, dass, während die Katholiken (die praktisch sogar in der weißen Zivilisation bereits eine Minderheit sind) ihre Gegner verstehen, ihre Gegner die katholische Kirche aber nicht mehr verstehen.

Der Historiker mag eine Parallele zwischen der abnehmenden heidnischen Gesellschaft des vierten und fünften Jahrhunderts und der katholischen Gesellschaft von heute ziehen. Die Heiden, insbesondere die gebildeten und kultivierten Heiden, die damals immer weniger wurden, kannten die ehrwürdigen Traditionen, an denen sie hingen, sehr gut und verstanden diese neue Sache, nämlich die Kirche, die unter ihnen gewachsen war, wenngleich sie sie hassten, und die sie bald ihrer Vormachtstellung berauben würde. Aber die Katholiken, die die Heiden ersetzen sollten, verstanden immer weniger die heidnische Haltung, sie verachteten deren große Kunstwerke und betrachteten deren Götter als Dämonen. Heute wird die alte Religion respektiert, aber nicht weiter beachtet.

Diejenigen Nationen, die traditionell antikatholisch sind, die einst protestantisch waren und nun keine bestimmten Traditionen mehr haben, sind so lange im Aufstieg begriffen gewesen, dass sie ihre katholischen Gegner als endgültig geschlagen betrachten. Diejenigen Nationen, die die katholische Kultur beibehalten haben, befinden sich jetzt in der dritten Generation antikatholischer Sozialerziehung. Ihre Institutionen mögen die Kirche tolerieren, aber sie sind nie aktiv mit ihr verbündet und stehen ihr häufig mit intensiver Feindseligkeit gegenüber.

Aus den Geschichtsparallelen und den allgemeinen Gesetzen heraus beurteilt, die das Wachsen und den Verfall von Organismen bestimmen, könnte man zur Schlussfolgerung gelangen, das die *aktive* Rolle des Katholizismus in den Belangen der Welt vorbei ist und dass in der Zukunft, womöglich in der nahen Zukunft, der Katholizismus untergehen muss.

Der katholische Beobachter würde die Möglichkeit der absoluten Auslöschung der Kirche verneinen. Aber auch er muss den historischen Parallelen folgen: Auch er muss die allgemeinen Gesetze beachten, die das Wachstum und den Verfall der Organismen bestimmen, und er muss dazu neigen, in Anbetracht der Veränderung, die in der Geisteshaltung des Menschen vonstattenging, jene tragische Schlussfolgerung zu ziehen, dass unsere Zivilisation, die bereits weitgehend aufgehört hat, christlich zu sein, ihr allgemein christliches Antlitz komplett verlieren wird. Die zu erwartende Zukunft ist eine heidnische, und zwar eine mit einer neuen und abstoßenden Form des Heidentums, die trotzdem in all ihrer Widerwärtigkeit mächtig und allgegenwärtig ist.

Nun gibt es andererseits weniger offensichtliche Überlegungen, die aber einen großen Reiz auf den aufmerksamen Denker ausüben, der in den vergangenen Dingen und den Erfahrungen der menschlichen Natur bewandert ist.

Zuallererst ist da die Tatsache, dass die Kirche durch die Jahrhunderte hinweg in den Momenten größter Not immer mit ihrer eigenen Wiederauferstehung reagiert hat.

Der Kampf gegen den Mohammedanismus war eine knappe Angelegenheit; er hätte uns fast überwältigt. Nur die bewaffnete Reaktion in Spanien, gefolgt von den Kreuzzügen, verhinderten den vollkommenen Triumph des Islam. Der Angriff der Barbaren, der nördlichen Piraten, der mongolischen Horden, brachte die Christenheit an den Rand der Vernichtung. Und doch wurden die nördlichen Piraten gezähmt, besiegt und gewaltsam getauft. Die Barbarei der östlichen Nomaden wurde letztlich besiegt; sehr langsam, aber nicht zu spät, um zu retten, was zu retten war. Die Bewegung, die die Gegenreformation genannt wurde, begegnete dem bis dahin triumphalen Vormarsch der Häretiker des sechzehnten Jahrhunderts. Sogar der Rationalismus des achtzehnten Jahrhunderts wurde zu seiner eigenen Zeit und an seiner eigenen Stelle in der Geschichte aufgehalten und zurückgeschlagen. Es ist wahr, dass er etwas Schlimmeres als sich selbst heranzüchtete, etwas, unter dem wir derzeit leiden. Aber es gab eine Reaktion dagegen und diese reichte aus, um die Kirche am Leben zu erhalten und sogar Teile ihrer Macht zurückzuerlangen, die schon für immer verloren geglaubt waren.

Reaktionen wird es immer gegeben, und der katholischen Reaktion wohnt immer eine gewisse Lebendigkeit inne, eine gewisse Art, mit unerwarteter Kraft durch neue Menschen und neue Organisationen wiederaufzutauchen. Die Geschichte und das allgemeine Gesetz organischen Wachstums und Verfalls führen zur ersten Schlussfolgerung, dem rasanten Verwelken des Katholizismus in der Welt. Wenn aber die Beobachtung auf den besonderen Fall der katholischen Kirche gerichtet wird, führt sie nicht zu dieser Schlussfolgerung. Die Kirche scheint ein organisches, ein innewohnendes Leben zu besitzen, das recht ungewöhnlich ist. Sie ist auch in ihrer Art einzigartig und besitzt besondere Selbstheilungskräfte, die nur ihr eigentümlich sind.

Als Nächstes sollte der folgende, interessante Punkt bemerkt werden: Die geistesmächtigeren, subtileren und feinfühligeren Geister unserer Zeit neigen klar zur katholischen Seite.

Sie sind naturgemäß freilich eine kleine Minderheit, aber eine Minderheit, die in den menschlichen Angelegenheiten sehr mächtig ist. Die Zukunft der Menschen wird nicht in allgemeinen Wahlen entschieden, sie wird durch das Wachstum von Ideen bestimmt. Wenn die wenigen Männer, die am besten denken und fühlen können und die die Kunst beherrschen, sich auszudrücken, langsam eine neuartige Tendenz zu diesem oder jenem zeigen, dann verspricht dieses oder jenes, die Zukunft zu bestimmen.

Es kann kein Zweifel über die Tendenz der Sympathie für den Katholizismus bestehen – und im Fall stärkerer Charaktere die Tendenz, das Risiko auf sich zu nehmen, den Glauben anzunehmen und sich zu seinem Verteidiger zu machen. Selbst in England, wo die traditionelle Stimmung gegen den Katholizismus so allgemein verbreitet und stark ist, wo die Lebensader der Nation mit der Glaubensfeindschaft verbunden ist, sind die öffentlichkeitswirksamen Konversionen immer die Konversionen von Männern, die führend im Denken sind. Man muss bedenken, dass auf jede öffentliche Konversion mindestens zehn Leute kommen, die zumindest in die katholische Richtung schauen, die die katholische Philosophie und ihre Früchte allen anderen vorziehen, die aber davor zurückschrecken, die schweren Opfer auf sich zu nehmen, die ein öffentliches Bekenntnis fordert. Zuletzt ist da diese sehr wichtige und vielleicht entscheidende Überlegung: *Auch wenn die gesellschaftliche Stärke des Katholizismus, zumindest (aber nicht ausschließlich) die zahlenmäßige, auf der ganzen Welt zurückgeht, so ist der Streitpunkt nun zwischen dem Katholizismus und der neuen heidnischen Sache (die Zerstörung der gesamten Nation, der Bruch mit unserem Erbe) klar markiert.*

Es gibt keinen, wie es noch vor recht kurzer Zeit der Fall war, verwirrten und heterogenen Rand- oder Schattenbereich mehr, der sich selbstbewusst »christlich« nennt und mit Selbstvertrauen über irgendeine eingebildete Religion namens »Christentum« spricht. Nein. Es gibt heute zwei fast komplett getrennte Seiten, die das Feld unter sich aufteilen und die sich bald als schwarz und weiß erweisen werden. Die katholische Kirche auf der einen Seite und auf der anderen die Gegner dessen, was bislang unsere Zivilisation gewesen ist.

Die Schlachtreihen haben sich wie zum Kampf aufgestellt, aber obwohl eine solch klare Aufteilung nicht bedeutet, dass der eine oder andere Antagonist siegen wird, so heißt es doch zumindest, dass das eigentliche Thema am Ende klar bestimmt ist. Bei klaren Themen hat die gute Sache, ebenso wie die schlechte, bessere Aussichten als in der Verwirrung.

Selbst die törichtesten oder ignorantesten Menschen, die vage von »Kirchen« sprechen, benutzen jetzt eine Sprache, die hohl klingt. Die letzte Generation konnte, zumindest in protestantischen Ländern, von »den Kirchen« sprechen. Die gegenwärtige Generation kann es nicht. Es gibt nicht viele Kirchen, es gibt eine, und das ist die katholische Kirche auf der einen Seite und ihr Todfeind auf der anderen. Das Feld ist abgesteckt.

So befinden wir uns jetzt in der Gegenwart der bedeutsamsten Frage, die sich jemals dem menschlichen Verstand gestellt hat. Und so werden wir nun an einen Scheideweg gestellt, von dem die gesamte Zukunft unseres Geschlechts abhängen wird.

Hilaire Belloc

DER SKLAVENSTAAT

Vom Verlust von Eigentum
und Freiheit

176 Seiten, Klappenbroschur, 16 €
ISBN 978-3-95621-137-9

Der Sklavenstaat ist Bellocs umfassende Darstellung der verschiedenen Formen politischer Ökonomie. Laut Belloc beruhte die europäische Gesellschaft zunächst auf einer Sklavenwirtschaft, die sich mit der Ausbreitung des Christentums in eine distributive Wirtschaftsordnung wandelte, in der das Eigentum unter Freien verteilt war. Dieser natürliche Zustand wurde durch die Reformation mit der Einführung des Kapitalismus und der allgemeinen Lohnknechtschaft gewaltsam zuerstört. Für die Zukunft sieht Belloc nur zwei Lösungen: Die Rückkehr zur Sklaverei oder zur Freiheit des Eigentums. Seit der Erstveröffentlichung 1912 hat der *Sklavenstaat* durch Bellocs erstaunlichen Weitblick nur an Brisanz gewonnen. Es ist eine Pflichtlektüre für jeden, der jenseits aller Rechts-Links-Dichotomie nach alternativen Wirtschaftskonzepten sucht.